「儲かる会社」の財務諸表

48の実例で身につく経営力・会計力

山根節

光文社新書

目次

はじめに　会計がわからんで経営がわかるか！　11
経営と会計は別??　11
会計は経営の全体像を映すツール　13
家計も企業会計も構造は同じ　17
「経営を数字で語る」が要諦　21
会計学習のコツとこの本の構成　24

第1章　エレクトロニクス・IT業界編――31
シャープが大赤字！　大丈夫？　32

東芝のエレキ事業と「不適切会計」 36
惨憺たるエレキの一方、金融は絶好調のソニー 42
日本の稼ぎ頭は自動車、金融、通信キャリア、商社etc. 46
世界時価総額トップ3はアップル、マイクロソフト、グーグル 50
大規模投資のサムスン、高効率量産の鴻海 54
スマイルカーブ上を泳ぐ企業たち 58
タックスヘイブンも使って手元資金量膨張? 61
日本のポータル・トップ企業ヤフーと、親会社ソフトバンク 64
堅実なKDDIとNTTドコモ 68
グリーの凋落、ガンホーの急伸 72
【IT業界斜め読み】
複合的な競争に負けた電機業界の崩壊 75
情報革命が引き起こす競争環境の変化 79
業界の壁も壊すスマホとeコマース 82
「策略的競争戦略」なき日本企業の生き残り方 84

第2章　自動車業界編

トヨタvs.フォルクスワーゲンのトップ争い　90
スズキが欲しいフォルクスワーゲン　94
リーマンショックで痛手を被ったトヨタ　96
ホンダ勝利の方程式と、ヤマハ発の魅力　98
営業利益率トップのスバル・富士重工業　102
「ぶつからない車」の開発競争　106
建機をネット化して成功したコマツ　109
タイヤをネット化する（?）ブリヂストン　113
リスクが異次元で高まる時代　115
タカタはどこまで耐えられるか？　119
マクロデータに表れる日本企業のリスク　122

【自動車業界斜め読み】
テスラの衝撃、トヨタの未来……ＩＴが変える自動車と競争変化　124
シリコンバレーを走るグーグル自動運転車　127
トヨタ・ミライの祈り　129
研究開発費でトヨタを抜くグーグルとアップル　132

第3章　小売業界編

利益が半減したヤマダ電機　136
ｅコマースに背中を押された家電量販の生き残り策　139
急成長を続けるアマゾンは赤字!?　142
ますます進化するショールーミング　147
日本ｅコマースの雄・楽天は金融会社!?　150
実物投資のアマゾンか、持たざる楽天か　154
セブン‐イレブンとローソンの差はこれだけ！　158

セブン‐イレブンは食品業界のアップル？　161
イオンとセブン＆アイＨＤの違いは？　165
コーヒー屋、ドーナツ屋、ハンバーガー屋はどうなる？　170
鶏肉問題以前から低迷していたマクドナルド　173
なぜユニクロはこんなに儲かるか？　177
ユニクロより利益率高いニトリ、低いコメリ　182

【小売業界斜め読み】

スマホで価格比較される時代の小売業の勝ち残り策とは？　186
ｅコマースの伸びは止まらない　187
プライベート・ブランドが勝敗の分かれ目　190
マルチ・チャネルでｅコマースを取り込む　194
東レと小売りのＷｉｎ‐Ｗｉｎ関係　196

第4章　製薬業界編

利益が急降下した武田薬品　202
最大資産は「のれん」など無形固定資産　205
大塚ＨＤも買収に走る　209
利益トップ・アステラスも特許切れ近づく　213
多角化企業キリンは製薬会社を目指す？　215
飲料会社サントリーとビール会社アサヒもＭ＆Ａへ　219

【製薬業界斜め読み】

日本の医療制度を作った（？）豪傑　224
なぜ自前の研究所が新薬を生まなくなったか？　228
「人体という小宇宙」を解き明かす情報技術　232
グーグルが参入を計画する人体へのアプローチ　236

第5章　住宅・インフラ業界編

金融業と不動産業が儲かる現代　240
三菱地所と三井不動産のすごい含み益　243
投資熱が押し上げる積水ハウスの業績　248
日本の住宅はなぜ「高い、狭い、遠い」？　252
住の総合サービス企業ＬＩＸＩＬのチャレンジ　255
東京電力から見る世界一高いインフラコスト　261
送変電設備に巨額投資の関西電力や中部電力　264

【住宅・インフラ業界斜め読み】

日本の電力システムを作った松永安左エ門　266
65年を経て電力改革が始まる　270
日本の家を革新するか、ソニーが始めた不動産事業　272
ソニー生命 vs. ライフネット生命　275
「手間のかかるサービス」でネットに勝つ？　277

サービス品質最高の日本　280
ソニー不動産からスマートハウスへ　281
課題先進国・日本から世界へ提案　284
ＩＴ革命は続くよ、どこまでも　288

あとがき　293

図版製作・章扉デザイン／株式会社ウエイド

本書では、図表の数字は簡略化しているため、比率の計算で多少の誤差が生じています。ただし、本文中の比率はいずれも正確な数字を表しています。

はじめに　会計がわからんで経営がわかるか！

経営と会計は別??

私が20年の実務経験の後、ビジネススクールの教壇に立つようになって早21年が過ぎた。慶應義塾大学ビジネススクール（ＫＢＳ）で20年、早稲田大学ビジネススクール（ＷＢＳ）に移って1年、今も若く意欲的なビジネスパーソンと楽しい交流を続けている。

ビジネススクールにはおよそたくさんの科目が並んでいる。経営トップともなれば、これらすべてをある程度理解していなければならないが、学問分野はそれぞれ独立している感じで、学者も縦割りになっている。それどころか、昔から根強く混じり合わない学問体系がある。それが「経営学」と「会計学」である。

例えば慶應義塾大学商学部のホームページを見ると、商学部の領域を定義的に3つに分けている。それは「経営学」「会計学」「商業学」である（商業学とは主にマーケティング論のこと）。早稲田大学大学院ではビジネススクール（つまり経営研究の場）と会計研究科が分離されている。つまり経営学と会計学の研究系統は基本的に別々で、学者も別々なのだ。

「経営と会計は別⁉」

実は、ビジネスパーソンでもこう思っている人は多いのではなかろうか。定性的な議論ばかりしている営業担当者や開発担当者、人事担当者など、多くないだろうか。しかし数字と結びつかない定性議論はリアリティがなく、ビジネス上の務めを果たすことができない。

例えば商品コンセプトの議論はうまいが、「いくら投資すれば、どれだけ売れ、いくら儲けて会社に貢献できるか」が語れないマーケティング担当者は失格だろう。人事制度の改定がどれだけ会社の財務にインパクトを与えるか、想像の及ばない人事担当者も困り者だろう。かように経営体のそれぞれの仕事は、会計数値を通じて全体とつながっているのだ。

まして部門のリーダーや、経営者となれば、数字で全体を把握しコントロールできなければ、仕事を全うすることなどできないのだ。

このことは著名な経営者も実感的に語っている。例えば、元・小松製作所（コマツ）CEOの坂根正弘氏や京セラ創業者の稲盛和夫氏である。

「リーダーにとって『見える化』ができるかどうかは、非常に重要な能力だ。この能力を磨くには、何事も全体的な観点から見ることである。できれば若いときから、自分のいる部署や部門だけでなく、会社全体について数字で把握するようにするとよい。全体が見えないのに、本当の問題点など見えるはずがない」（坂根氏[*1]）

「『会計がわからんで経営ができるか』（中略）それは混迷する時代に、血を吐くような思いで叫んでいる、私の叱咤激励である……。経営を飛行機の操縦に例えるならば、会計データは経営のコックピットにある計器盤にあらわれる数字に相当する。（中略）（その）意味するところを手に取るように理解できるようにならなければ、本当の経営者とは言えない」（稲盛氏[*2]）

お二人ともに強調しているのは、**「会計なくして経営はできない」**ということである。

＊1　坂根正弘『言葉力が人を動かす』東洋経済新報社
＊2　稲盛和夫『稲盛和夫の実学——経営と会計』日本経済新聞社

会計は経営の全体像を映すツール

それでは会計とは何か。どんな構造なのか。どう勉強したらいいのか。

会計の本質は「経営の全体像を写像化する情報ツール」ということである。

「経営」と一言でいうが、実はいろいろな要素が含まれた集合体である。企業はたくさんの

〈図表0-1〉会計＝経営の「写像」

種類の品物（製品やサービス）を作り、資金（カネ）やいろいろな地域に工場や営業所（モノ）を持ち、さまざまな技術やノウハウ（情報）を育み、独特な歴史や企業文化を引き継いでいる。またたくさんの社員（ヒト）が働き、オフィスアワー内の人々の行動は、その会社の経営の一部である。それらは有機的につながっているとしてもバラバラであり、企業活動のすべてを総合的にとらえることはできない。

その中で、**会計は「経営を総合的、包括的かつ統一的にとらえる唯一のツール」である。**この世の中にこのような総合性能を持ったツールは、会計以外に存在しない。

では、どうやって全体をとらえるかという

経営計画＝未来構想の「写像」

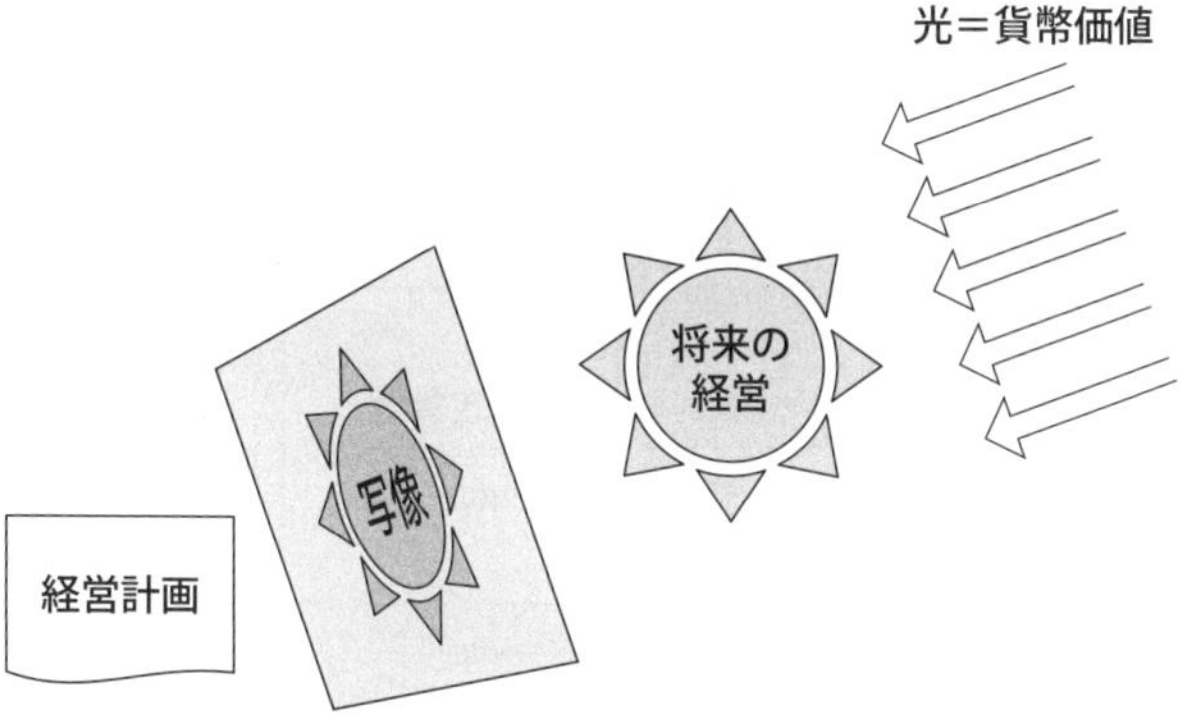

と、経営活動全体に貨幣価値という尺度の光を当て、写像に投影するのである。これが**財務諸表**、ないし**会計情報**である。

これはいわば立体を平面図化したものなので、欠点も多々ある。貨幣価値に反応しないものは、漏れ落ちる。基本的に社内で発生した事実しかとらえられず、環境コストなど外部化されたものはとらえられない。

しかしこの種の全体をとらえるツールは他に存在しないため、経営を全体最適で考える立場にある経営トップにとっては、財務諸表を読み利用しうる能力（会計リテラシー）は必須のスキルとなる。

過去の経営の写像が財務諸表だとすると、会計は経営の未来構想も写像化しうる。それ

〈図表0-2〉家計のバランスシート

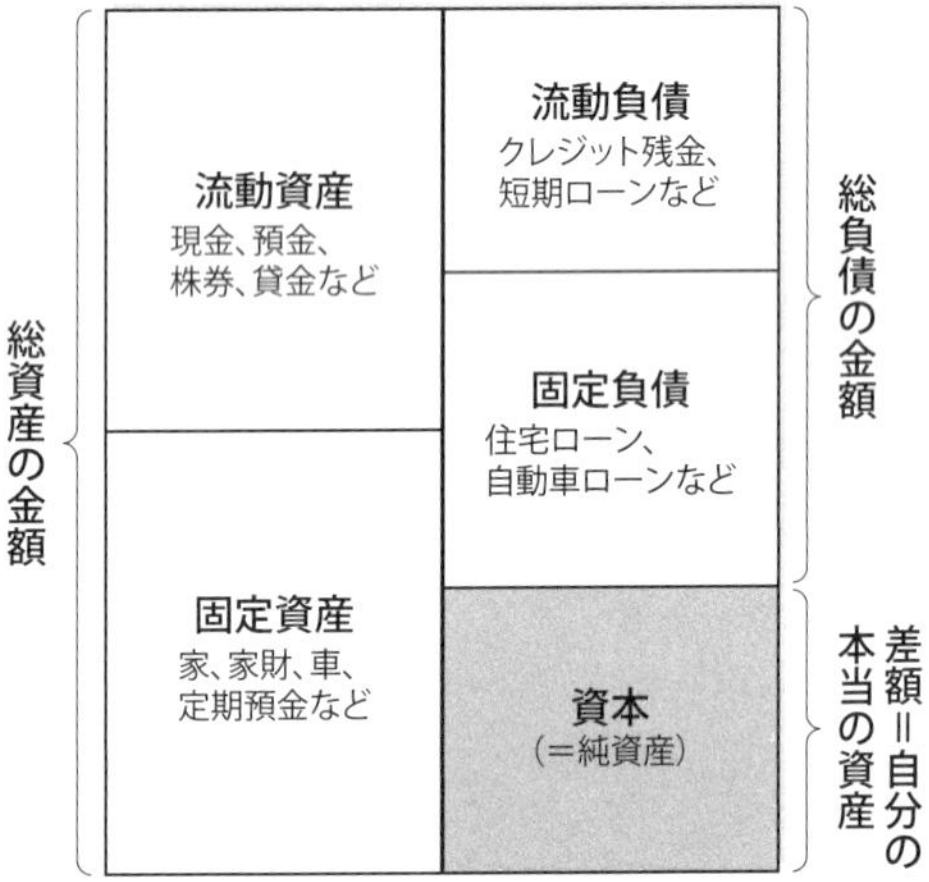
総資産の金額
流動資産
現金、預金、
株券、貸金など
固定資産
家、家財、車、
定期預金など
流動負債
クレジット残金、
短期ローンなど
固定負債
住宅ローン、
自動車ローンなど
資本
（＝純資産）
総負債の金額
差額＝自分の本当の資産

は**経営計画**と呼ばれる（〈図表０‐１〉）。

では会計はどんな仕組みで、それをとらえるのだろうか。家計をイメージするとわかりやすい。家計をやりくりして、将来の財産形成を計画するシーンを想定してみよう。

普通の家庭の財産には、現金や預金、株券があるとしよう。これらは比較的早く動く資産なので**「流動資産」**と呼ばれる。一方で家や家財、車などは長く使われる設備資産なので**「固定資産」**と呼ぶ。

これらの家計のストックは、一部借金によって賄《まかな》われている。ストックの資産金額から借金などの負債を引いたものが（負債にも「流動」と「固定」がある）自分の本当の身代、所有者持ち分となる。自分が持つネットの財産額である。これをまとめたシートを**貸借対照表、バランスシート（ＢＳ）**と呼んでいる〈図表０－２〉。

家計も企業会計も構造は同じ

家計も、貯金をし、あるいはローンを返済していくことで、ストックを増やす努力をする。サラリーマン所帯であれば、お給料という、いわば家計の売上を上げて、儲ける活動をしていると考えることができる。

受け取った給料はそのまま手元に残るわけではなく、企業の必要経費に当たるものがある。例えば食費を支払い、スーツも買い、パソコンも自前で購入し、住宅のローン金利も払い、税金や年金も支払う必要がある。

給料からこんな必要経費を支払った後に、お金が残っていれば家計の余剰、つまり会社経営でいう**「利益」**が出たことになる。利益はそのまま貯金するか、あるいはローンを返すことで、自分の持ち分の資産（企業では純資産）が増えているはずだ。利益の計算シートのことを**損益計算書（ＰＬ、Profit & Loss Statement）**と呼ぶ。

したがって家計のＢＳとＰＬは〈図表０－３〉のような関係になっている。

〈図表0-3〉家計のBSとPL

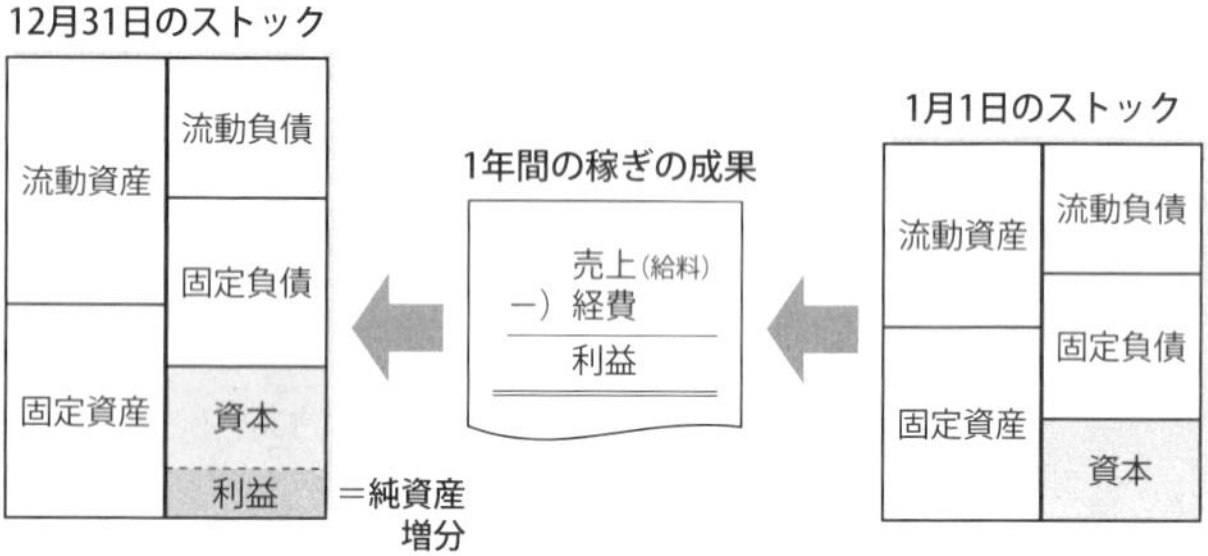
12月31日のストック
流動資産
固定資産
流動負債
固定負債
資本
利益
＝純資産増分
1年間の稼ぎの成果
売上（給料）
−）経費
利益
1月1日のストック
流動資産
固定資産
流動負債
固定負債
資本

家計も企業会計も、基本は同じ構造になっている。事業スタート時点（期首）に、手元にあるストック資源のリスト＝貸借対照表（ＢＳ）があり、儲けを計算する書類＝損益計算書（ＰＬ）があり、そして儲ける活動の結果、残ったストックのリスト＝期末のバランスシートを作る。この繰り返しが経営活動である。

以上からわかるように、「会計は、ＢＳとＰＬの二つの基本財務諸表で経営をとらえる」という、単純なツールである（〈図表０‐４〉）。

ビジネスは一般に次の順序を経て展開される。

原資（資金）の調達
⇐設備投資
⇐コスト投入

〈図表0-4〉BS（貸借対照表）とPL（損益計算書）の関係

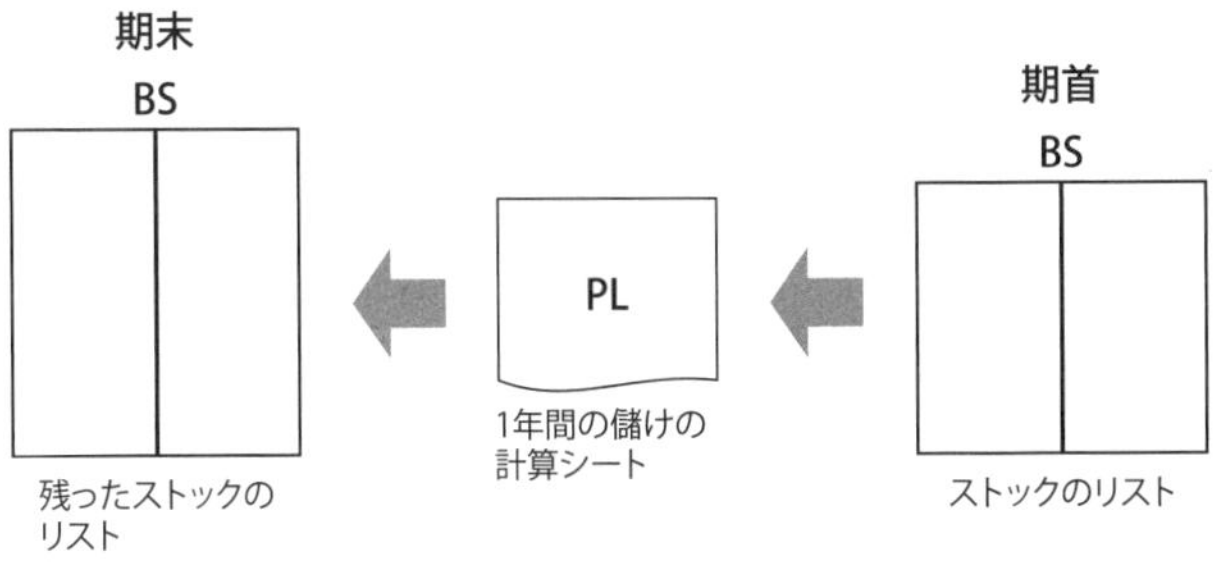
期末
BS
残ったストックのリスト
PL
1年間の儲けの計算シート
期首
BS
ストックのリスト

⇐売上稼得
⇐リターン（利益）獲得

財務諸表の構造はまさにこの循環になっている〈図表０-５〉。

今から15年ほど前に財務諸表の一つとして加わった計算書がある。最近重要視されている「キャッシュフロー計算書（ＣＦＳ）」である。

しかし、キャッシュフロー計算書はＢＳとＰＬを組み合わせて作られる。したがって基本はＢＳとＰＬの二つである。この二つがわかれば問題ないし、ＢＳとＰＬを使い慣れると、ＣＦＳで得られる情報をあらまし頭の中でつかむことができる。現実にＣＦＳがなかった時代でも、筆者のような専門家は同じ情報をＢＳとＰＬから得ていた。

〈図表0-5〉財務諸表とビジネス循環

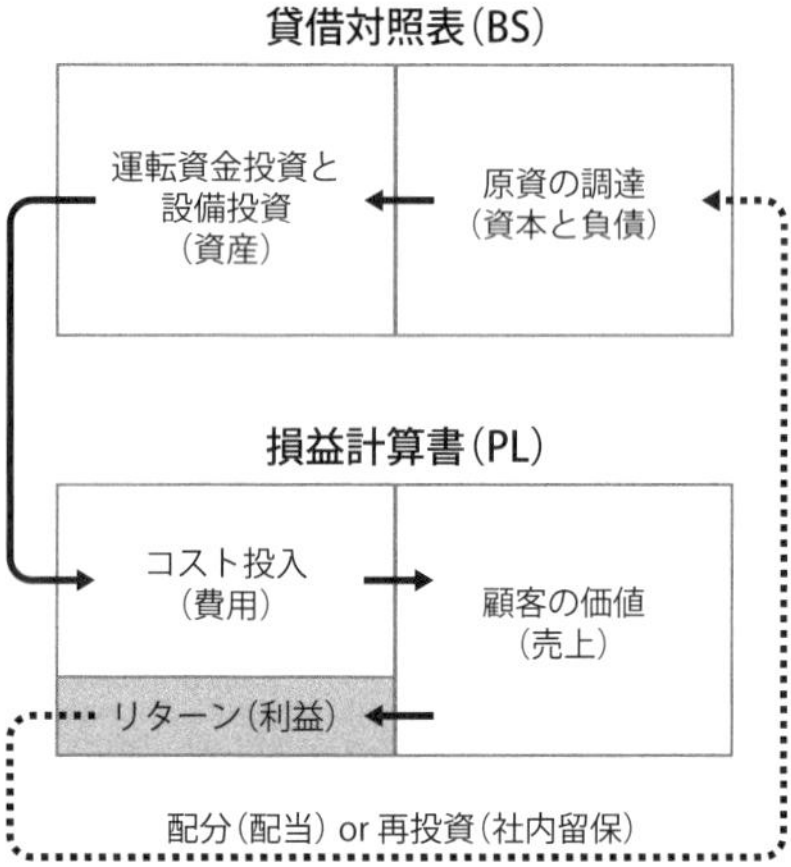
貸借対照表(BS)
運転資金投資と
設備投資
(資産)
原資の調達
(資本と負債)
損益計算書(PL)
コスト投入
(費用)
顧客の価値
(売上)
リターン(利益)
配分(配当) or 再投資(社内留保)

したがってこの本では、BSとPLの理解を先決とし、CFSを省いた。しかし読めれば便利なので、読者には、CFSを次の勉強のテーマとしてほしい。

また現代は、先進国同士で会計基準のデファクト競争をしている。まだ決着はついていないが、日本では今のところ、日本会計基準、米国会計基準、ヨーロッパ発の国際会計基準(IFRS)の3つが併存している。特に最近、IFRSを導入する企業が増え始めている。米国基準とIFRSは近づいているが、日本基準とはスタンスが若干異なる。用語も一部異なる。例えば日本基準の「純資産」は、外国の基準では「資本」が使われる。しかしこの本ではそれらの違いを無視し、大ぐくりでとらえることに徹した。その点はご理解いただきたい。

ちなみにＩＦＲＳでは、ＢＳは財政状態計算書（Statement of Financial Position：FP）、ＰＬは包括利益計算書（Statement of Comprehensive Income：CI）などとなる。しかしこの本ではＢＳ、ＰＬで通すことにした。キャッシュフロー計算書（Statement of Cash Flows：ＣＦＳ）は変わらない。

「経営を数字で語る」が要諦

それでは、基本二表のＢＳとＰＬから何が読み取れるのだろうか？
次のようなことが読み取れる。

① 儲けの構造がわかる
② 戦略が読める
③ 時系列で並べれば、戦略の動きが読める

儲けの構造や戦略が読めるというのは、次のようなことである。

例えば世の中には、設備投資にえらくお金のかかるビジネスがある。貸しビル業の三菱地所のように。どのくらいかけているのか、それは固定資産、特に有形固定資産に表れる。

また、在庫投資にえらくお金がかかる事業もある。例えば三井不動産のようなデベロッパーである。三菱地所と三井不動産の財務諸表の構成の違いが、実は儲けの構造や戦略の違いを表しているのである（２４２〜２４３ページ参照）。

ローンで製品を売っている会社は、売掛回収に長い期間がかかるので、売上債権（売掛金や受取手形）が膨らむ。トヨタは自動車会社だが、このローン販売に熱心で、自動車事業より金融事業にもっと莫大な投資資金をかけている。したがって財務諸表を見ると、金融会社であることが読み取れるのだが、こんな仕掛けは財務諸表を見ない限りわからない。

ネット・ベンチャーやソフトウェアのベンチャーは、あまり投資資金がかからない。スマホのアプリを開発しているベンチャーなどは典型である。スマホとパソコンと、開発期間中にエンジニアを食べさせる運転資金があれば、ベンチャーを立ち上げることができる。

そのベンチャーの大成功モデルであるアップルやグーグルは、巨額の手元資金を温存している。何のためか？

例えばM&Aの準備かもしれない。彼らの手元資金で買収可能な企業は、日本のトップ10

を除けば、すべて可能かもしれない。あるいは追加資金を調達すれば、トップ10の企業も買収できそうな勢いがある。財務諸表を見ると、そんな空恐ろしさも感じられる。重要なことは、こんな想像を巡らせることである。

数字は切れるナイフである。企業の内部に入り込んで数字を調べれば、ほとんどの実態がわかる。しかしだからこそ企業は、外部者に数字を見せたくない。むしろ隠したがる。したがって会計は全体像を映しとるツールだが、情報開示（ディスクロージャー）の壁にぶつかる。しかしそんなときに欠かせないのが、われわれの想像力である。

今日、情報は巷《ちまた》にあふれている。新聞や雑誌を読めば、あるいはネットサーフィンをすれば、かなりの情報を得ることができる。そうした二次情報だけでなく、現場に行けば得られる情報もたくさんある。例えばＮＴＴドコモとＫＤＤＩとソフトバンクの戦いの様子は、ヨドバシカメラやビックカメラの店頭に行けば、おおよそ想像がつく。

こういう断片情報を、全体像である財務諸表に肉付けすると経営が見えてくる。世の中も浮かび上がってくる。イマジネーションを逞しくすれば、数字と実態が結びつく。

こんなふうに会計とリアリティを結ぶクセをつけると、無味乾燥に見える財務諸表が立体化し、企業経営の豊かな実像が現れてくるのだ。要は経営と数字を不可分にし、経営を数字と絡めて語ることが大事である。

会計は言語である。言語としての会計を使いこなすことができれば、世の中の大局を眺め、ライバルや己の実像を知り、課題の根をつかみ、未来像を描き、人々に語りかけリードすることができるようになる。だから、ビジネスをリードする経営トップや部門リーダーには、会計は「must」の見識なのだ。

会計学習のコツとこの本の構成

会計の勉強について、アドバイスしよう。それは次の諸点である。

① 本物の財務諸表をできるだけたくさん読む
② ビジュアルで大ぐくりにとらえ、数字はどんぶり勘定、アバウトで
③ BSとPLが先決、CFSは後回し
④ わからない専門用語はとりあえず無視
⑤ 現場・現物・現実の情報とリンク

この本が想定している読者の中心は、何年かの実務経験を持つビジネスパーソンである。そんな人たちにとって、会計はあまり難しくない。なぜなら、会計は「経営をとらえるツール」だから。経営と会計のつながりを理解するには、ある程度のビジネス経験が必要なのだ。

そんなビジネスパーソンたちに薦める勉強方法が、「知っている会社の財務諸表と、格闘すること」である。一番良いのは自分の会社の財務諸表と格闘することだ。「ウチの会社のこういう体質が、こんなふうに財務諸表に表れるのか」といったことが容易に想像できるからである。

あるいは「うすうす知っている会社の財務諸表を読む」ことである。この本では、読者がうすうす知っている会社の財務諸表をたくさん並べた。想像の及ぶ企業の財務諸表をたくさん読む経験を積むと、やがて企業がいくつかのパターンに分類できることに気づいてくる。こうなると、会計と実像が結びついてくる。**経営を数字で語れるようになるのだ。**

リアルな財務諸表をたくさん読む。この本でぜひチャレンジしてほしい。

逆に私が薦めない方法は、「3時間でわかる会計」といった本で勉強することである。なぜかといえば、この種のハウツー本に載っている財務諸表は丸い数字の仮想のもので、ビジネス経験者のイマジネーションを触発しないからだ。

次に大事な点は、**アバウトにとらえる**ということだ。経営は総合的、大局的にとらえることが大事だ。いきなりディテールから入って、すべてをわかろうとせず、大ぐくりでとらえることが大切である。

本物の財務諸表は数ページに及ぶ。これは相当熟達しないと、歯が立たない。しかし私は講義の初めに、よく**「BSの大きさ、PLの大きさ、そして利益の3つだけ読んでください」**と言う。「ウワーッ、こんなに儲けてる!」「BSが大きいが、なぜこんなに投資しているのだろう?」といったシンプルな特徴をまずつかむのが大事である。

会計の初学者は、本物の財務諸表のディテールから入るから、嫌になってしまうのだ。忙しいときは3つだけ見ればいい。だんだん余裕ができてきて、理解できるようになったらディテールに入っていけばいい。

筆者はたまたま公認会計士でビジネスをスタートした。政治学科卒だったので、会計士試験に合格したものの、財務諸表が頭に入らなかった。そんなときに、企業の特徴をつかむために財務諸表の数字を比例縮尺図にして、図形でとらえる方法を考案した。方眼紙を持ち歩き、売上や各費用項目、利益を高さに置き換えて図式化し、一目でわかるビジュアルにして理解しようとしたのだ。

筆者はこれを薦めている。だからこの本には、比例縮尺財務諸表やグラフのみで、本物の財務諸表は一つも載っていない。金額比例の図式にすると、たくさんお金を投じている項目が一目でわかる。つまりそこに戦略の重点が潜んでいる。

図にするもう一つのメリットは、金額の小さい項目が無視できる点である。金額が少ないということは、その企業にとって重要性が低いということであって、そんな項目はとりあえず無視していいのだ。さらに中堅企業以上ならば「億円単位」、あるいは大企業なら百億円単位でとらえれば十分だ。

項目を大項目に括って、**「まとめてしまう」**ということも大切だ。例えば筆者は「現預金」と「有価証券」はまとめてしまうことが多い。手元にある余剰資金としては性格が似ているからだ。「売上債権（受取手形＋売掛金＋時には長期売上債権など）」や「在庫（原材料や仕掛品、製品など）」は大きく括って、それぞれ「売上債権」「棚卸資産」に、その他の項目は「その他」でまとめてしまう。

さらに、例えば負債の項目に、短期借入金、長期借入金、普通社債、転換社債、リース債務などいろいろあるが、筆者はこれらを「有利子負債」でまとめてしまう。要するに「いくら利子の付く借金があるのか」が今日では重要だからだ。短期か長期かという点は、資金繰りが忙しい企業を分析するときは大切だが、カネ余りの今日、重要性が低い場合が多い。したがって「流動負債」と「固定負債」の区分を取り外してしまうことも多い。

「重要なポイントに絞って、数字はまとめてとらえる」というアプローチがベターだ。

もう一つのアドバイスがある。それは、わからない言葉やテクニカル・タームが出てきたら、**「とりあえず無視する」**という姿勢である。

例えば「退職給付引当金」。耳慣れない項目が出てくると、投げ出したくなる人が多いに違いない。しかし会社員なら将来、退職金が出るのは楽しみのはず。多くの企業には退職金（または退職年金）制度があって、勤めてしばらくすると受け取れる権利が発生する。しかし実際に金額が確定するのは、退職時である。

企業にとって債務が発生しているものの、金額は確定できないので、「見積額を負債として計上」する。これが退職給付引当金である。要するに、この項目を見たら、「自分たちが貸している退職金」と思えばいいのだ。しかしわからなければ、とりあえず無視でも問題ない。いずれどこかでぶつかってわかることなので、後でもいい。

「いい加減」という言葉があるが、これは無責任という否定的な意味と、「よい程あい」という意味がある。**「ちょうどいい加減にとらえる」**というスタンスが、会計リテラシーのカギである。

経営は言うまでもないが、奥が深くて幅が広い。わからないものがたくさん出てきて当然である。だからこそ、経営のすべてを事細かくわかろうとしても無理だ。しかし「いい加減」なトライが、勉強を長続きさせる。たくさんの財務諸表を「いい加減」に読み続ければ、あなたの会計リテラシーもジャンプアップするはずだ。

地図の読めない冒険家や、海図の読めない航海士はいない。会計の読めない経営者もナンセンスだ。皆さんは違うはず。

さあ、財務諸表サファリの旅へ！　ようこそ。

第1章　エレクトロニクス・ＩＴ業界編

シャープが大赤字！　大丈夫？

いきなりで恐縮だが、まずショッキングな話からしよう。それは赤字会社の話題である。「失敗は成功の母」というが、ビジネスで利益を上げるためには「何をしてはいけないか」を先に学んだほうがヒントをたくさん得られる。

過去10年間でどれだけ最終赤字を累積したか、という企業ランキングが発表になっている。それによれば、定番の業界がある。累積赤字のトップは大震災と福島の事故に見舞われた東京電力だが、その後にズラリと並ぶのは電機会社である。2位はパナソニック、3位シャープ、4位ルネサスエレクトロニクス、6位パイオニア、7位ＮＥＣ、11位ソニー……。直近期では、２０１３年３月期に赤字トップだったのがパナソニック（▲７５４３億円、その前年も▲７７２２億円）であり、そして２０１４年３月期はソニー（▲１２８３億円）だった。

〈図表１‐１〉は２０１５年３月期の最終赤字ランキングである。

今年トップだったのは原油価格の下落で一時的に２７７２億円の純損失を出したＪＸホールディングスだが、２位にシャープ（▲２２２３億円）がランクされている。ソニーも第６位（▲１２６０億円）と、電機は惨憺たるあり様である。

シャープの最終損益と自己資本比率の推移（〈図表１‐２〉）を見ると、シャープはここ７

〈図表1-1〉2015年3月最終赤字ランキング

No.	企業名	最終赤字金額	No.	企業名	最終赤字金額
1	JXHD	2,772億円	21	ワタミ	126億円
2	シャープ	2,223億円	22	ジャパンディスプレイ	123億円
3	関西電力	1,484億円	23	セガサミーHD	113億円
4	武田薬品	1,458億円	24	ゼンショーHD	111億円
5	出光興産	1,379億円	25	ベネッセHD	107億円
6	ソニー	1,260億円	26	昭和シェル石油	97億円
7	九州電力	1,147億円	27	メイコー（基板）	96億円
8	コスモ石油	777億円	28	オリンパス	87億円
9	住友商事	732億円	29	ニッセンHD（通販）	85億円
10	トクヤマ（素材など）	653億円	30	帝人	81億円
11	江守グループ（卸売）	536億円	31	エクセル（デバイス商社）	78億円
12	アイフル	365億円	32	昭文社（地図データ）	70億円
13	タカタ	296億円	33	大真空（電子デバイス）	63億円
14	ユニチカ	270億円	34	曙ブレーキ	61億円
15	日本マクドナルド	218億円	35	ヤマダ・エスバイエル（住宅）	57億円
16	東洋エンジニアリング	210億円	36	クロスプラス（ファッション）	50億円
17	富士石油	181億円	37	サニックス（太陽光発電等）	50億円
18	日本車両製造	146億円	38	雑貨屋ブルドック（小売）	48億円
19	東燃ゼネラル石油	140億円	39	ホッカンHD（容器）	48億円
20	カッパクリエイトHD	135億円	40	井筒屋（百貨店）	48億円

（ヤフー・ファイナンスより山根研究室作成）

〈図表1-2〉シャープ最終損益と自己資本比率推移

（2004〜2014年度）

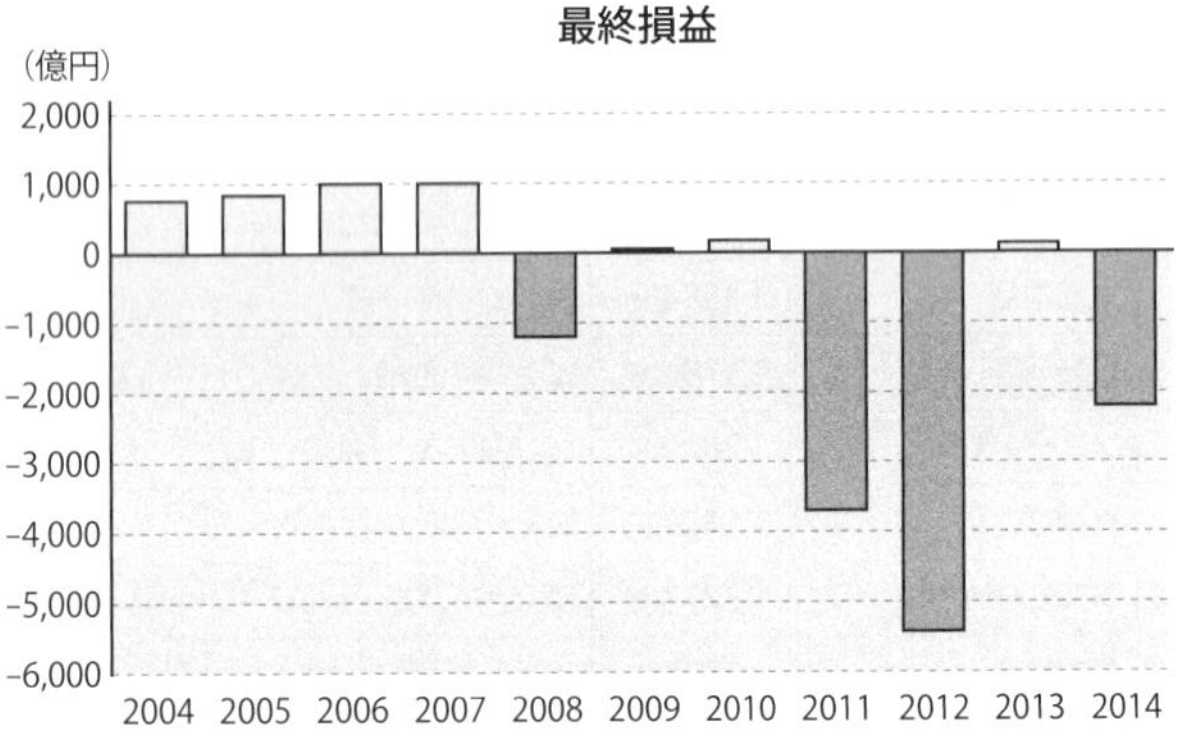

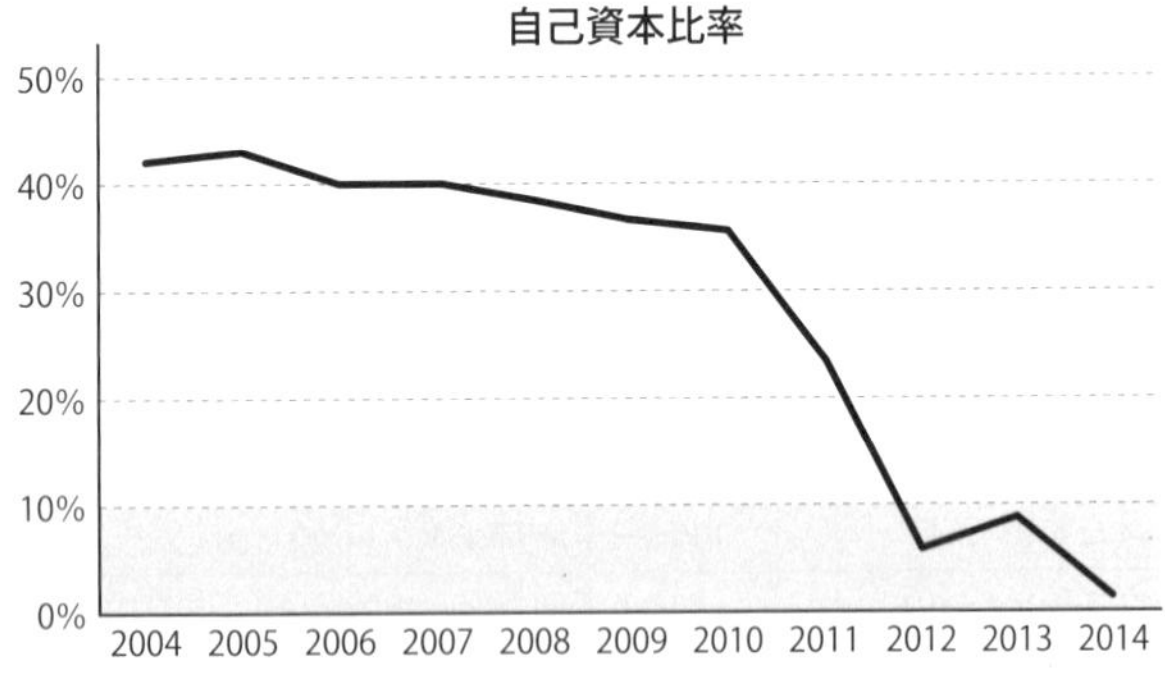

〈図表1-3〉シャープ2015年3月末バランスシート

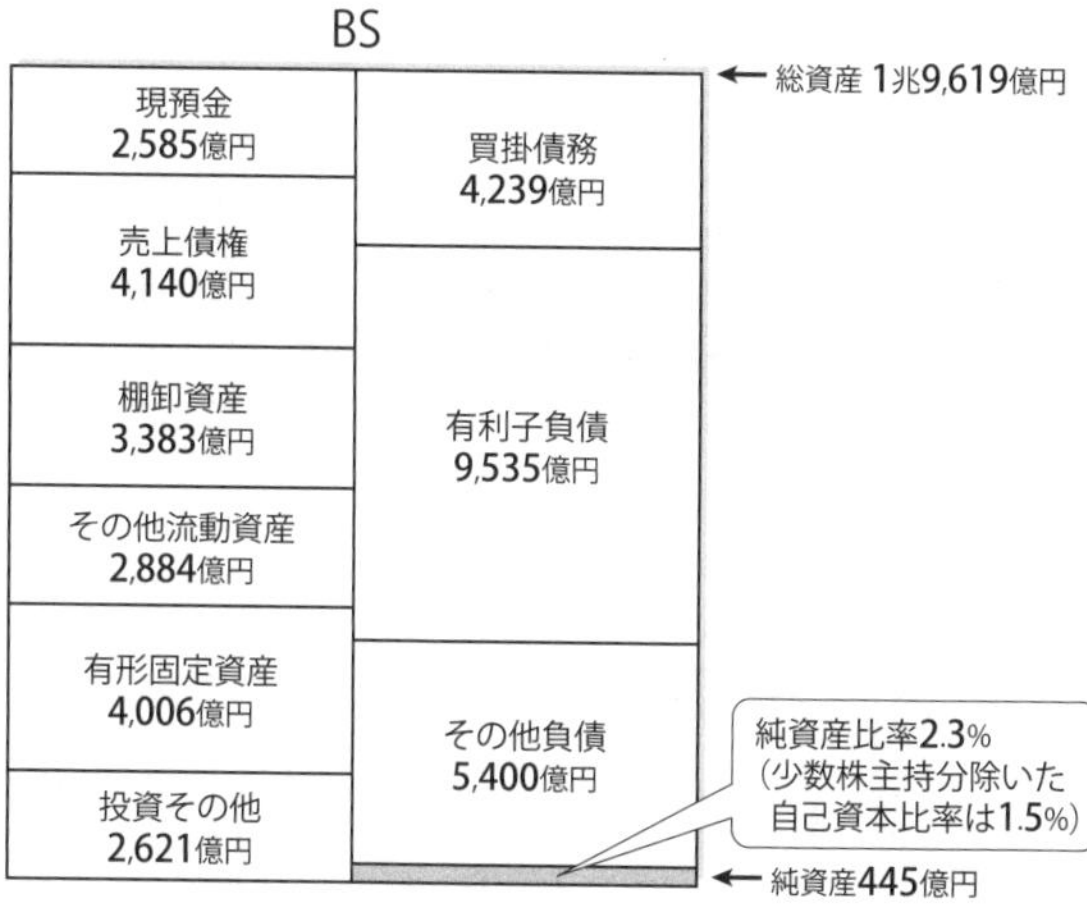
BS
総資産 1兆9,619億円
現預金
2,585億円
売上債権
4,140億円
棚卸資産
3,383億円
その他流動資産
2,884億円
有形固定資産
4,006億円
投資その他
2,621億円
買掛債務
4,239億円
有利子負債
9,535億円
その他負債
5,400億円
純資産比率2.3%
（少数株主持分除いた
自己資本比率は1.5%）
純資産445億円

年間ずっと苦境にあったことが一目瞭然、自己資本比率も1・5%まで落ち込んでいる。

直近期末のBSを比例縮尺図にしたのが〈図表1-3〉である。純資産はわずか445億円（うち少数株主持分143億円）であり、債務超過スレスレまで落ち込んだのがわかる。

自己資本比率の計算の仕方は二つある。①少数株主持ち分を入れる場合と、②入れない場合だ。少数株主持分とは、子会社（持ち株割合50%超のグループ会社）に他社の出資を受け入れている場合、その出資分のことをいう。つまり、そのまま少数株主の出資分である。

具体的には、シャープが海外に販売子会社を設立したとき、現地資本とアライアンスを組み、一部資本を受け入れているのだ。この他社の出資分はシャープ・グループに対する出資とも受け取れるが、閉鎖を余儀なくされた場合などに親会社が責任を持って出資を買い取ることも多く、「負債」に近いと考えられることもある。したがって自己資本比率の計算上、除かれる場合もある。

①では純資産比率2・3％、②の自己資本比率は1・5％となる。どちらにしてもすれすれである。この比率が0％を割ってマイナスになれば、債務超過である。債務超過は実質破綻であり、法的救済に頼らざるを得ない危険性が高まる。シャープはギリギリの場面にいる。

これに対応するべく同社は、5億円へ減資した後に、銀行からの借入金2000億円を株式に振り替えてもらうこと（デット・エクイティ・スワップ）で、資本金をかさ上げすることになった。しかしそれは振替手続きだけで、新しく増資資金が入ってくるわけではない。銀行は以後の追加融資には応じない方針と伝えられているし、来期の最終損益予想をシャープは公表していないが、アナリストらによれば1000億円の赤字は避けられないという。

シャープはしばらく気が抜けない綱渡りが続くことになる。

東芝のエレキ事業と「不適切会計」

もう一つ心配なエレキ会社がある。東芝だ。

東芝はエネルギーや交通システム、エレベータなど「社会インフラ事業」と、半導体など電子デバイスとテレビ、パソコン、家電製品など「エレキ事業」の総合メーカーである。いわゆる「不適切会計」問題から、未だ2015年3月期実績が発表されないという異常事態にある（この原稿執筆の2015年8月半ば現在）。

その東芝の、過去に公表されてきた業績と不適切会計額を示したのが〈図表1‐4〉である。

〈図表1‐4〉下図を見ると、比較的安定している社会インフラ事業とは対照的に、電子デバイス部門やライフスタイル部門（テレビ、パソコン、家庭電器など）のエレキ事業が極めて不安定なのがわかる。また上の図から、不適切会計がなかったとすれば、2009年度も赤字で、その後の損益の振れ幅も公表数値より大きかったことがわかる。

東芝の調査に当たった第三者委員会は、不適切会計による利益の要修正額の他に、事業ごとの将来見通しが変わることで、価値が目減りする可能性のある対象資産を公表している。減損額は監査法人の監査のあと発表されることになっているが、それら資産が最大限減損した場合のバランスシートの変化を〈図表1‐5〉に示した。

不適切会計額は約1600億円にのぼり、減損対象資産も2900億円を超えるので、巨

〈図表1-4〉東芝の業績

公表税前利益と不適切会計額

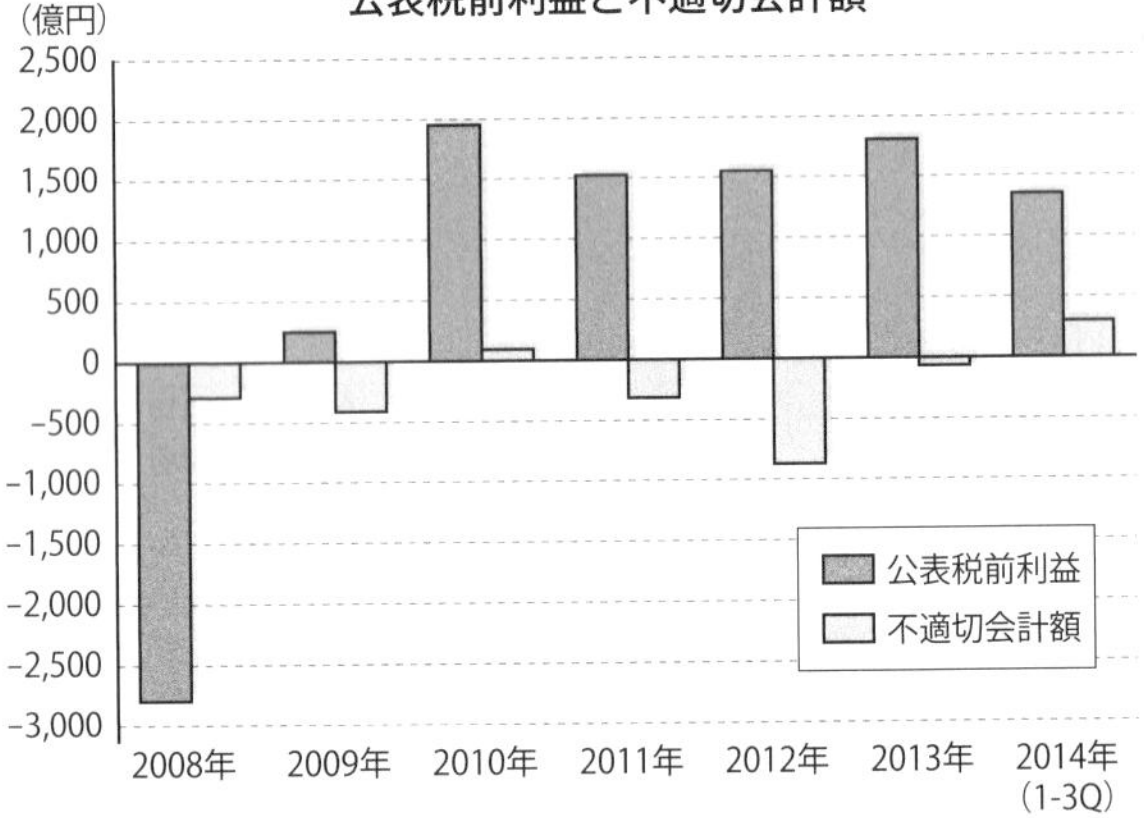
(億円)
2,500
2,000
1,500
1,000
500
0
-500
-1,000
-1,500
-2,000
-2,500
-3,000
公表税前利益
不適切会計額
2008年
2009年
2010年
2011年
2012年
2013年
2014年
(1-3Q)

公表セグメント別営業利益（抜粋）

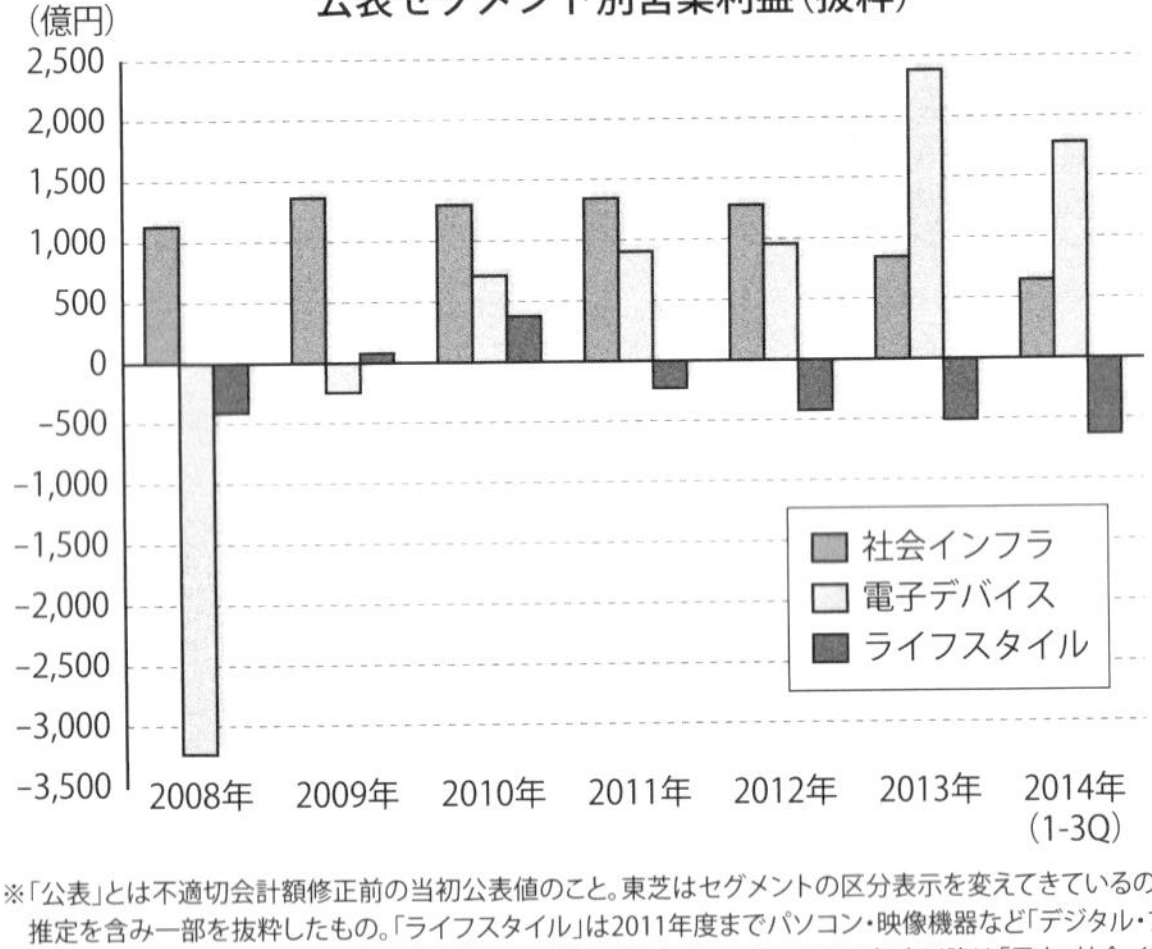
(億円)
2,500
2,000
1,500
1,000
500
0
-500
-1,000
-1,500
-2,000
-2,500
-3,000
-3,500
社会インフラ
電子デバイス
ライフスタイル
2008年
2009年
2010年
2011年
2012年
2013年
2014年
(1-3Q)

※「公表」とは不適切会計額修正前の当初公表値のこと。東芝はセグメントの区分表示を変えてきているので、推定を含み一部を抜粋したもの。「ライフスタイル」は2011年度までパソコン・映像機器など「デジタル・プロダクツ」と、冷蔵庫・洗濯機など「家庭電器」の合計額。「社会インフラ」は2012年度以降は「電力・社会インフラ」と「コミュニティ・ソリューション」の合計額。

〈図表1-5〉東芝 2014年12月末バランスシート

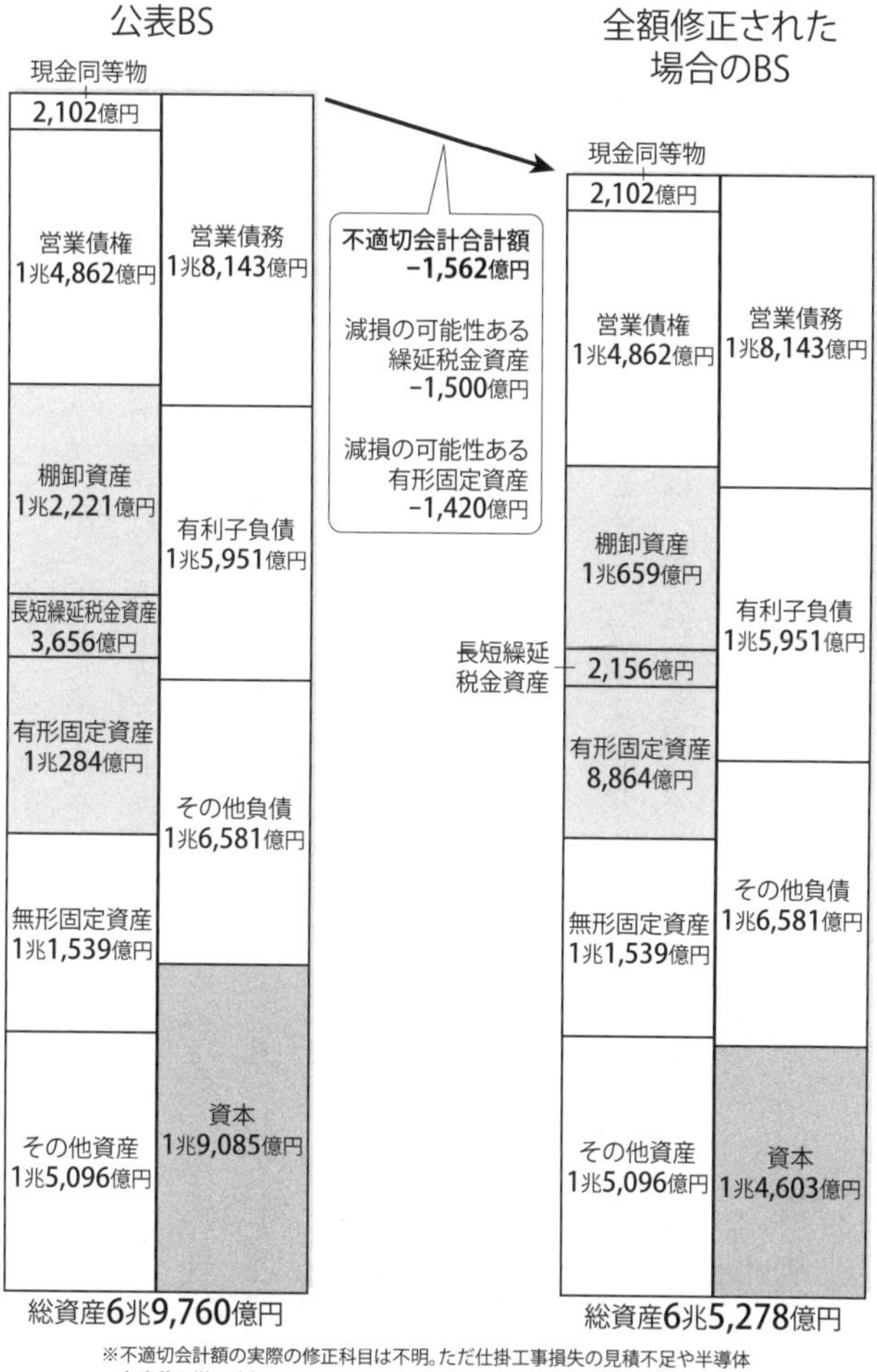
公表BS
現金同等物
2,102億円
営業債権
1兆4,862億円
営業債務
1兆8,143億円
棚卸資産
1兆2,221億円
有利子負債
1兆5,951億円
長短繰延税金資産
3,656億円
有形固定資産
1兆284億円
その他負債
1兆6,581億円
無形固定資産
1兆1,539億円
資本
1兆9,085億円
その他資産
1兆5,096億円
総資産6兆9,760億円
不適切会計合計額
−1,562億円
減損の可能性ある
繰延税金資産
−1,500億円
減損の可能性ある
有形固定資産
−1,420億円
全額修正された
場合のBS
現金同等物
2,102億円
営業債権
1兆4,862億円
営業債務
1兆8,143億円
棚卸資産
1兆659億円
有利子負債
1兆5,951億円
長短繰延
税金資産
2,156億円
有形固定資産
8,864億円
その他負債
1兆6,581億円
無形固定資産
1兆1,539億円
その他資産
1兆5,096億円
資本
1兆4,603億円
総資産6兆5,278億円

※不適切会計額の実際の修正科目は不明。ただ仕掛工事損失の見積不足や半導体在庫積み増しが多いことから、ここでは仮に一括して棚卸資産を減額した。

額であることには間違いない。しかしこの図を見る限り、自己資本比率は27・4%から22・4%に低下する程度で、シャープに比べると企業存続を左右するほどの大きな落差ではない。しかしだからこそ、東芝のトップには大きな罪を犯した意識が薄かったのかもしれない。

問題の発端はパソコン事業出身の西田厚聰氏が社長になったときのようである。西田社長はパソコンなどエレキ事業と、原子力発電事業（社会インフラ事業）を二つの柱に据えた。2006年に米国の原子力企業ウェスチングハウス社（WH社）を8000億円近い金額を投じて買収した。現在でもバランスシートには6000億円近いWH社の無形固定資産（のれん＝純資産と買収金額の差額。説明は後述）が計上されている。そこに2008年にリーマンショックが起こり、エレキ事業が大打撃を受ける。また2011年に福島の原発事故が起こり、原発事業は一気に逆風を迎えることになる。

東芝はカンパニー制を取っているが、こうした環境の中で予算は「命令予算」になり、「社長月例」と呼ばれる定例会議は、本社から各カンパニーに対して有無を言わせぬ「チャレンジ」と呼ぶ損益改善を伝える場となった。2012年9月の社長月例では、トップがパソコン事業部長に「3日間のうちに営業利益を120億円改善せよ」と求めたが、誰も「チャレンジ」に逆らえなかったのだ。

不適切会計の手法は、損失工事の予想損失隠しや、下請け企業に対する部品の押し込み販売による利益計上、そして経費計上の先送りなどさまざまである。「(不適切会計を) 直接指示したという認識はない」と歴代トップは口をそろえたが、メール等のやり取りが明らかになり、第三者委員会は報告書で「不適切会計にはトップの関与があった」と明確に認めている。

ちなみに「不適切会計」とは、ルールに反する会計処理で有価証券報告書などに事実と異なる数値を載せることである。損失隠しや利益の水増しが組織的に行われ悪質性が高くなると「不正会計」、刑事告発されて事件になれば「粉飾」と呼ばれる。第三者委員会は、調査報告書で「不適切会計」との文言を使ったが、これから後「粉飾」と呼ばれる可能性は極めて高いと考えられる。

それはともかく、シャープだけでなく東芝もテレビやパソコン事業には不向きのようだ。電子デバイスも東芝のエンジニアが発明したフラッシュメモリーなどで今のところ好調だが、好不況の波が激しく、それに耐えられるか予断を許さない。

一方で、社会インフラ事業は利益を上げ続けている。何が明暗を分けているのだろうか。

惨憺たるエレキの一方、金融は絶好調のソニー

赤字ランキング第6位のソニーも、ひどい状況にある。〈図表1‐6〉はソニーのエレキ事業（スマホ、ゲーム、カメラ／放送機器、テレビ／オーディオ、デバイス含む。ただし本社共通費など控除前）の6年間の営業損益推移である。2015年3月期のエレキ事業を合計すれば、▲17億円の営業赤字になるのだが、しかしこの数字には注意が必要だ。

44〜45ページ〈図表1‐7〉を見てほしい。これはソニーの2015年3月期決算短信にあるセグメント別情報のグラフで、2014年度実績と次期予想が載っている。

2014年実績を見ると、確かに左から5番目までの事業の営業利益〈図表1‐7〉右上のグラフ）を足し算すると、▲17億円の赤字になる。しかしゲーム事業は、エレキでもあるがエンタテインメント事業と考えるべきではないか。もしこれを除いて、モバイル、カメラ、テレビ、デバイスの合計をエレキ事業と考えると、営業赤字は▲498億円となる。

面白いことに決算短信を丹念に読むと、「その他」の中に撤退したパソコン事業などの営業損失が▲1361億円含まれているのが見つかった。これこそエレキ事業の業績に加えるべきだと思う。もしこの見方が正しければ、エレキは▲1800億円を超える営業赤字という結果になる。何のことはない、シャープと似たり寄ったりの状況にあるのだ。

〈図表1-6〉ソニー売上とエレキ事業の業績

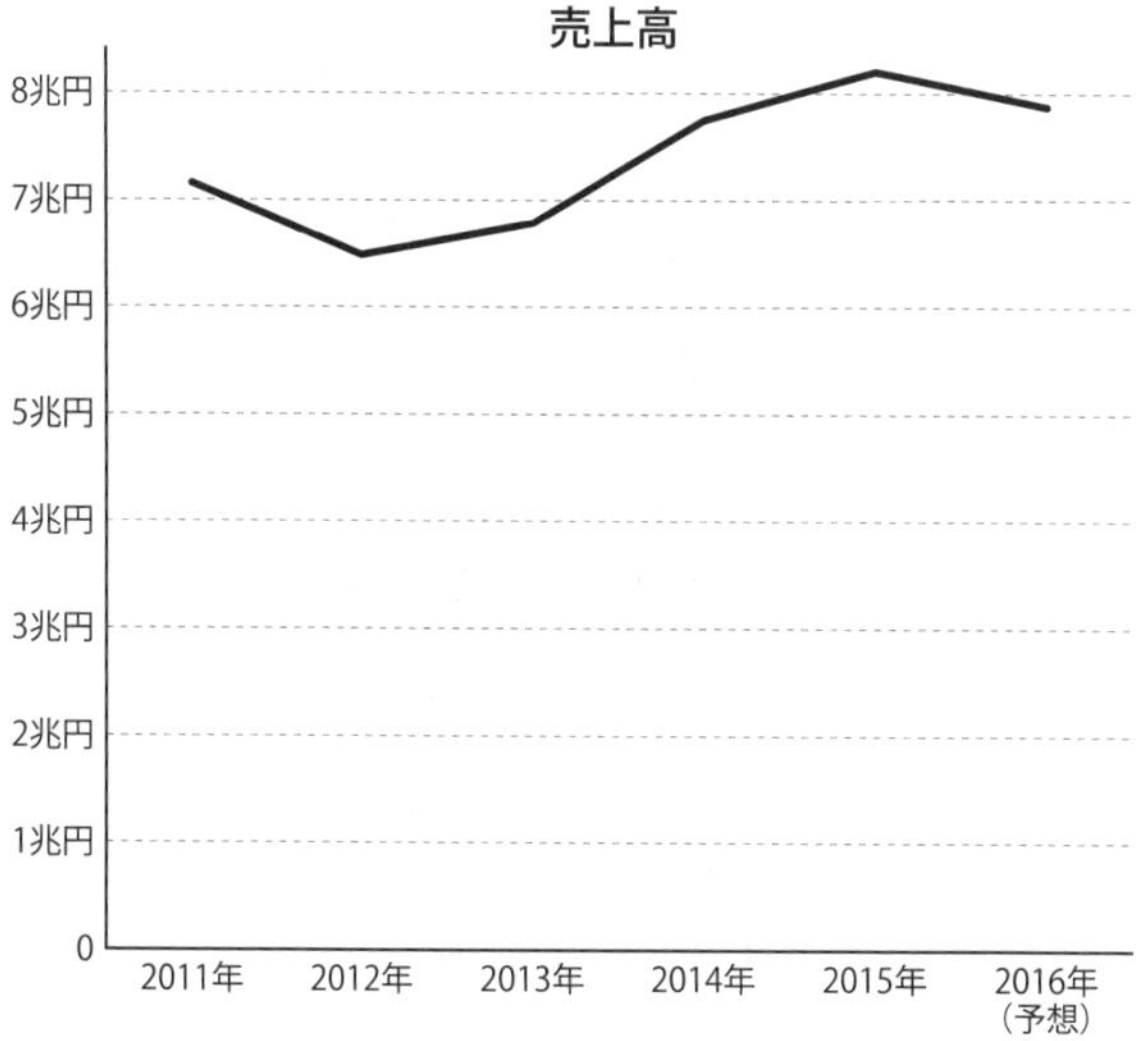
売上高
8兆円
7兆円
6兆円
5兆円
4兆円
3兆円
2兆円
1兆円
0
2011年
2012年
2013年
2014年
2015年
2016年
（予想）

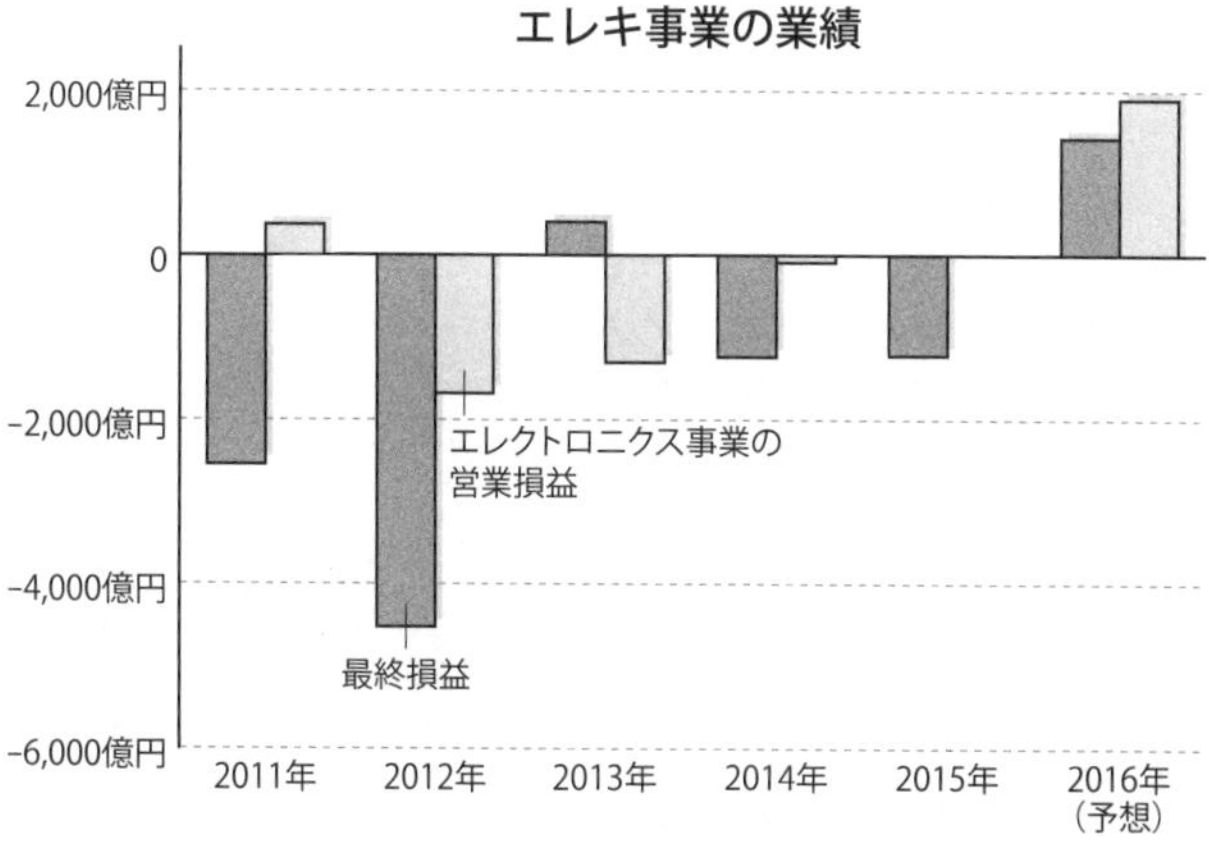
エレキ事業の業績
2,000億円
0
-2,000億円
-4,000億円
-6,000億円
エレクトロニクス事業の
営業損益
最終損益
2011年
2012年
2013年
2014年
2015年
2016年
（予想）

〈図表1-7〉ソニー・セグメント情報
（2014年実績および来期予想）

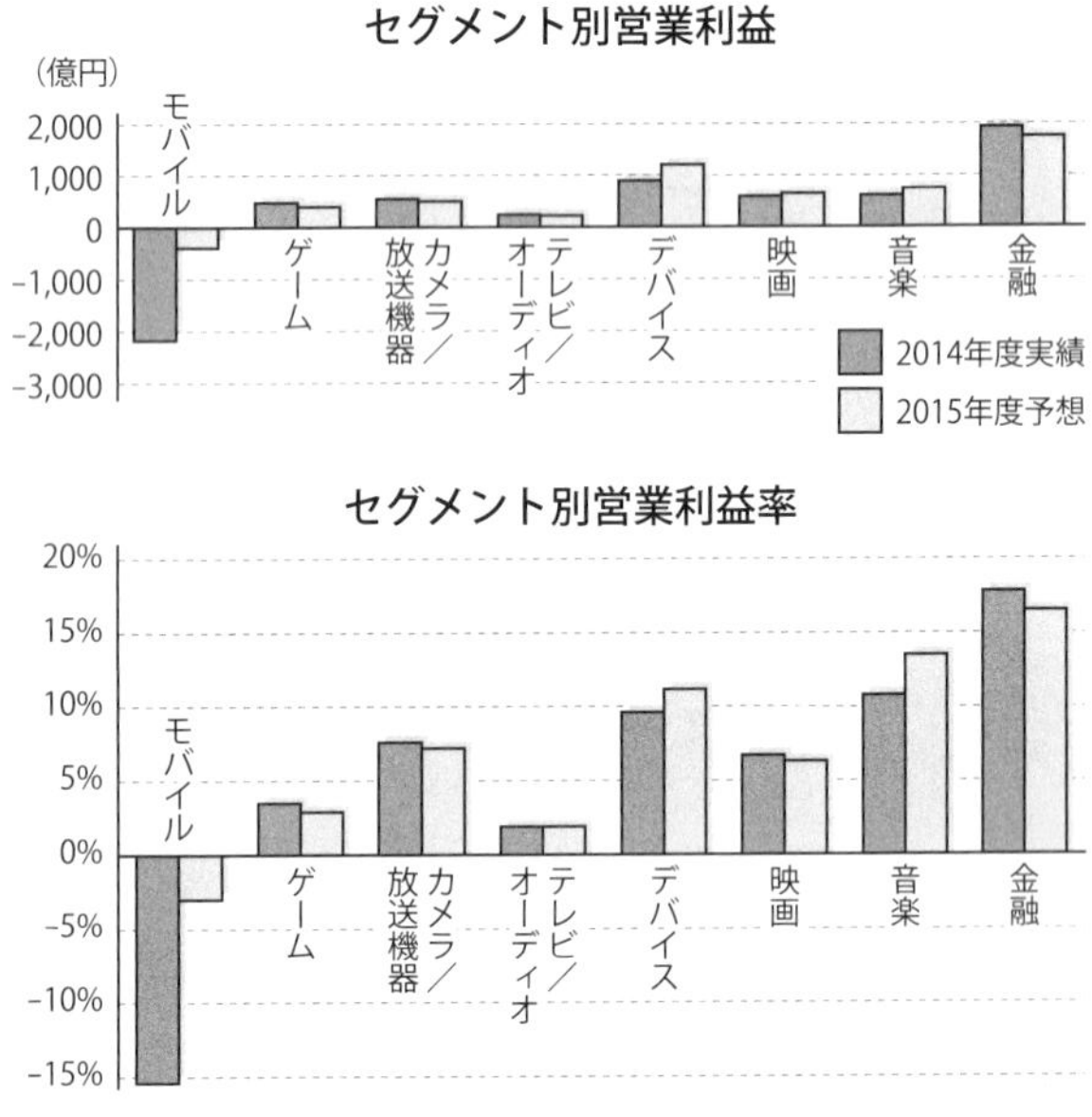
セグメント別営業利益
（億円）
2,000
1,000
0
−1,000
−2,000
−3,000
モバイル
ゲーム
カメラ／放送機器
テレビ／オーディオ
デバイス
映画
音楽
金融
2014年度実績
2015年度予想
セグメント別営業利益率
20%
15%
10%
5%
0%
−5%
−10%
−15%
モバイル
ゲーム
カメラ／放送機器
テレビ／オーディオ
デバイス
映画
音楽
金融

　過去10年間にソニーが投じた構造改革費用は、約1兆5000億円に上る。毎年過酷な構造改革に取り組みながら苦境にあえいできた。とはいえエレキ事業については、パナソニックや日立についても同じような状況が続いてきたのである。

　ソニーのエレキ事業は、来期黒字を見込んでいるが、一歩先が闇である状況は変わらない。日本の電機はなぜ、エレキで負け続けたのか。

　エレキの赤字について、「トップの判断ミス」で片づける論

セグメント別売上高

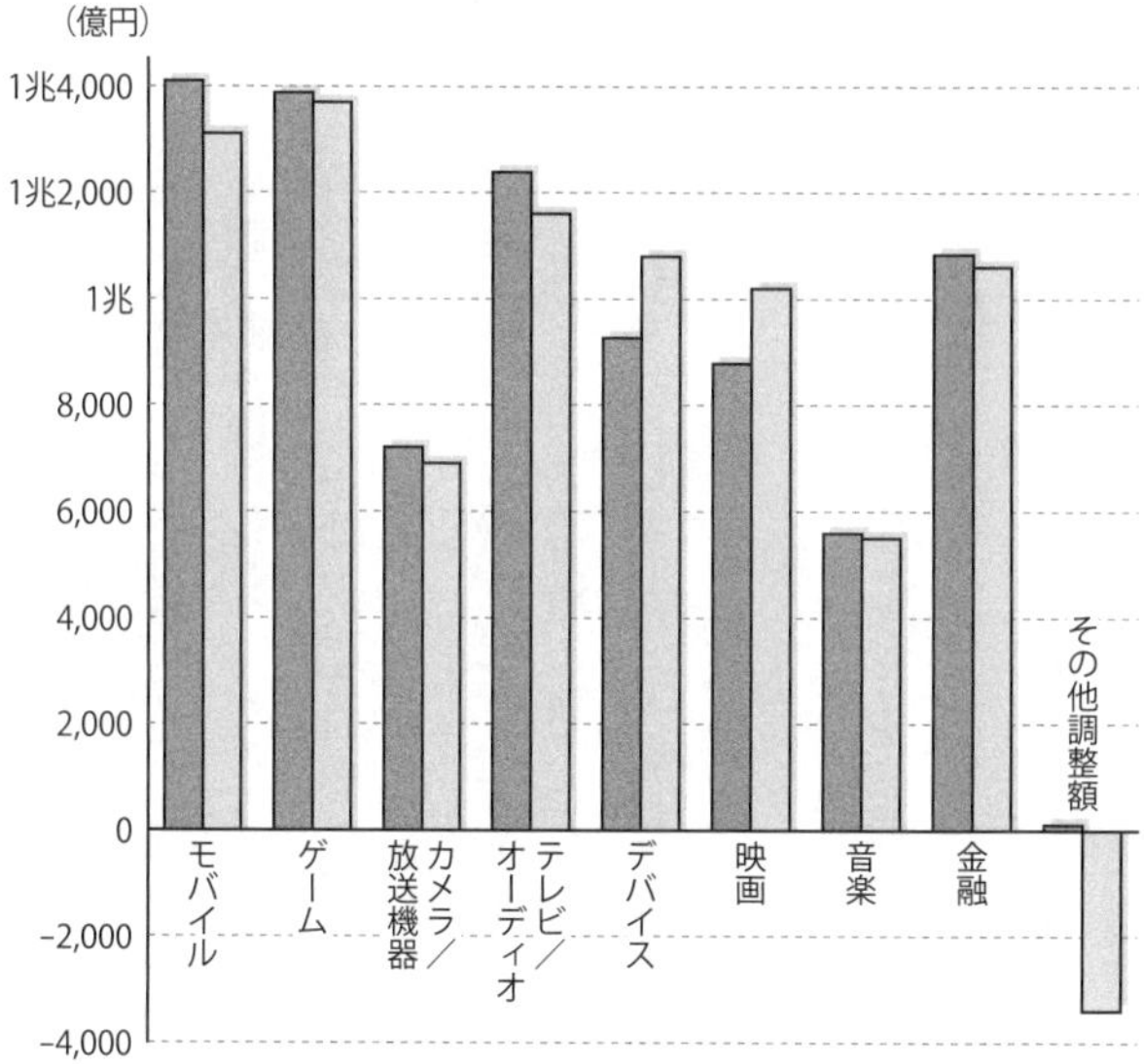
（億円）
1兆4,000
1兆2,000
1兆
8,000
6,000
4,000
2,000
0
-2,000
-4,000
モバイル
ゲーム
カメラ／放送機器
テレビ／オーディオ
デバイス
映画
音楽
金融
その他調整額

評が多々見受けられるが、本当の理由は何か。少なくともこの失敗をしっかり総括しなければ、日本の電機の未来は開かれないのではなかろうか。

今年の決算で特徴的なのは、シャープやソニーでエレキが惨状となっている一方で、パナソニックやエレキ以外のソニー事業などに明るさが見え始めたことである。シャープがテレビや液晶事業で赤字を積み増したのと対照的に、テレビに見切りをつけたパナソニックや日立などが、他の事業の好調を受けて業績回復傾向にある。

ソニーも、映画などのエンタメ事業や、生保・銀行などの金融事業が極めて安定的に利益を稼ぎ続けている。なぜエレキと対照的に、他の事業は好調なのか。日本の電機会社はエレキをやめれば、好調であり続けられるのだろうか。

ちなみにソニーの一番の稼ぎ頭は金融事業（1933億円）である。そして2番目がエンタテインメント事業（ゲーム＋映画＋音楽合計で1672億円）である。

ソニーの金融事業は来期に減収減益を予想している。しかし面白いことに、これも短信を読み込んでいくと、「2014年実績に含まれている株式運用益などの変動要因を予想に織り込んでいない。それを除けば増収増益基調は変わらない」という内容の記述があり、金融がソニーの業績をリードしている事情は依然続いているのだ。

日本の稼ぎ頭は自動車、金融、通信キャリア、商社ｅｔｃ．

〈図表1‐8〉は経常黒字ランキングである。このランキングは実績ではなく、来期の予想経常利益（米国会計基準や国際会計基準を採用している企業では税引き前利益）を順位づけしたものである。

〈図表1-8〉2015年度経常利益（予想）ランキング

No.	企業名	予想経常利益	No.	企業名	予想経常利益
1	トヨタ自動車	2兆9,700億円	26	野村HD	3,500億円
2	三菱UFJ	1兆5,800億円	27	東京海上	3,500億円
3	三井住友FG	1兆2,400億円	28	ソニー	3,450億円
4	日本電信電話	1兆1,800億円	29	三菱電機	3,200億円
5	みずほFG	1兆500億円	30	三井物産	3,200億円
6	ソフトバンク	9,500億円	31	JXHD	3,100億円
7	KDDI	8,200億円	32	パナソニック	3,000億円
8	本田技研工業	8,050億円	33	三菱重工業	3,000億円
9	日産自動車	7,650億円	34	住友商事	2,900億円
10	NTTドコモ	6,870億円	35	ファナック	2,794億円
11	日立製作所	6,000億円	36	三井住友トラスト	2,700億円
12	JT	5,400億円	37	りそなHD	2,540億円
13	三菱商事	5,200億円	38	村田製作所	2,520億円
14	国際石油開発帝石	5,120億円	39	丸紅	2,500億円
15	ブリヂストン	5,010億円	40	MS&ADHD	2,420億円
16	富士重工業	4,950億円	41	アステラス製薬	2,390億円
17	新日鐵住金	4,500億円	42	JFE	2,300億円
18	JR東海	4,450億円	43	損保JPNK	2,300億円
19	デンソー	4,070億円	44	信越化学工業	2,220億円
20	伊藤忠商事	4,060億円	45	ヤフー	2,150億円
21	キヤノン	3,900億円	46	アイシン精機	2,150億円
22	ＪＲ東日本	3,820億円	47	マツダ	2,150億円
23	第一生命保険	3,690億円	48	三菱ケミカルHD	2,140億円
24	セブン＆アイ	3,680億円	49	コマツ	2,140億円
25	オリックス	3,500億円	50	ファーストリテイリング	2,115億円

（各社決算短信の次期業績見通しをランキングしたもの。stockboard.jpランキングより作成）

3月を決算期にしている株式上場企業は、毎年5月中旬までに「決算短信」という速報を開示しなければならないことになっている。その表紙ページの最終行に来期の予想売上高、予想経常利益などが発表されているが、その予想利益のランキングである。したがって2016年3月期の予想値である（2月や12月決算期の企業も一部含まれる）。

わが国利益ナンバーワンは、トヨタである。何と3兆円もの利益（税前）を稼ぎ出す予想である。

利益50位までに、自動車会社がトヨタを筆頭として5社入っている。ランキング100位まで拡大して眺めると、スズキ（52位）、いすゞ自動車（56位）、三菱自動車（80位）、ヤマハ発動機（85位）、ダイハツ工業（96位）、日野自動車（98位）と計11社がランキングに入っていて、自動車業界が活況に沸いているのが伝わってくる。他にも自動車関連企業としては、デンソーやブリヂストン、アイシン精機があるが、実は新日鐵住金やJFE、ファナック（製造ロボット）も自動車業界の活況に引っ張られている企業である。また各社のセグメント別利益を見れば、他に日立やパナソニックなども自動車の恩恵を受けている。

金融はもっとたくさん入っている。三菱UFJFG（2位）、三井住友FG（3位）、みずほFG（5位）、りそなホールディングス（37位）とメガバンクはすべてランクインしている。

他にも第一生命保険、オリックス、野村ホールディングス、東京海上、三井住友トラスト、MS&AD（損保）、損保ジャパンなど金融会社を合わせると11社となる。50位までの社数では、自動車を圧倒している。

なぜ金融がリーマンショックを超えて復活したかといえば、それは米国や日本や欧州が、そして中国も含めて多くの国が、金融緩和に走ってきたからである。一言でいえば、ジャブジャブのおカネが金融業の利益ボリュームを膨らませている。

ランキング第4位に日本電信電話（NTT）がいる。また10位に同じグループのNTTドコモが入っている。ドコモはNTTが3分の2の株式を保有する子会社である。経常利益は連結ベースで計算されているので、ドコモの利益はNTTのそれにほぼそっくりダブルカウントで含まれている。したがってNTTの稼ぎ頭はドコモということになる。

無線通信キャリアのランキングとしては、今年はソフトバンク（6位）、KDDI（7位）、NTTドコモ（10位）という順序になった。昨年までドコモがトップだったが、ついに順位が入れ替わった。電波は国家管理のもとにあり、寡占経営が認められた規制業種は強い。

通信キャリアはサービス業だが、広い意味で「電機」ととらえると、他に日立製作所（11位）、キヤノン（21位）、ソニー（28位、来期は黒字予想）、三菱電機（29位）、パナソニック

（32位）、デバイスの村田製作所（38位）などがいる。

総合商社も依然として好調だ。三菱商事（13位）、伊藤忠商事（20位）、三井物産（30位）、住友商事（34位）、丸紅（39位）と、5大商社の存在感は揺るがない。

あと他に挙げるとすると、資源の国際石油開発帝石、規制産業のJTとJR、小売りトップのセブン&アイ、製薬業利益トップとなったアステラス製薬、ネット・ポータルのヤフー、化学の信越化学と三菱ケミカル、そしてアパレル産業トップのファーストリテイリング（ユニクロ）などが利益額の大きい企業群である。

〈図表1-8〉は利益ランキングだが、株式時価総額ランキングで見てもおよそ似たような順序になる。ちなみに2015年6月初旬時点で、1位はトヨタ、続いて三菱UFJFG、NTT、NTTドコモ、ソフトバンク、JT、KDDI、三井住友FG、ホンダ、そして10位がみずほFGである。ファーストリテイリングは12位（5・5兆円）に食い込んでいる。


世界時価総額トップ3はアップル、マイクロソフト、グーグル

世界に目を転じてみよう。株式時価総額の世界ランキング（2015年5月末時点）によれば、世界一はダントツでアップルであり、90兆円を超えている（120円/ドル換算）。2

位のマイクロソフトとグーグルは抜きつ抜かれつのデッドヒート状態で、両社とも45兆円前後である。

ＩＴやネット・サービス企業を拾ってみると、アリババ・グループ（19位、中国、27兆円――数字はアバウトに表示。以下同じ）、フェイスブック（21位、26兆円）、アマゾン・ドット・コム（26位、24兆円）、オラクル（32位、23兆円）、テンセント（35位、中国、22兆円）、サムスン電子（39位、韓国、21兆円）、ＩＢＭ（43位、20兆円）、その他が並んでいる。

日本のトヨタが22位、26兆円と、唯一50位圏内に入っている。50位圏内に多い業種は他に、金融、資源、通信キャリア、バイオ（製薬）などがあり、濃淡はあるが業績の良い企業は日本と世界とで共通している。

ただし強烈に違う点がある。米国のネット企業３社が、ダントツでトップ３にランクされていることである。フェイスブックやアマゾンも含めると、５社の時価総額は２３０兆円にも及ぶ。日本企業の利益ランキング50社の時価総額を合計しても、この５社に遠く及ばない。米国のＩＴビジネスの勢いを見せつける数字である。

では一体、世界トップのアップルは、どのくらい稼いでいるのだろうか？・〈図表１‐９〉は、アップルの２０１４年９月期年度決算の比例縮尺財務諸表である。

〈図表1-9〉アップル 比例縮尺財務諸表

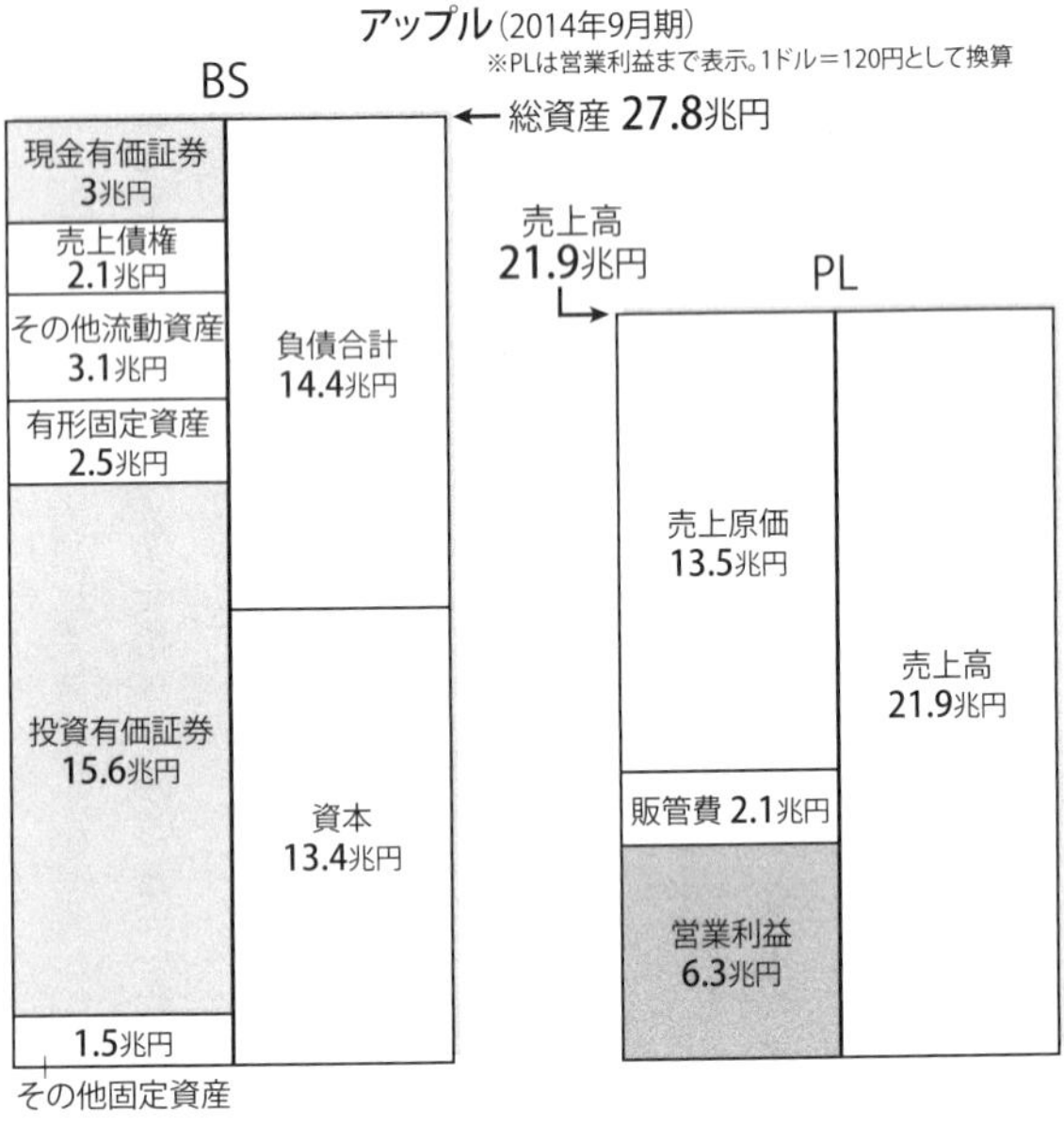
アップル（2014年9月期）
※PLは営業利益まで表示。1ドル＝120円として換算
BS
総資産 27.8兆円
現金有価証券 3兆円
売上債権 2.1兆円
その他流動資産 3.1兆円
有形固定資産 2.5兆円
投資有価証券 15.6兆円
1.5兆円
その他固定資産
負債合計 14.4兆円
資本 13.4兆円
売上高 21.9兆円
PL
売上原価 13.5兆円
販管費 2.1兆円
営業利益 6.3兆円
売上高 21.9兆円

アップルの営業利益は日本円で６・３兆円に及ぶ。税引き後の純利益も約４００億ドルで、４・７兆円を超えるという前代未聞の数字である。トヨタが２０１５年度に３兆円近い営業利益を予想しているが、アップルはその倍以上を昨年上げている。

売上原価率は61・４%と、過去の50%台だった頃と比べると見劣りするものの、粗利率39%は日本のエレキ・メーカーとは段違いの差である。

利益の数字以上にすごいのは、バランスシートである。最大の資産は投資有価証券であり、これらは市場性のある有価証券と注記がある。現預金および短期所有の有価証券も含めれば約１５６０億ドル、日本円にして18・7兆円近くの運用資金を抱えていることになる。

近年、アップルに対して株主から「資金を抱え過ぎ。投資しないなら株主への分配に回すべき」との声が強くなっているのがよくわかる。株式市場では、手持ち資金が多いことが決して肯定的な評価となるわけではない。「投資チャンスを見つけることができないでいる」と判断されるからである。

一方で、バランスシートの総資産から現預金・有価証券を除くと、残りは７６６億ドルである。これを実質的に事業に使っている資産（使用総資本）と見なせば、アップルは９・２兆円の使用総資本で、21・9兆円の売上を上げ、6・3兆円の営業利益を残す、とんでもなく資本効率の高い企業ということになる。資本効率が良い一つの理由に、有形固定資産が少ないことがある。それは自ら工場を持つことなく、製造をアウトソースしているからである。

ｉＰｈｏｎｅ本体を裏返すと「Designed by Apple in California Assembled in China」と書かれているが、スペックやＯＳはアップルが設計し、部品をサムスンやシャープ、ソニーなどの各メーカーに作らせ、組み立てを中国・鴻海《ホンハイ》精密工業の工場で行っている。アップ

〈図表1-10〉サムスン電子 vs. 鴻海精密工業

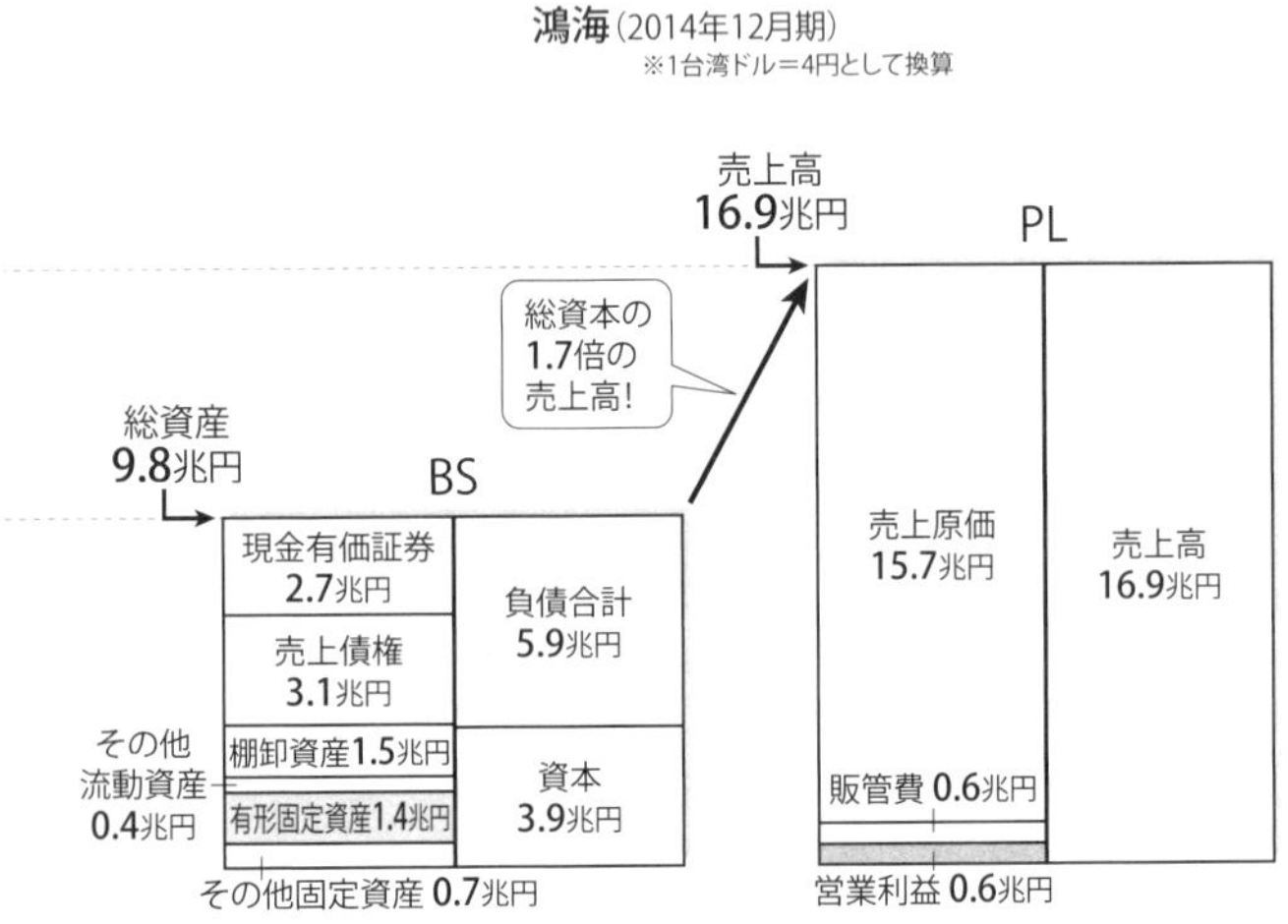
鴻海（2014年12月期）
※1台湾ドル＝4円として換算
売上高
16.9兆円
PL
総資本の
1.7倍の
売上高!
総資産
9.8兆円
BS
現金有価証券
2.7兆円
売上債権
3.1兆円
その他
流動資産
0.4兆円
棚卸資産1.5兆円
有形固定資産1.4兆円
その他固定資産 0.7兆円
負債合計
5.9兆円
資本
3.9兆円
売上原価
15.7兆円
販管費 0.6兆円
営業利益 0.6兆円
売上高
16.9兆円

ルは「持たざる経営」の勝利者なのだ。

大規模投資のサムスン、高効率量産の鴻海

〈図表1-10〉はアップルを支える（?）サムスンと鴻海のBS、PLを同じ縮尺で並べたものである。両社の特徴をかいつまんで並べると、次のような点が挙げられる。

【サムスン】

◆7兆円に及ぶ厚い手元資金

◆9・2兆円を超える有形固

サムスン（2014年12月期）
※1ドル＝120円として換算

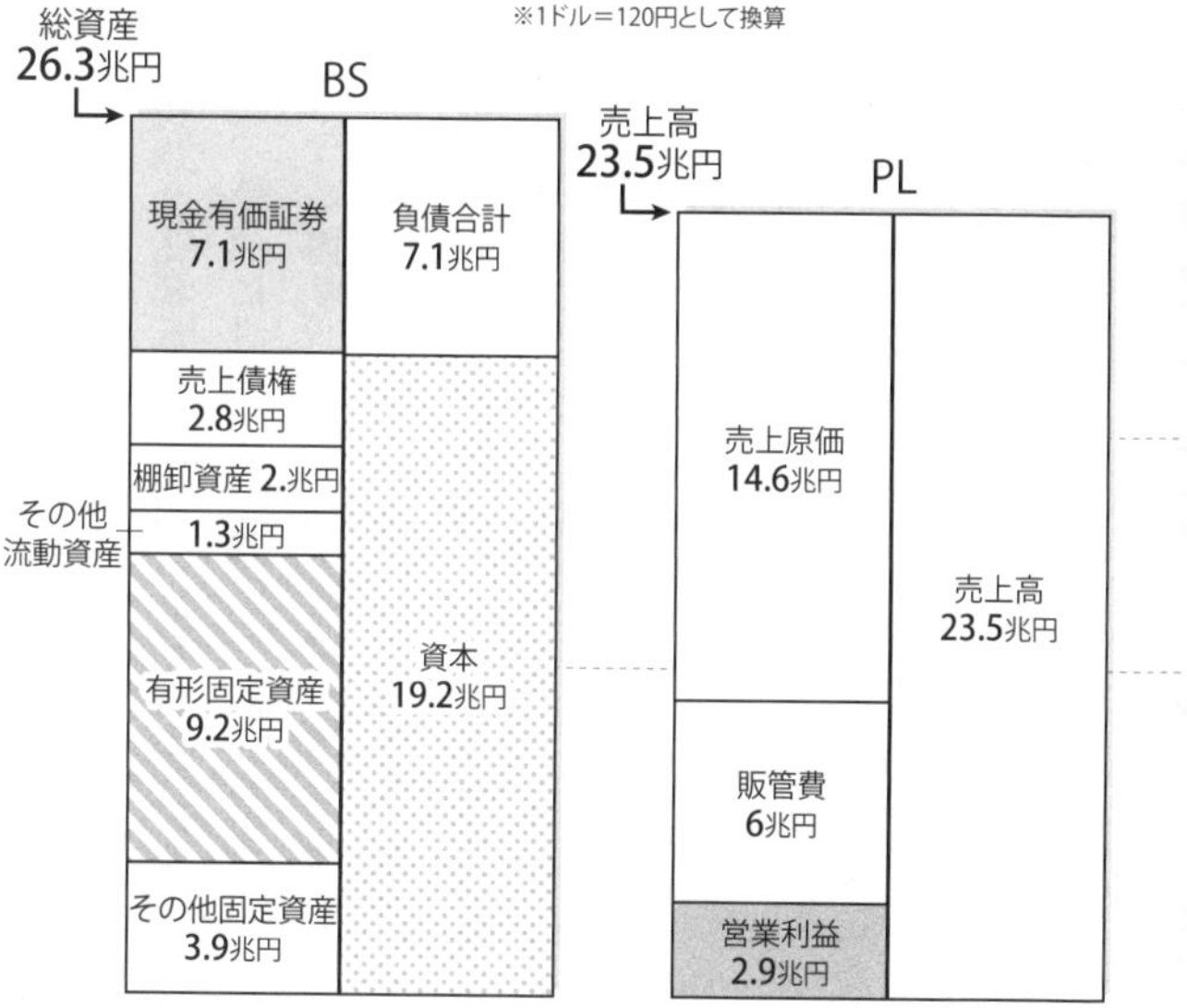

総資産
26.3兆円
BS
現金有価証券
7.1兆円
負債合計
7.1兆円
売上債権
2.8兆円
棚卸資産 2.兆円
その他流動資産
1.3兆円
資本
19.2兆円
有形固定資産
9.2兆円
その他固定資産
3.9兆円
売上高
23.5兆円
PL
売上原価
14.6兆円
売上高
23.5兆円
販管費
6兆円
営業利益
2.9兆円

定資産への果敢な投資

◆自己資本比率73%という優良な財務体質

◆粗利率37・8%、営業利益率12・1%という高い利益率

【鴻海】

◆BS：PL＝1：1・7、つまり総資本1に対して売上高1・7の高い資本効率

◆1・4兆円と、意外に少ない有形固定資産

◆粗利率わずか6・9%、営業利益率3・4%という低い利益率

サムスンは前年に比べて2014年度は利益が落ちた。とはいっても同年度のトヨタを上回り、営業利益2兆8500億円、同利益率12・1%を上げている。有形固定資産を見ればわかるように、果敢に設備投資を行い、液晶パネルや半導体、フラッシュメモリーなどで世界シェアトップを握り、高い業績を実現している。投資規模が巨大であるにもかかわらず、負債は少なく、詳細資料によれば有利子負債も1兆円を下回っている状態である。変化の激しいエレキ業界でも強い耐性を持つ、強固な財務体質をうかがわせる。

一方の鴻海はすさまじい効率経営を感じさせる財務諸表である。鴻海はEMS(Electronics Manufacturing Service:電子機器の受託生産サービス)の企業である。世界の製品メーカーからOEM(相手先ブランド製品の受託生産)の受注をかき集め、17兆円近い売上を上げる。しかもその売上を10兆円以下の投資集積(総資産)で上げ、中でも有形固定資産は1・4兆円強と意外と少ない。有形固定資産が少ないのは、中国など人件費の安いエリアで生産する労働集約型のメーカーゆえであろう。

そんな身軽さとは対照的に、手元資金は2・7兆円置いてある。どんな予期せぬ変化が起きても、機動的に対処できる十分な資金力を備えている。

売上債権はバランスシート最大の資産だが、売上の2・2か月分（売上債権回転期間）と問題ない水準で、在庫も売上原価を分母にして計算すると1・1か月ほどで、トコトン効率経営を進めていることは間違いない。それゆえ粗利率は7％程度でも、6000億円近い営業利益を上げ、立派という他はない。販管費約5900億円の中には、約2000億円の研究開発費も含まれている。決してテクノロジーの遅れたメーカーに見えない。

サムスンは大胆な設備投資を積極的に進めるメーカーである。つまり**「持てる経営」**を続ける企業である。

これに対して今日、アップルに限らず、例えばファーストリテイリングのようなSPA業態（製造小売業）、あるいはセブン‐イレブンのような小売業も、企画設計は自前で行うものの製造設備など重い資産を持っていない。いわゆる「持たざる経営体」、あるいは「ファブレス企業」に高収益企業が多い。

そしてこれらの持たざる企業のアウトソーシーとして製造を支えているのが、鴻海のようなEMS企業である。鴻海はEMS（製造のみ）を超えて、EDS（設計・デザインも担当）としての能力も蓄えつつある。ソフトバンクが発売したロボット「ペッパー」の受託製造を行い、あるいはテスラの電気自動車の受託製造にも名乗りを上げて、一段上の進化を遂げようとしている。

スマイルカーブ上を泳ぐ企業たち

エレクトロニクス業界では、勝ち組・負け組の明暗がはっきりしてきている。どうしてこんな差ができるのだろうか。それを説明する一つのツールがプロフィット・プール分析である。

プロフィット・プール分析とは、ある産業分野のバリューチェーンにいるどんなプレイヤーが、どれだけ利益を獲得しているか、その分布を示す分析ツールである。この分析は産業分野ごとに、横軸に川上から川下に至るまで順番にプレイヤー企業を並べる（プレイヤーの数が多い場合、横軸の幅に企業数を表現する）。そして縦軸に利益率ないし付加価値額を取る。するとバリューチェーンのどの段階のプレイヤーが利益を多く得ているか、が一目でわかる図表となる。経済産業省が取り上げ、現代では多くの産業分野で「スマイルカーブ」になっていると指摘されて有名になった。

かつて国境の壁が高かった時代では、「ムッツリカーブ」型が趨勢《すうせい》の分布だった。この時代は製造業がカーブの中央、つまり山の頂点にいた。日本国内に川上・川下の系列企業を従

〈図表1-11〉スマイルカーブ（プロフィット・プール分析）

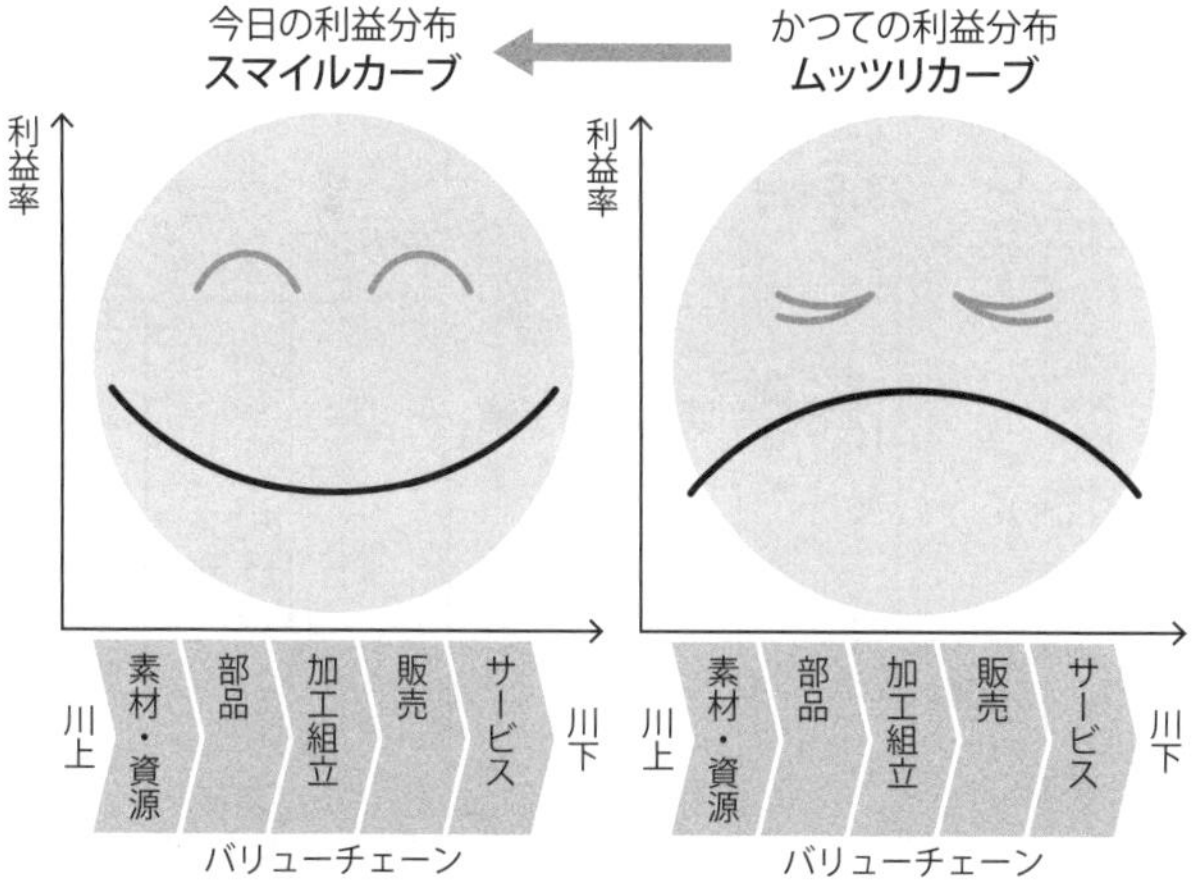
今日の利益分布
スマイルカーブ
かつての利益分布
ムッツリカーブ
利益率
川上
素材・資源
部品
加工組立
販売
サービス
川下
バリューチェーン
利益率
川上
素材・資源
部品
加工組立
販売
サービス
川下
バリューチェーン

えた垂直統合型の製造業が最も高い利益を上げ、経済界のリード役だったのだ。

しかしグローバリゼーションの時代が開かれると、製造機能は新興国に取って代わられるようになる。新興国が低コストと国の支援を武器に、製造を一手に担うようになると、「ムッツリカーブ」は「スマイルカーブ」へと分布が激変したのである（〈図表1－11〉）。

第2章に掲載するトヨタの財務諸表（90～91ページ）を見ても、利益額トップのトヨタですら売上高営業利益率は10・1％である。そしてトヨタの事業の中で利益率が高いのは、圧倒的に金融事業である。自動車や住宅などモノづくり事業の粗利率は18％しかなく、営業利益率は9％しかない。日本のトップメー

〈図表1-12〉PL比較＝サムスン vs. 鴻海 vs. アップル

※1ドル＝120円、1台湾ドル＝4円として換算

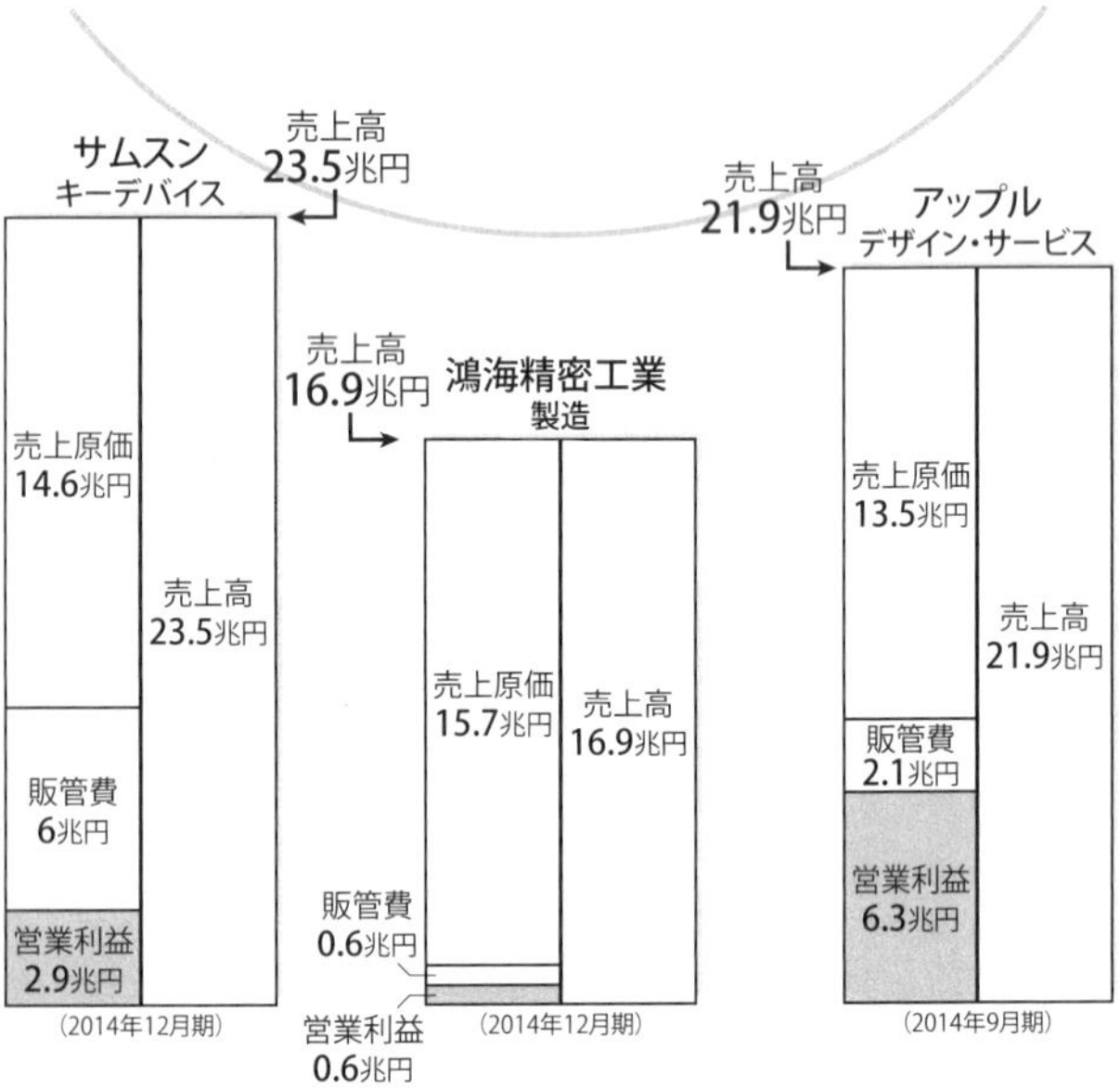

売上高
23.5兆円
サムスン
キーデバイス
売上原価
14.6兆円
販管費
6兆円
営業利益
2.9兆円
売上高
23.5兆円
(2014年12月期)
売上高
16.9兆円
鴻海精密工業
製造
売上原価
15.7兆円
販管費
0.6兆円
営業利益
0.6兆円
売上高
16.9兆円
(2014年12月期)
売上高
21.9兆円
アップル
デザイン・サービス
売上原価
13.5兆円
販管費
2.1兆円
営業利益
6.3兆円
売上高
21.9兆円
(2014年9月期)

カーですら、利益率が2ケタに届かない。

〈図表1‐12〉はサムスン電子と鴻海精密工業、そしてアップルのPLだけ（営業利益まで表示）を同一縮尺で並べたものである。iPhoneのバリューチェーンを想定して、サムスンはキーデバイスを持つ川上企業、鴻海を製造企業、アップルを企画デザインとサービスを担当する川下企業と位置付けて、プロフィット・プール分析を模擬化して示した。サムスンは自社ブランドのスマホ製品もあり川下

機能も持っているが、ここでは川上に置いている。こうして3社の利益を比較してみると、営業利益の分布がスマイルカーブを描いていることがわかる。

タックスヘイブンも使って手元資金量膨張?

世界時価総額2位の座をかけて争っているのが、グーグルとマイクロソフト（MS）である。かつて1位だったMSは下降傾向のトレンドにあり、グーグルが上り調子である。〈図表1－13〉は両社を同一の縮尺で並べている。

この2社を並べると、似通っていることがわかる。例えばPLを見ると、売上原価率はMSが31％、グーグルが39％、営業利益率ではMSが32％、グーグルが25％と同等である。ソフトウェア・ビジネスは開発費が巨額になるものの、顧客への売上はほぼそのまま限界利益（売上が1単位増えたときの増分利益）となるので、ヒットソフトやアプリを当てた企業は桁違いに高い利益率になる。

バランスシートの最大資産が手元資金であることも共通している。MSは投資有価証券も合わせると12兆円のお金持ちであり、グーグルも8兆円近い資金を保有している。MSは批判を受けて近年、株主への厚い配分を進めているが、毎年巨額利益が積み増されていくので

〈図表1-13〉マイクロソフト vs. グーグル

※1ドル＝120円として換算

グーグル（2014年12月期）

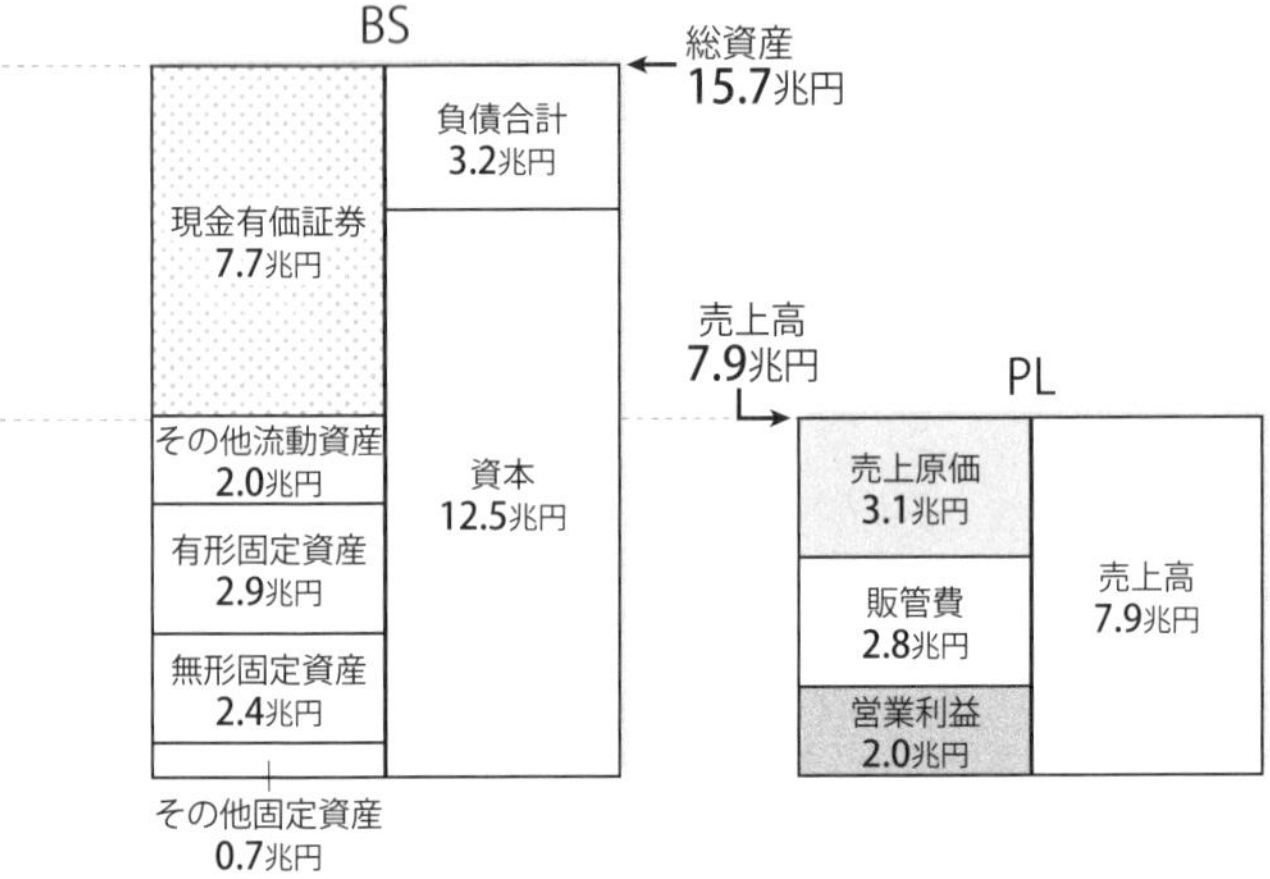
BS
総資産
15.7兆円
現金有価証券
7.7兆円
負債合計
3.2兆円
その他流動資産
2.0兆円
有形固定資産
2.9兆円
無形固定資産
2.4兆円
その他固定資産
0.7兆円
資本
12.5兆円
売上高
7.9兆円
PL
売上原価
3.1兆円
販管費
2.8兆円
営業利益
2.0兆円
売上高
7.9兆円

なかなか減らない。

実は毎年、手元資金が積み上がっていくのには、もう一つ大きな理由がある。それは節税である。

「法人税等」を「税引き前当期利益」で割ると、およその負担税率がわかる。先にあげたＰＬでは営業利益までしか表示していないが、計算書の下のほうに出てくる税率を計算してみると、ＭＳは20・7％、グーグル19・3％、アップル26・1％、サムスン16・1％となっている。これを日本企業と比較すると、例

マイクロソフト（2014年6月期）

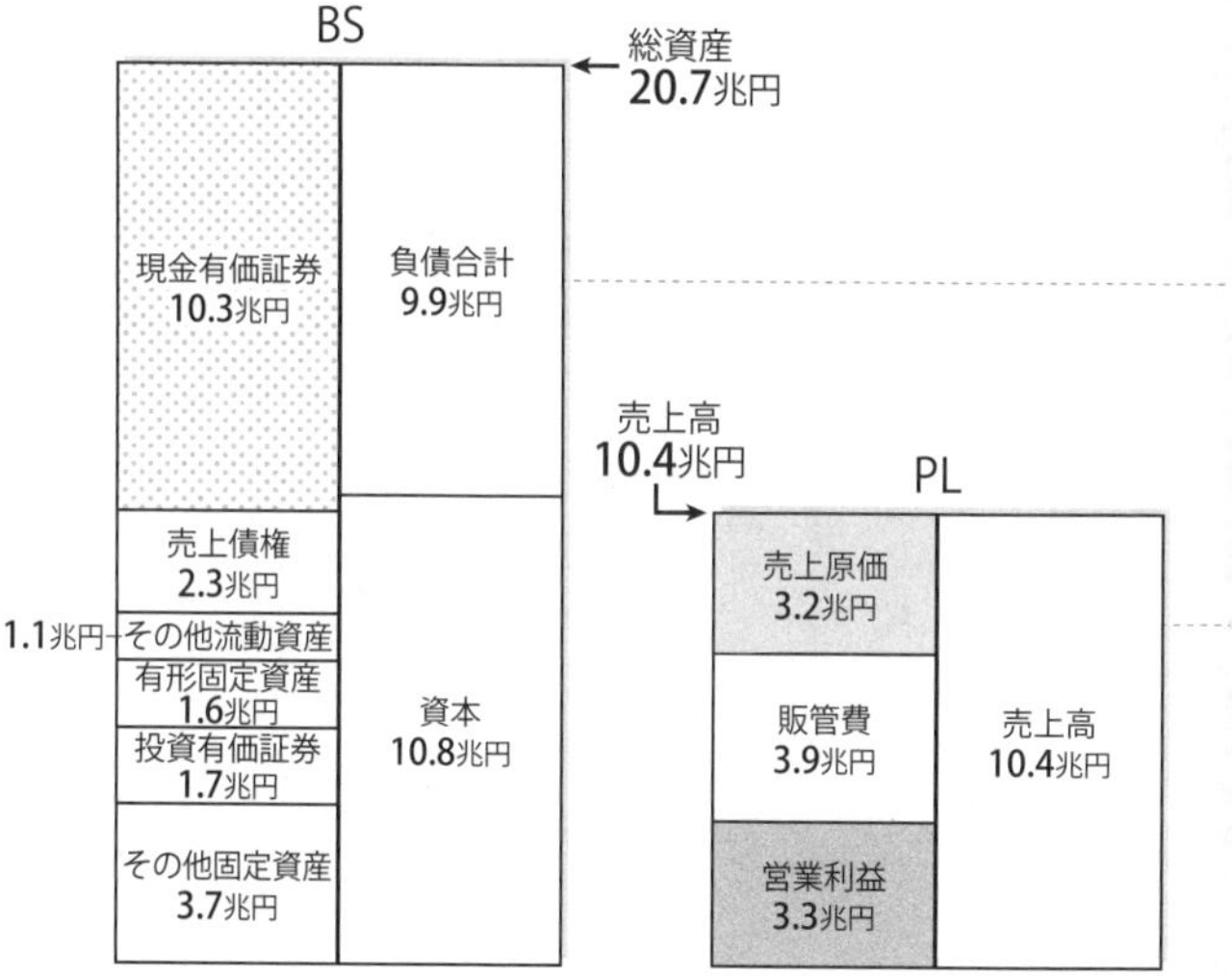
BS
総資産
20.7兆円
現金有価証券
10.3兆円
負債合計
9.9兆円
売上債権
2.3兆円
1.1兆円
その他流動資産
有形固定資産
1.6兆円
投資有価証券
1.7兆円
その他固定資産
3.7兆円
資本
10.8兆円
売上高
10.4兆円
PL
売上原価
3.2兆円
販管費
3.9兆円
営業利益
3.3兆円
売上高
10.4兆円

えばトヨタ30・9%、ホンダ36・2%、後述するヤフーも35・7%となっていて、外国企業とはおおむね10%程度か、それ以上の開きがある。

　実はアメリカは、日本と共に法人所得税率の高い国である。州によって異なるがおよそ35%程度で、日本と同じくらいである。それなのに実際には税率が低いのは、タックスヘイブンを利用して節税しているからである。

　例えばアップルは低い法人税率（12・5%）のアイルランド

に子会社を置き、知的財産権の使用料課税のないオランダ法人を挟み、さらに英国領ヴァージン諸島の子会社を絡めることで、税金の支払いを極小化している。これは「ダブル・アイリッシュ with ダッチ・サンドウィッチ」という名称で呼ばれ、多くの米IT企業が利用している手法である。米オバマ政権は当然こういう節税策を批判しているが、あくまで合法的行為なので、企業側は合理的経営の範囲としている。ただ日本企業にとっては、情緒的に受け入れにくい面があり、大幅な税率の差になって表れている。

このこともあって経団連は「高い法人税率」を日本企業の「五重苦」の一つとして政府に是正を求めている。経済合理性だけから言うと、日本企業はいつ本社を海外に移転してもおかしくない。ちなみに「五重苦」とは、高い税率、開放政策の遅れ、厳しい環境規制と労働規制、インフラコストの高さである。少し前までこれに「円高」が加わって「六重苦」といわれたが、現在は一つ減った状態にある。

日本のポータル・トップ企業ヤフーと、親会社ソフトバンク

世界のトップIT企業であるMSやグーグルと比べて、日本のポータルサイト・トップのヤフー（経常利益ランキング45位）はどのくらいの実力があるのだろうか。

66〜67ページ〈図表1‐14〉がヤフーとヤフーの親会社であるソフトバンクの財務諸表である。ヤフーの総資産が約1兆円、ソフトバンクのそれが約21兆円なので、同一縮尺では表現できず、ヤフーの財務諸表は左側に拡大してある。

ヤフーはマイクロソフトやグーグルと構成が似ている。ヤフーの営業利益率は46％に達し、MSの32％やグーグル25％を超える。しかも年間売上高を超える手元資金5000億円を持つ（余らせる？）超優良企業である。しかし規模ではMSなどに圧倒的に劣る。MSの利益はヤフーの14倍、グーグルは8倍強ある。ほぼ日本だけがテリトリーのヤフーと、世界市場をとらえているMSやグーグルとの違いは大きい。

とはいえ米ヤフーが米国で立ち上がったとき、いち早くシリコンバレーで同社を見出し、支援の手を差しのべたばかりか、ヤフー・ジャパンを育てたのはソフトバンク孫正義氏である。ヤフーはソフトバンクの子会社なので、ソフトバンクの連結財務諸表の中に合算されて表示されている。ソフトバンクは米国の無線通信会社スプリントなどを買収し、世界に展開しているので、財務諸表の規模が極めて大きくなっている。

ソフトバンクの営業利益率は11・3％と悪くないが、営業利益を総資産で割ったROAでは4・7％と、効率の良い会社とは決して言えない。何といっても、それはバランスシート

〈図表1-14〉ヤフー vs. ソフトバンク

ソフトバンク（2015年3月期）

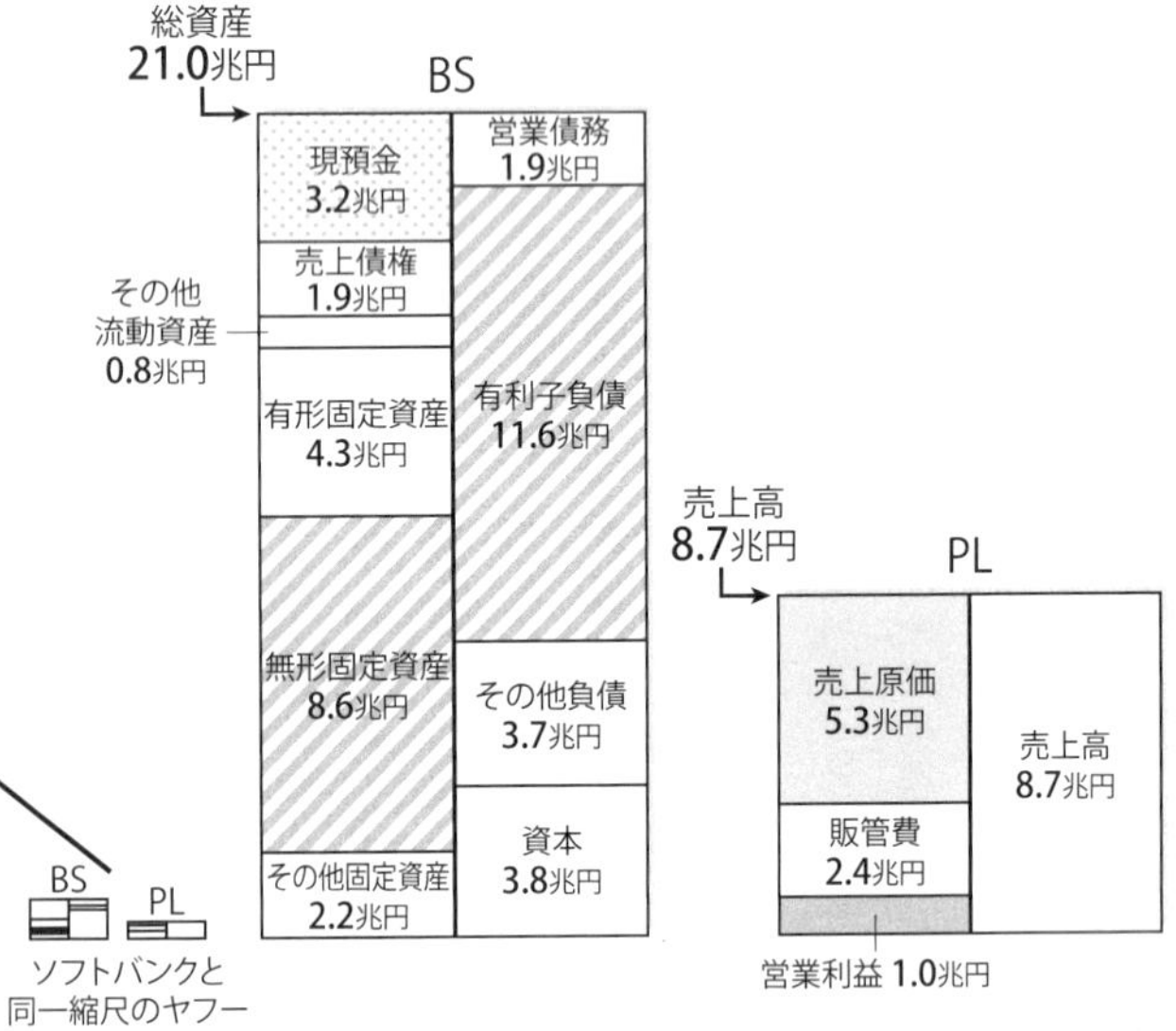
総資産
21.0兆円
BS
現預金
3.2兆円
売上債権
1.9兆円
その他
流動資産
0.8兆円
有形固定資産
4.3兆円
無形固定資産
8.6兆円
その他固定資産
2.2兆円
営業債務
1.9兆円
有利子負債
11.6兆円
その他負債
3.7兆円
資本
3.8兆円
売上高
8.7兆円
PL
売上原価
5.3兆円
販管費
2.4兆円
営業利益 1.0兆円
売上高
8.7兆円
BS
PL
ソフトバンクと
同一縮尺のヤフー

がやたらに大きいせいである。

バランスシートで特徴的なのは、無形固定資産が8・6兆円あり、有利子負債が11・6兆円も抱えていることである。

無形固定資産は「のれん」および「のれん由来のもの」が含まれている。「のれん」は買収プレミアムのことで、企業買収のときに買収先の実体資産価値を超える金額で買った場合、その超える金額を表している。企業買収では、通常実体価値を超える高値買収が多い。「のれん(暖簾)」とは羊羹《ようかん》の虎屋の店先

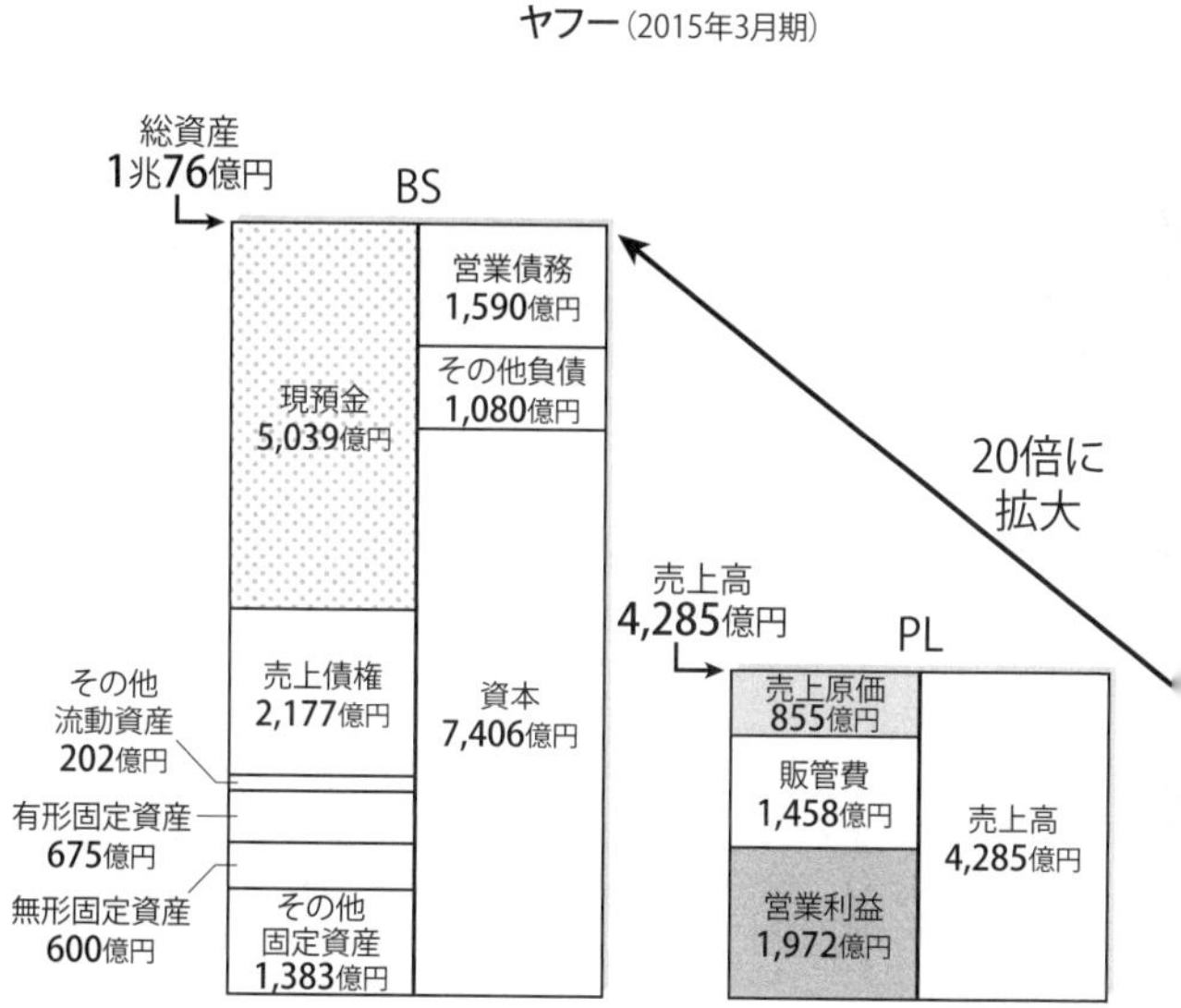

ヤフー（2015年3月期）
総資産
1兆76億円
BS
現預金
5,039億円
売上債権
2,177億円
その他
流動資産
202億円
有形固定資産
675億円
無形固定資産
600億円
その他
固定資産
1,383億円
営業債務
1,590億円
その他負債
1,080億円
資本
7,406億円
20倍に
拡大
売上高
4,285億円
PL
売上原価
855億円
販管費
1,458億円
営業利益
1,972億円
売上高
4,285億円

などにかかっている布切れのことだが、あの暖簾には室町時代に創業した虎屋のお客の信用やブランド、技術やノウハウが象徴されているというわけである。

したがって買収時のプレミアム部分を、無形のブランドやノウハウを買ったと見なして「のれん」と呼んでいる。これは会社法上の立派な法律用語である。

とはいっても、多くの統計調査によれば企業買収は成功確率が低い。買収時にプレミアム価値があると判断しても、実際にはその価値が実現しない確率が圧倒的に高い。買収の成功確率は、条件設定によっていろいろな調査があるが、低いもので5％、高い調査でも20％止まりである。

その意味では孫氏がリスキーな賭けに果敢に踏み出していることが、バランスシートから伝わってくるようだ。孫氏は自らソフトバンクを「金の卵を産むガチョウ」と言っている。孫氏のことを「ギャンブラー」という人は多いが、この中からヤフーやアリババのような大化けする投資案件（金の卵）が生まれてくることを期待しよう。

堅実なKDDIとNTTドコモ

ソフトバンクは２００６年にボーダフォン日本法人を2兆円かけて買収し（負債の引受金額含む。株式代金だけでは約１・８兆円）、第3位の日本の携帯無線キャリアとしてNTTドコモやKDDIに戦いを挑んだ。このときの「のれん」および「のれん由来の無形固定資産＝ソフトウェア」は合計１・３兆円あり、つまりそれだけ高値で買ったのである。しかし買収当時のボーダフォン日本は、「独り負け」と言われるほど劣勢にあった。その劣勢を跳ね返したのは、「お父さんが犬で、お兄さんが黒人」というヘンな家族のTVコマーシャルと、２００８年に発売されたiPhoneである。

ｉＰｈｏｎｅの代理権獲得に関しては、ＮＴＴドコモが早くから打診していたが、アップルはＮＴＴグループの知的財産権利用などキツイ条件を提示し、交渉は難航していたという。そんな中でアップルＣＥＯスティーブ・ジョブズと古くからの知己だった孫氏が、後出しの膝詰談判で獲得したのがｉＰｈｏｎｅである。

結果としてｉＰｈｏｎｅは革命的なインパクトを持ち、大ヒットした。発売と同時に筆者も手に入れ、学生さんに教わりながら使っていたが、「ソフトバンクのつながりにくさ」を実感していたものだ。

筆者は財務諸表を読む癖をつけているので、当時のＮＴＴドコモやＫＤＤＩの有形固定資産の中に含まれる「無線設備」の金額が、ソフトバンクのそれの3倍以上あるのを知っていて、「これではつながらないのも無理はないな」と思っていた。案の定、孫氏はｉＰｈｏｎｅのインパクトを頼りに最小限の設備投資と、相対的に安上がりの派手な広告投資で乗り切ったのだ。

〈図表1‐15〉は、そのＮＴＴドコモとＫＤＤＩの財務諸表を同一縮尺で並べたものである。まずＢＳとＰＬの大きさの比較から言って、ソフトバンクのＢＳは極めて巨大であり、それと比べるとＮＴＴドコモやＫＤＤＩの資産効率の良さがすぐわかる。ＫＤＤＩには「のれ

〈図表1-15〉NTTドコモ vs. KDDI

KDDI（2015年3月期）

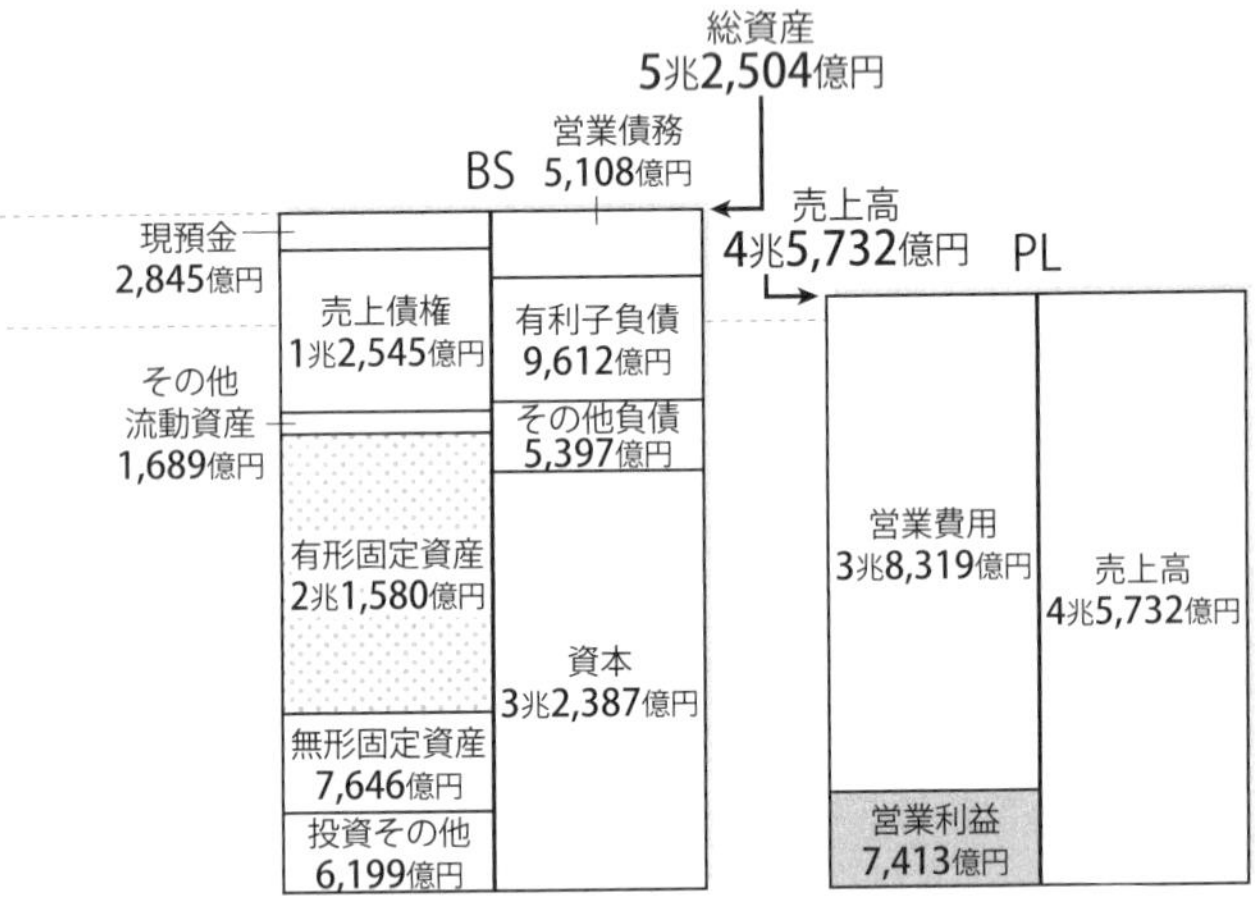
総資産
5兆2,504億円
営業債務
5,108億円
BS
売上高
4兆5,732億円
PL
現預金
2,845億円
売上債権
1兆2,545億円
その他
流動資産
1,689億円
有形固定資産
2兆1,580億円
無形固定資産
7,646億円
投資その他
6,199億円
有利子負債
9,612億円
その他負債
5,397億円
資本
3兆2,387億円
営業費用
3兆8,319億円
営業利益
7,413億円
売上高
4兆5,732億円

ん」も見られるが、7600億円にすぎず、ソフトバンクとは比較にならない。

ソフトバンクの有形固定資産の金額はスプリントやその後の一連の買収で膨らんでいるが、大震災前の2010年3月期末時点では合計で9500億円しかなかった。当時のソフトバンクの有形固定資産が、ドコモの2・5兆円、KDDIの2・2兆円と比較して見劣りしていたのは間違いない。

営業利益ではソフトバンクが9800億円と他の2社を圧倒

NTTドコモ（2015年3月期）

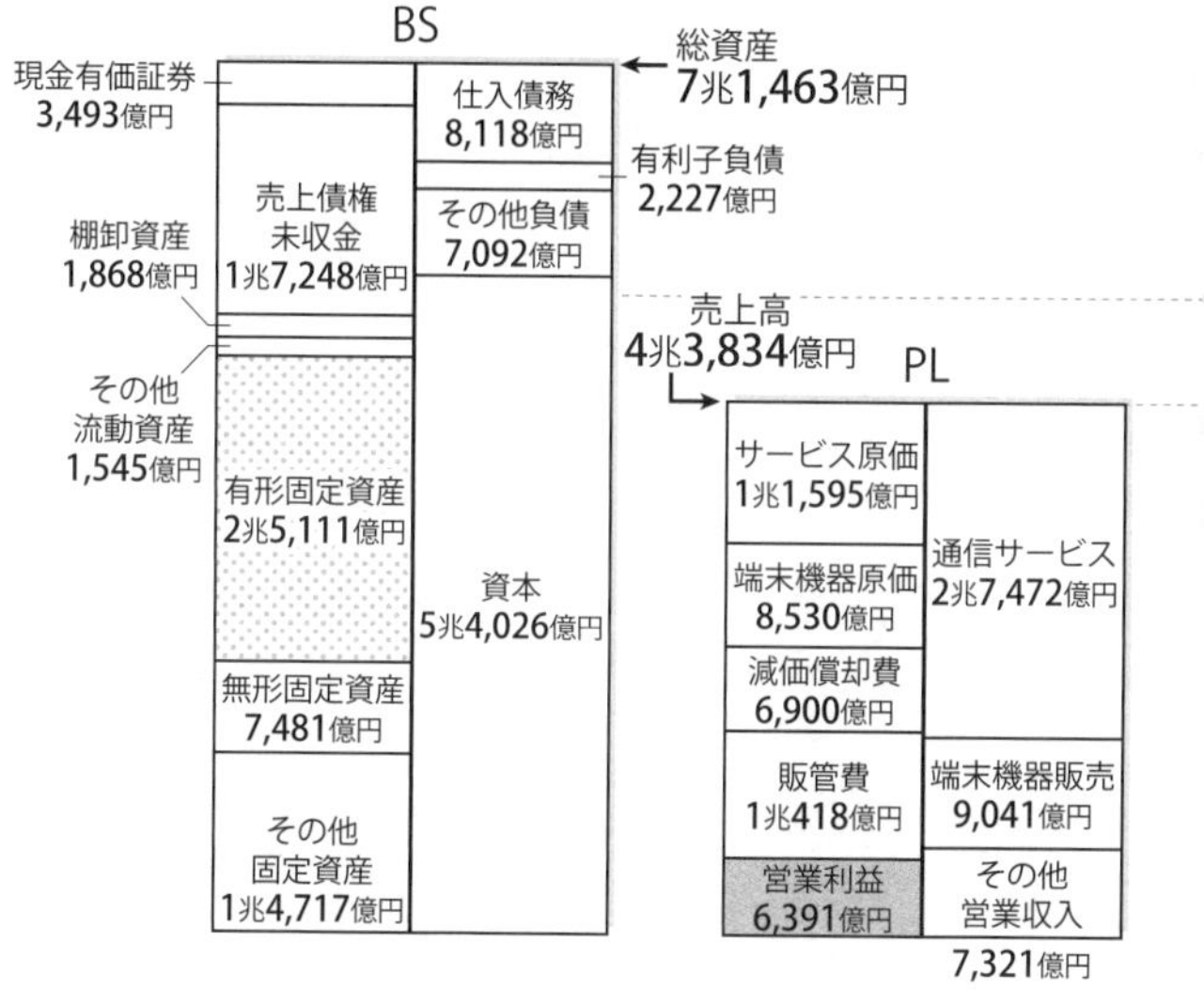
BS
現金有価証券
3,493億円
棚卸資産
1,868億円
その他
流動資産
1,545億円
売上債権
未収金
1兆7,248億円
有形固定資産
2兆5,111億円
無形固定資産
7,481億円
その他
固定資産
1兆4,717億円
仕入債務
8,118億円
その他負債
7,092億円
資本
5兆4,026億円
総資産
7兆1,463億円
有利子負債
2,227億円
売上高
4兆3,834億円
PL
サービス原価
1兆1,595億円
端末機器原価
8,530億円
減価償却費
6,900億円
販管費
1兆418億円
営業利益
6,391億円
通信サービス
2兆7,472億円
端末機器販売
9,041億円
その他
営業収入
7,321億円

しているが、この中にはヤフーやガンホーなど異業種の子会社の利益が含まれている。セグメントの切り分けが３社とも異なるので、厳密な比較はできないが、ソフトバンクの移動通信事業セグメントの営業利益は６０５８億円となっている。またドコモは６３９０億円（前年８１２７億円から21%減少）、ＫＤＤＩは５９３６億円（パーソナルと法人向け計）となっている。無線通信の利益で見る限り、今や３社は互角と言っていいだろう。ｉＰｈｏｎｅも３社併売となり、これから実質的なサービス競争、価格競争が始まるのではなかろうか。というより高額料金を支払わされているユーザーとしては、競争してほしいものだ。

グリーの凋落、ガンホーの急伸

ＮＴＴドコモの停滞とソフトバンクの成長は、主役がどんどん交代するという意味で変化の激しいＩＴ業界を象徴している。というよりＩＴの世界では日常的風景といったほうがよいかもしれない。スマホのアプリの世界はもっと変転が激しい。

４年前に筆者が利益率ランキングでトップに挙げていたのは、グリーだった。グリーは楽天を辞めた創業者が立ち上げたベンチャーだが、携帯ゲームで一世を風靡《ふうび》した。しかしいわゆる「コンプガチャ」の課金システムが少年たちの射幸心をあおると批判を受け、またガラケーがスマホに変わっていく中で、輝きを失っていった。

〈図表１‐16〉はグリーの栄枯盛衰を表している。四半期ごとの累積営業利益が示されているが、２０１５年６月期の第３四半期には最終赤字▲25億円を計上した。まさにグラフは坂道を転げ落ちるように急下降している。

グリーに代わる主役の座を射止めたのは、２０１３年度にソフトバンク・グループとなっ

〈図表1-16〉グリーの営業利益推移

（決算期は6月）

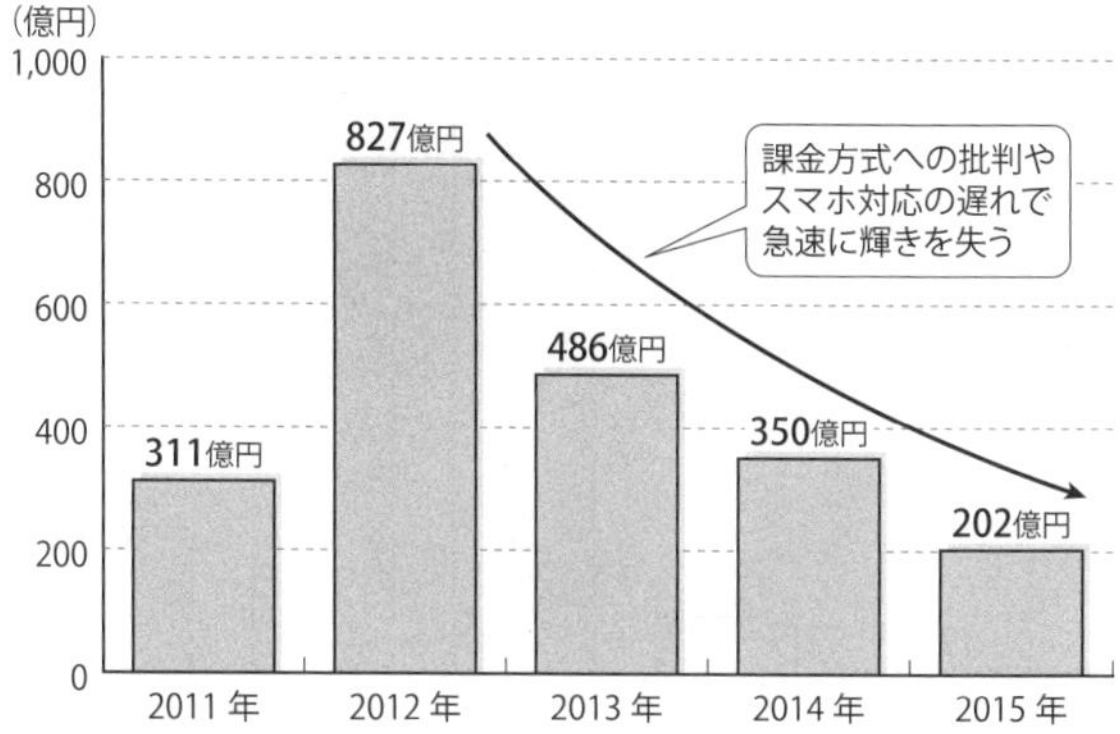
（億円）
1,000
800
600
400
200
0
827億円
486億円
311億円
350億円
202億円
課金方式への批判や
スマホ対応の遅れで
急速に輝きを失う
2011年
2012年
2013年
2014年
2015年

たガンホー・オンライン・エンターテイメントである。ガンホーはパズル＆ドラゴンズ（通称パズドラ）で大ヒットを飛ばし、２０１３年度のスマホ・ダウンロード売上で世界第１位となった。このときガンホーに次いで第２位だったのが、フィンランドのスーパーセルである。

孫氏がすごいのは、ガンホーを子会社化し、さらにスーパーセルも買収してしまったことである。今後継続して成長できるかはわからないが、世界第１位と第２位のゲーム開発会社がソフトバンク・グループの中に収まっている。

実は、そのガンホーの子会社化の方法がまたユニークである。ソフトバンクはもともと

〈図表1-17〉ガンホー・オンライン・エンターテイメント
営業利益推移（決算期は12月）

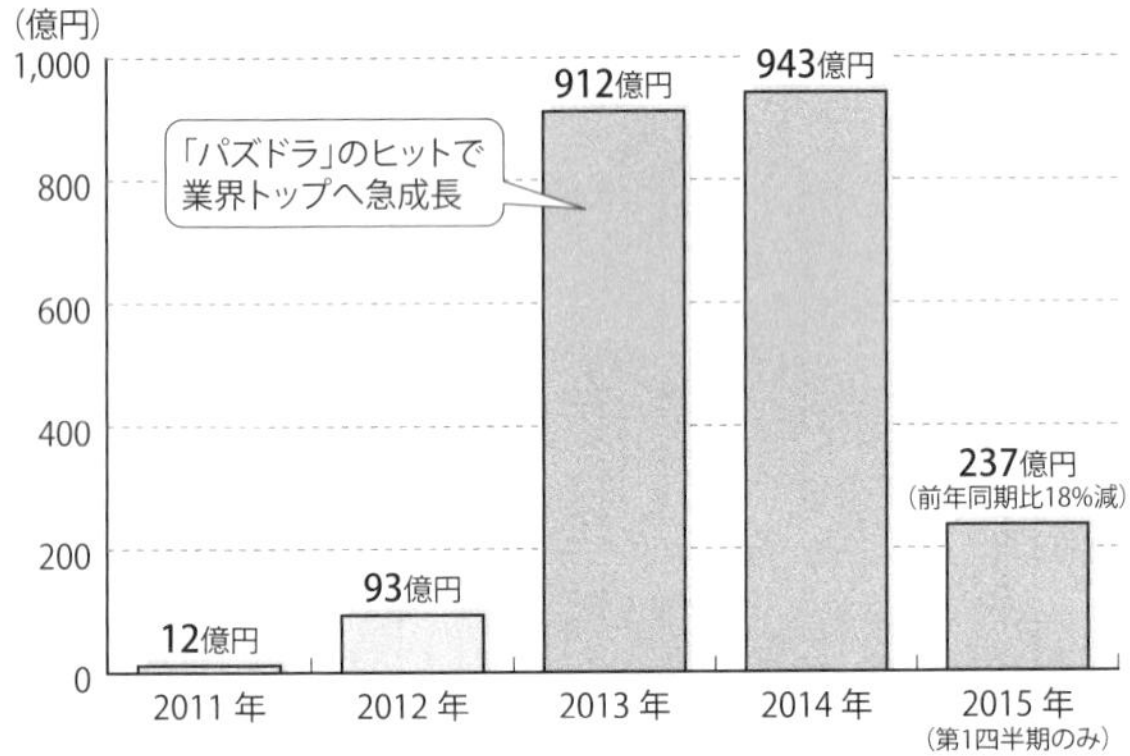
（億円）
1,000
800
600
400
200
0
「パズドラ」のヒットで
業界トップへ急成長
12億円
93億円
912億円
943億円
237億円
（前年同期比18％減）
2011年
2012年
2013年
2014年
2015年
（第1四半期のみ）

ガンホーの株式を約34％持っていたが、第2位の大株主としてガンホーの創業者である孫正義氏の実弟・孫泰蔵氏の資産管理会社が約19％保有していた。孫氏は泰蔵氏と、株主総会での議決権行使をソフトバンクに委ねる契約を取り交わし、ソフトバンクが実質的に支配することで子会社としたのである。この取引のおかげで、ソフトバンクは保有してきた株式の保有価値を引き上げ、その評価益約1500億円が2014年3月期の営業利益に含まれている。

　孫氏は企業会計に極めて明るく、ユニークな会計的手法を駆使することでもクリエイティブな経営者なのである。

　そのガンホーの営業利益の推移を〈図表1

-17〉に示してある。まさにグリーの低迷を片目で見過ごしながらジャンプアップしたのが、ガンホーである。

【IT業界斜め読み】

複合的な競争に負けた電機業界の崩壊

シャープやソニーの苦境と、アメリカITネット企業の絶好調という対照的な財務諸表を見てきた。また日本の無線通信キャリアやゲーム企業の有為転変の事例も見た。

シャープやソニーなど日本の電機は、なぜ負け続けたのか。その一方で、なぜ他の事業は好調なのか。テレビやスマホから撤退した日立やパナソニックは、なぜ業績を回復しつつあるのだろうか。エレキを止めれば、好調であり続けられるのだろうか。

先述したように、エレキの赤字については「トップの判断ミス」で片づける論評が多々見受けられるが、本当の理由は何か。少なくともこの失敗をしっかり総括しなければ、日本の電機の未来は開かれないのではなかろうか。

シャープを例にとると、赤字の原因を一言で表現すれば、「策略的競争戦略の欠如」であると筆者は結論付けている。

シャープが２０００億円を超える赤字に下方修正する気配が報道されたのは、今年２０１５年４月下旬のことである。そのわずか２か月前の発表では、それまでの５００億円（２０１５年３月期）の営業黒字予想を覆し、３００億円の赤字へと下方修正された。つまり赤字はさほど大きくないと予想していたのである。実は２０１５年４〜９月期では最終黒字に転換していたので、シャープも市場も先行きをまだ楽観視していたのである。

なぜ一気に暗転したのか。日経ビジネス誌・週刊ダイヤモンド誌などによれば、おおむね次のような事情があったようである。

現在、スマホのキーデバイスを握る日本の部品各社の業績は極めて良い。その理由は、ひとえにアップルが絶好調だからである。しかしシャープはその恩恵を十分に受けられなかった。もともと中小型液晶ディスプレイの供給者としてアップルに強いシャープだったが、ｉＰｈｏｎｅの需要変動が大きかったため、顧客を多様化しようと中国に接近する。特に中国の新興大手・小米《シャオミ》にアプローチしたことで、結果としてアップルから敬遠されるようになる。アップルの出資によってｉＰｈｏｎｅ専用工場となっていたはずの亀山第一工場で、小米向けの試作パネルを流し、アップルの逆鱗《げきりん》に触れたのが原因だという。

その後アップルは、シャープ最大のライバル、ジャパンディスプレイ（ＪＤＩ）に設備増強とその資金支援をもちかけ、ＪＤＩ最大の顧客となる。

シャープの亀山第二工場はそれでも２０１４年度前半期には、小米向けパネル生産でフル稼働の状態が続いていた。しかしＪＤＩは勢いに乗って、さらに小米をもシャープから奪い取る。これで２０１４年度後半期に形勢が一気に逆転した。

ＪＤＩはもともと経営不振に陥っていたソニー、東芝、日立の液晶事業を統合し、産業革新機構が救いの手を差しのべてできた会社である。シャープにも統合の声がかかったが、断った。国の支援を受けたＪＤＩが、自力で再建を目指したシャープを追い込むという皮肉な結果となったのである。

勝敗を分けたのは、タッチパネルと一体化したインセル液晶パネルの開発に成功したＪＤＩの技術優位という面もある。しかしＪＤＩが提示した価格に、シャープは太刀打ちできなかったことが大きいという。そのＪＤＩの２０１５年3月期は売上こそ25％増えたものの、営業利益は81％減少し、最終損益は１２２億円の赤字だった。何のことはない、日本企業同士の不毛な消耗戦だったのである。

シャープはテレビ事業でも競争に揉まれる。同社は液晶パネルの最先端工場だった堺工場〈現在の堺ディスプレイプロダクト〈ＳＤＰ〉〉への巨額投資で、２０１２年に苦境に陥った経緯がある。そのとき資金面で救ってくれたのは、台湾・鴻海精密工業である（シャープはＳＤＰの約40％出資のマイナー株主となった）。しかしシャープの連結対象から外れたＳＤＰはその後稼働率を確保するために、韓国サムスン電子や米ビジオに60型や70型の大型パネルを拡販する。これが「敵に塩」を送る結果になった。

かつてシャープがリードした北米の大型テレビ市場は、今やサムスンとビジオに席巻されている。何のことはない、シャープの身内がシャープをますます苦境に追い込んだ。米国市場では日本企業はかろうじてソニーの４Ｋテレビが健闘しているくらいで、４Ｋにも出遅れたシャープの影は海外はおろか、もはや国内でも薄い。シャープの髙橋興三社長は「スピード感がなかった」「外部環境が変わることに弱い経営体制だった」と語る。

同様のことはソニー取締役会議長・永山治氏も言う。「中国のスマートフォンメーカーの台頭に象徴される電機業界の構造変化に、ソニーは対応しきれなかった。即できたはずだという批判があることはわかるが、取締役会もあそこまで変化が速いとは想像できなかった」（２０１５年４月19日、日本経済新聞より）

〈図表1-18〉5つの競争の力

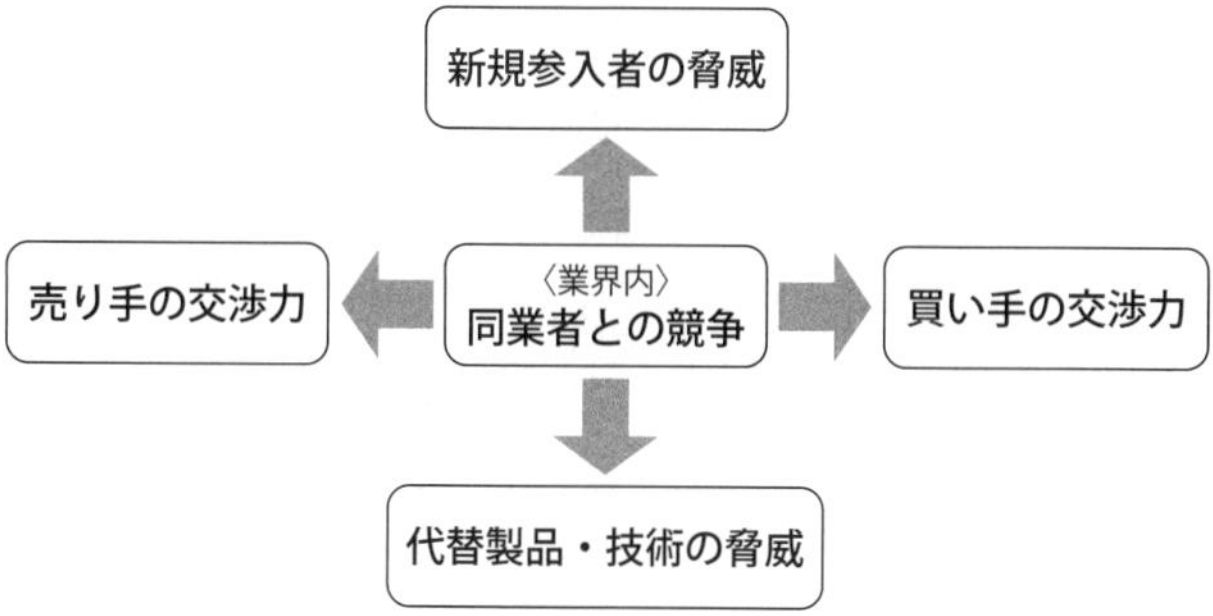
新規参入者の脅威
売り手の交渉力
〈業界内〉
同業者との競争
買い手の交渉力
代替製品・技術の脅威

この枠組みで競争を分析したのでは追いつかない速さで
環境を変化させているのが情報革命

情報革命が引き起こす競争環境の変化

「スピード感」「環境変化が速い」とはどういう意味だろうか。なぜそんな事態が起こるのか。日本企業はどうしたらいいのだろうか。「競争」を分析した枠組みとして有名な古典モデルが、M・ポーターの「5 Forces Model（5つの競争の力）」（〈図表1-18〉）である。今日の競争はこの分析枠組みを古びた古典にしてしまうほど、さらに構造的に変化している。

構造的変化の根本的要因を一言でいえば、「情報革命」ということになるだろう。「現在の情報革命はまだ黎明期にすぎない。これから誰も予想がつかない大変化が起きる」と予言したのはＰ・Ｆ・ドラッカーだったが、まさに大変化が起こっているのだ。

ＩＴの進化によって、情報は国境や業界を越えて飛び交い、人と人、あるいは人とモノ、モノとモノがダイレクトにつながるようになった。これは経済学でいうところの「完全情報」に近づいていく流れである。経済学の想定では、完全情報の下では「完全競争となり、超過利潤が消える」とされている。

情報が不完全だと、例えば消費者が「隣の店で同じ商品が半額で売られている」ことを知らなければ、倍の値段で買ってしまい、超過利潤を取られてしまう。しかしそうした情報が広く知れ渡れば、ボロ儲けはできなくなるのだ。つまりＩＴはあらゆる不完全な情報の壁を破壊しつつある。そしてさまざまな競争場面で超過利潤を得る機会を破壊しているのである。

5 Forces Modelの図を見ながら、シャープのテレビ事業を中心に置いて考えてみよう。

ネットで広い世界の情報にアクセスできるようになると、「買い手」はシビアになる。消費者は例えば「価格.com」などのサイトで比較し、商品の細かい差にも反応して購入決定をする。オンリーワンの先端製品ならまだしも、似たような品質なら少しでも価格が安い製品に消費者は流れる。販売店もそんな事情から、徹底してメーカーを叩く。そこへライバルメーカーは新製品開発のスピードを上げ、売り込み攻勢を仕掛けてくる。

シャープは価格競争に勝ち抜くためにも、新世代のパネル製造のための巨額投資に踏み切る。高品質で低価格を実現するためには、巨額の投資負担をして大量に生産し単位コストを下げなければ勝つことができない。

しかしライバル企業〈図表1‐18〉の「同業者」はシャープの動きを見逃さない。例えばサムスンはシャープの動きに先回りし、シャープを上回る巨額投資でさらに安い製品をぶつけてくる。シャープが満を持して新製品をリリースするタイミングに合わせて、競争力のある製品を低価格で市場に出す。シャープが体力を消耗して動きが遅くなるのを見計って、さらに潰しにかかる。

ライバルはシャープの技術動向をいつもウォッチしている。アナログ時代と異なり、情報がデジタル化されている現代ではソフトをコピーしても劣化することはない。シャープが部品やソフトを一部外注すれば、外注先から技術がデジタル的にコピーされて広がっていく。

シャープに製造装置を納めた機械メーカー〈図表1‐18〉の「売り手」は、装置にインストールされた技術をいくらでもコピーして、シャープの新興国のライバルたち〈図表1‐18〉の「新規参入者」に売ることができる。時間的な差はあるものの、その機械を買えば誰でも同じものが作れる。あるいはＥＭＳと呼ばれる製造受託会社（これも「売り手」の一人）

は、複数の得意先の新技術を学習し、いくらでも他社に先端商品を提供できる。

それでもライバルの秘中の技術が欲しいときは、シャープのエンジニアをヘッドハントすればいい。高額報酬を提示すれば技術だけでなく、直近の生産計画や製品投入計画まで情報を手に入れられるのだ。敵の情報が透明になれば、サムスンのようなライバル企業はシャープやソニーの裏をかくことができる。さらに鴻海や中国ハイアールのように新興勢力が力をつけてくると、弱った日本企業の事業を丸ごと買収することさえできる。衰えた敵をさらに追い落とすことも可能だ。

業界の壁も壊すスマホとeコマース

「5 Forces Model」は、「業界」という概念を前提にした枠組みである。しかし今日の情報革命は、国という情報の壁だけでなく「業界の壁」も引きずり降ろしてしまった。

その象徴がスマホやeコマースである。情報端末がどんどん進化して、文書だけでなく音楽や映像もやり取りできるようになり、本や時計を持ち歩く必要がなくなった。固定電話機やオーディオ、カメラやゲーム機もいらなくなった。スマホさえあればテレビもラジオも、ナビや辞書すらも必要なくなった。これらはすべてスマホのアプリにされてしまった。一体、カメラ業界や音楽業界、ゲーム業界などは、どう線引きしたらいいのだろう〈図表1-18〉の「代替製品・技術の脅威」)。

eコマースもしかりである。書籍販売でスタートしたアマゾンは、今や何でも売っているといっても過言ではない。eコマースを利用すれば、妊娠や遺伝子の検査キットから、墓石や葬儀、お坊さんの手配まで何でもできる。まさにゆりかごから墓場まで商品ラインナップがそろい、それぞれの小売店や業態店といった区割りを破壊してしまった。

以上をまとめると、下記のようになる。

◆「買い手」が情報武装し、**情報非対称の壁が崩壊**（例：ネットで製品や価格を検索比較して買う消費者）

◆「売り手」がソフトをデジタルコピーしてモジュール化し、「同業者」や「新規参入者」に提供することで起こる**参入障壁の崩落**（例：製造装置メーカーから機械を買い、あるいはファウンドリ（半導体工場）やEMSなどを利用すれば誰でも4Kテレビを売れる）

◆情報ネットワークが進化して起こる「代替製品や技術」による**業界の壁の崩壊**（例：

スマホがテレビ、カメラ、ゲーム機、ナビや電子辞書を不要化する。あるいはeコマースがあらゆる小売業態を破壊する）

世界にいる日本企業のライバルたちがやっていることは、経営学が教える「競争戦略」の一側面である。競争戦略というと、綺麗ごとのように聞こえるが、それは必ずしも本質ではない。

H・ミンツバーグは著書『戦略サファリ』でこうした競争優位のポジションを獲得するための戦略論を、政治学を応用した「パワー学派」と分類しているが、競争戦略とはまさに政治的な画策や策略、駆け引きやスパイ合戦をも含んでいる。情報革命の時代に、競争とはコンプライアンス上も極めてグレーな諜報戦、パワー戦争でもある。

問題は、こんな泥臭くグレーな競争戦略を日本企業がしうるか、という疑問である。農耕民族の日本企業には、それは無理なのではなかろうか。

「策略的競争戦略」なき日本企業の生き残り方

こんな競争戦略を実践してきた筆頭が韓国サムスンであることは、誰しも認めるであろう。

少し前の話になるが、サムスンに関して筆者と親しいエレクトロニクス業界のトップアナリストが面白いことを話してくれた。

彼は1年の3分の1を世界のエレキ企業へのトップインタビューや現場取材に割いている人だったが、サムスンから3か月に一度「会いたい」と連絡が入ってきたという。サムスンも取材先の1社なので、むげに断れず会っていたが、サムスンの役員たちと会うと他社動向を根掘り葉掘り聞いてくるので、彼は閉口していた。知り得た競合情報を漏らすことは、アナリストとして微妙な問題を含むからである。そこで彼は何だかんだと理由をつけて「時間がない」と断ろうとしたが、サムスンの人は「朝なら空いているでしょう」と引く気配がない。仕方なく早朝のホテルで朝食を取りながらミーティングを持つと、結局長時間拘束され、やはり根掘り葉掘り聞かれたそうだ。

サムスンが集めたさまざまな他社動向の情報は会長秘書室（現在の未来戦略室）に集められ、李健熙会長の独裁的リーダーシップのもと、即断即決で戦略を決め実行された。それは多くの場合、「ライバルの裏をかく」戦略決定だったと考えられる。

面白いのは、そのアナリストは「日本企業から他社の情報が欲しいという依頼を受けたことがない」と言っていた。他社に対する関心が薄いのか、「技術さえ良ければ勝てる」という自前主義の技術への慢心か、あるいはもともとのムラ社会的内向き日本人体質か。いずれにせよ生き馬の目を抜くような競争対応は取れない、あるいは取りたくないというマインドがあるのだろう。

少なくともこれでは、相手の動向を注視し、ライバルを出し抜こうとする韓国や中国、台湾の新興勢力に勝てるわけがない。あのサムスンですら、今やベンチマークとすべき先行企業が見当たらなくなり、中国など新興国の競争相手に出し抜かれつつある時代である。ますます日本企業の勝利は遠いだろう。

これから将来、情報革命がどんな変化を起こすかは予測がつかない。しかし情報革命がますます進むことだけは間違いない。構造的な地殻変動が起こっている時代に、内向きのムラ社会に生きてきた日本企業が、生き抜いていけるだろうか。血なまぐさい熾烈な戦場を騎馬民族のように勇猛果敢に駆け抜けていく姿を想像できるだろうか。

筆者には、日本企業の文化からはパワー学派的「策略的競争戦略」は無理なのではないかと思う。若い学生諸君ともお付き合いをしている筆者の目からは、世代が代わったくらいで日本は変わらないという気さえする。一部の蛮勇な創業経営者を除いて、日本人が策略的競争戦略に勝ち抜ける気質を持たないとしたら、生きる道は農耕民族の強さで押していくしかなかろう。

具体的に日本の強さとは何かといえば、キーワードは**「誠実な顧客志向と品質の作り込み」「地道な改善努力」**、そして**「内外のチームワーク」**であると考えている。そしてそんな日本の強みが生きる**「業界の選択」**である。

筆者にはそれが、例えば日立が選んだインフラ事業であり、パナソニックが選択した住宅や自動車会社向け事業であり、ソニーが成功させてきたエンタメや一部の金融事業であると考えている。

世界のライバルたちが「独裁的リーダーシップ」「スピーディーな意思決定」「策略を駆使した諜報戦」「短期間でコピー可能な製品やソフト」「バリューチェーンが自由に組み換え可能な事業環境」といったキーワードで戦いを仕掛けてくるなら、日本企業はそれらの要素が効かないフィールド（ビジネスや業界）を見つけなければならない、ということになる。

次章以降で、他の業界を概観しながら、その話をしていこう。

第2章　自動車業界編

小松製作所
テスラ・モーターズ
富士重工業
スズキ
フォルクスワーゲン
タカタ
HONDA
ブリヂストン
ヤマハ発動機
TOYOTA

〈図表2-1〉トヨタ vs. フォルクスワーゲン
比例縮尺財務諸表

トヨタ（2015年3月期）

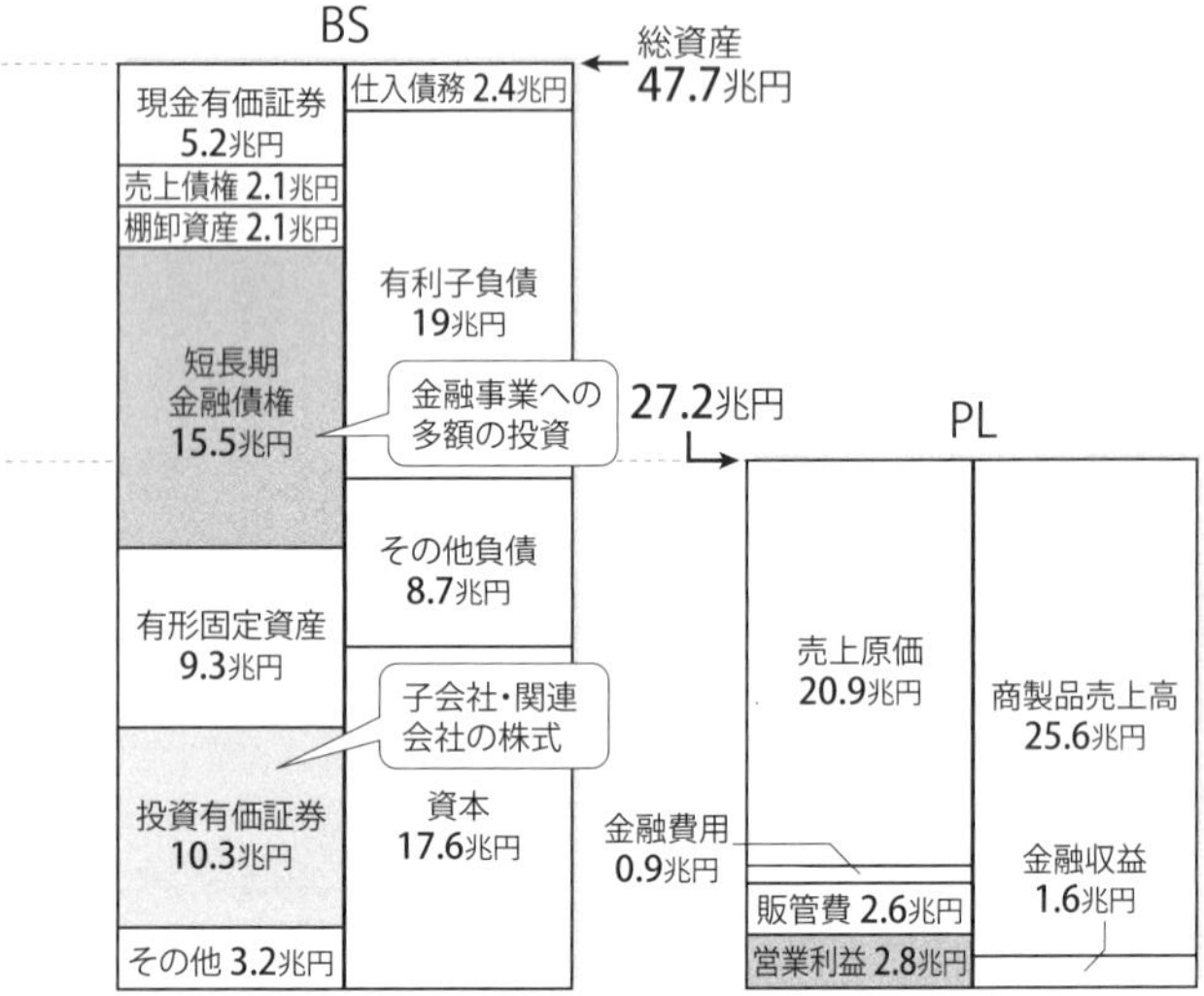
BS
総資産
47.7兆円
現金有価証券
5.2兆円
仕入債務 2.4兆円
売上債権 2.1兆円
棚卸資産 2.1兆円
有利子負債
19兆円
短長期
金融債権
15.5兆円
金融事業への
多額の投資
27.2兆円
PL
その他負債
8.7兆円
有形固定資産
9.3兆円
子会社・関連
会社の株式
投資有価証券
10.3兆円
資本
17.6兆円
その他 3.2兆円
売上原価
20.9兆円
商製品売上高
25.6兆円
金融費用
0.9兆円
販管費 2.6兆円
営業利益 2.8兆円
金融収益
1.6兆円

トヨタ vs. フォルクスワーゲンのトップ争い

わが国の利益額第1位はトヨタ自動車である。そして自動車会社は、トヨタを筆頭として50位までに5社がランキングに入っていた（第1章〈図表1-8〉参照）。しかも100位まで広げて見ると、他に自動車会社が6社あり、計11社と1割強を占める。さらに自動車関連の企業として、デンソーやブリヂストン、アイシン精機、新日鐵住金やJFE、ファナック、日立やパナソニックも自動車業界の活

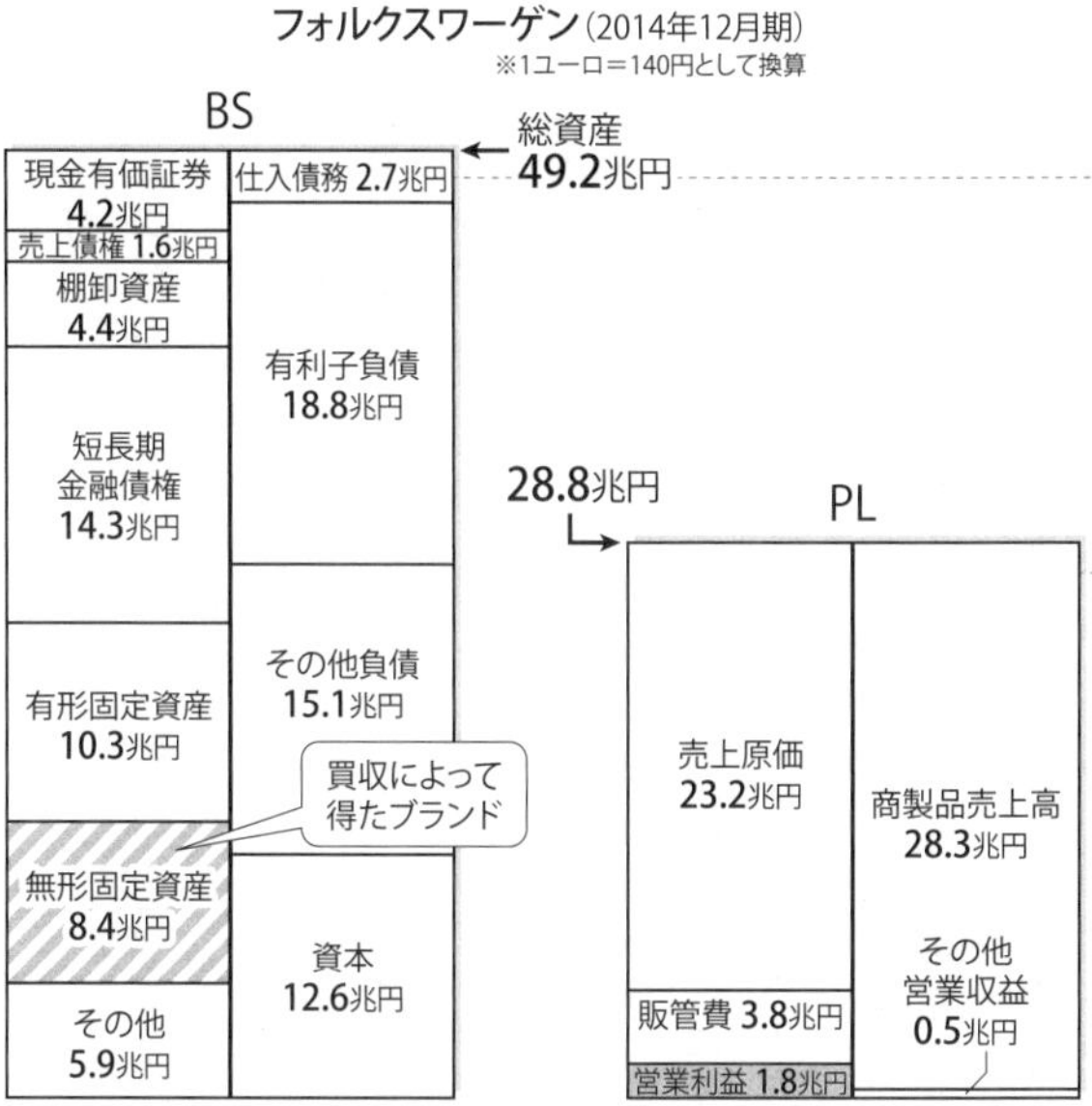
フォルクスワーゲン（2014年12月期）
※1ユーロ＝140円として換算
BS
総資産
49.2兆円
現金有価証券
4.2兆円
売上債権 1.6兆円
棚卸資産
4.4兆円
短長期
金融債権
14.3兆円
有形固定資産
10.3兆円
無形固定資産
8.4兆円
その他
5.9兆円
仕入債務 2.7兆円
有利子負債
18.8兆円
その他負債
15.1兆円
買収によって
得たブランド
資本
12.6兆円
28.8兆円
PL
売上原価
23.2兆円
販管費 3.8兆円
営業利益 1.8兆円
商製品売上高
28.3兆円
その他
営業収益
0.5兆円

況に恩恵を受ける企業群である。

〈図表２‐１〉は世界一の販売台数を競い合っているトヨタとフォルクスワーゲンを比較した比例縮尺財務諸表である。最近の為替変動は激しいが、２０１５年６月時点のレート換算（１４０円／ユーロ）によれば、トヨタは２０１４年の世界販売台数では１０２３万台と、ワーゲンの１０１４万台をわずかに上回るものの、フォルクスワーゲンの売上高に若干負けている。ただし営業利益額と利益効率では、ワーゲンを凌駕《りょうが》している。

フォルクスワーゲンが販売台数で負けても売上高で買っているのは、車の販売単価が高いからである。ワーゲンは実に12もの自動車、ないしモーターサイクルのブランドを持っている。特に高級車ブランドであるアウディやベントレー、スポーツカー・ブランドのポルシェやランボルギーニなどが好調である。

特にアウディは高級車ブランド御三家の一つと呼ばれ、3位のメルセデス・ベンツ（2014年世界販売台数165万台）を追い越し、1位のBMW（同181万台）に迫る174万台を売り上げ、堅調に伸びている。対するトヨタの高級車ブランド・レクサスはまだ約50万台と、御三家の背中は遠い。

ワーゲン・グループの各ブランドはすべて買収によって手に入れてきたものであり、そのことがバランスシートに表れている。ワーゲンのBSには多額の無形固定資産（のれんを含む）があり、トヨタにはほとんどない。そのかわりトヨタに多いのは「投資有価証券」である。

トヨタは子会社（株式保有比率50％超）として日野自動車やダイハツ工業を持っている。これら子会社の売上、利益、資産などは、トヨタの連結財務諸表に合算されて含まれている。投資有価証券には富士重工業（トヨタの保有比率16・48％）やヤマハ発動機（同3・57

%）、いすゞ自動車（同5・89％）などの株式が含まれている。トヨタは緩やかなアライアンスによって、日本の自動車業界全体への影響力を強めているのである。これらに投じた投資額は10兆円を超える（20～50％保有する関連会社株式も含む）。

緩やかな提携といえば、フォルクスワーゲンも日本のスズキの株式を19・89％持っている。これはかつてGMが持っていた株の一部だが、GMの倒産によってワーゲンに持ってもらったものだ。しかしその後、経営方針をめぐって対立が起こり、提携のメリットは生まれていない。それどころか、この持ち株割合は微妙なニュアンスを持っている。

世界の会計ルールでは、持ち株割合が20～50％の企業は「関連会社」と定義される。関連会社とは、「重要な影響を及ぼすことのできる会社」という意味である。そしてその会社が上げた「当期純損益」に持ち株割合を掛け算した金額が、「持分法投資損益」としてPLに計上される。

ワーゲンがスズキの株式を20％以上にすれば、持分法投資利益を計上し、株主権を行使して重要な影響を及ぼす責任が、株式保有者として生まれる。もちろんワーゲンはいずれそうしたいから、スズキの株を持っているわけだが。

スズキが欲しいフォルクスワーゲン

ワーゲンがスズキを欲しい理由は明快である。

ワーゲンは今年、世界販売台数でトヨタを抜く勢いを持っているといわれている。現実に2014年暦年ではトヨタがトップだったが、2014年度（2014年4月～2015年3月）では、ワーゲンがトヨタを僅差（2万台弱）でかわし、初のナンバーワンに立った。つまりシーソーゲーム状態である（台数はそれぞれのグループの別ブランドはもちろん、関連会社の中国分も含む）。

ワーゲンの勢いは、2300万台超という世界最大市場となった中国で強い。中国での販売台数は、トヨタが103万台でシェアが4％台にとどまっている。しかし中国進出から30年超が経ち、強固な事業基盤とブランドを構築したワーゲンは367万台と、トヨタを圧倒している。ただし中国経済の急減速で、ワーゲンの伸びは鈍化傾向にあるので今後の動向が注目される。

対照的に、トヨタは北米では好調で、ワーゲンは苦戦している。

ワーゲンの株式時価総額は利益を反映して、トヨタのそれの半分強のレベルである。トヨタの営業利益は2・8兆円、ワーゲンは1・8兆円（140円／ユーロ換算）だが、ワーゲ

〈図表2-2〉GDP世界成長率IMF予測

（IMF2015年7月改訂値、%）

地域＼年	2007	2008	2009	2010	2011	2012	2013	2014	2015	2016
世界合計	5.2	3.0	-0.7	5.3	3.9	3.4	3.4	3.4	3.3	3.8
先進国計	2.7	0.5	-3.7	3.2	1.7	1.2	1.4	1.8	2.1	2.4
米国	2.1	0.4	-3.5	3.0	1.8	2.3	2.2	2.4	2.5	3.0
ユーロ圏	2.7	0.6	-4.3	1.9	1.5	-0.7	-0.5	0.9	1.5	1.7
日本	2.3	-1.2	-6.3	4.4	-0.6	1.5	1.6	-0.1	0.8	1.2
新興国計	8.3	6.1	2.8	7.5	6.2	5.1	5.0	4.6	4.2	4.7
中国	13.0	9.6	9.2	10.4	9.3	7.7	7.8	7.4	6.8	6.3
インド	9.4	7.3	6.8	10.6	6.3	4.7	6.9	7.2	7.5	7.5
ASEAN5	6.3	4.7	1.7	7.0	4.5	6.2	5.2	4.6	4.7	5.1
ブラジル	57.0	5.1	-0.6	7.5	2.7	1.0	2.7	0.1	-1.5	0.7
ロシア	8.1	5.6	-7.8	4.3	4.3	3.4	1.3	0.6	-3.4	0.2
アフリカ	7.1	5.6	2.8	5.3	5.3	4.4	5.2	5.0	4.4	5.1

※ASEAN5 ＝タイ、マレーシア、インドネシア、フィリピン、ベトナム
※アフリカ＝sub-Saharan Africa（サハラ砂漠以南のアフリカ諸国）

勢いのある
新興国勢力

ンとしては社名の由来である「人民の車（大衆車）」クラスにもっと攻め込みたいと考えている。まず大衆車で基盤を確立し、その後に高級車ブランドにシフトする戦略である。

大衆車が求められているのは新興国であり、その意味でも小型車（軽自動車）市場で、インドなどに強いスズキの力は何としても欲しいところであろう。スズキは世界で２８８万台（２０１４年）売り、しかも小型車のコストダウン能力に優れた企業である。スズキを傘下に収めたいと考えるのは、ごく自然であろう。

〈図表２－２〉はＩＭＦが公表している地域別の世界成長率予測である（２０１５年と２０１６年は予測値）。

IMFは2015年から2016年にかけて、世界合計で3～4%の成長を予測している。そのうち先進国は2%程度であり、その中でかろうじて米国は好調が見込まれているが、日本やユーロ圏は低成長のままである。

一方で世界経済を引っ張っているのが新興国であることは、明らかである。その合計値で4～5%。中でもどこが熱いかといえば、何といっても中国だった。しかし現在、急速に減速傾向にある。これに対して成長率でトップに立ったのがインドである。ただしインドのGDPは中国の約5分の1ほどであり、ベースの大きさを考えると、中国が他を圧倒している事実に変わりはない。

その次に勢いのあるのが、ASEAN5（タイ、マレーシア、インドネシア、フィリピン、ベトナム）、そしてアフリカである。

リーマンショックで痛手を被ったトヨタ

トヨタは今日、3分の2強を海外で稼ぎ出している。北米も好調だが、それに次ぐのはアジアで、ここ何年かはそのウェイトが上がっている。トヨタのアジアでの存在感は高まりつつあるが、依然として弱い中国はもちろんのこと、成長意欲の高い、ASEAN5やその次の時代に成長期待の大きいアフリカが攻めどころであろう。

「意志ある踊り場から、まさに実行する段階に入った」

トヨタ自動車の豊田章男社長は、2015年5月の決算発表会見の場でこう宣言した。ちょうど1年前、豊田社長は2014年度を「意志ある踊り場」と表現し、量を追わずに質を高め、将来の成長に向けた足場固めを優先する慎重な方針を打ち出していた。なぜ豊田社長がこんなことを言ったかといえば、それはリーマンショックで大打撃を被ったからである。

トヨタの最大の資産は、実は「短長期金融債権」である。15兆円超ある。トヨタは金融事業にこの債権も含めて、総資産22・4兆円（2015年3月期末）を投じている。自動車事業の総資産は15・9兆円、その他全社共通資産が9・4兆円となっていて、何と以前から自動車事業以上に資金を投じていたのが金融事業なのだ。〈図表2-1〉のトヨタのバランスシートを見ると、それがわかる。

もちろん自動車ローンなどが多いわけだが、アメリカ発の金融危機が襲ったときに、トヨタは多額の損失を被った。さらに日本のトヨタが資金に詰まりそうになるという、尋常でないインパクトに見舞われたのだ。

リーマンショックは、米国で低所得者向けサブプライム・ローンの膨張と破裂で起こった。

そのローン債権は金融商品化され、世界にばら撒かれたが、バブルが崩壊したのだ。

トヨタの自動車ローンも無傷ではもちろんなかった。米国の低所得層がバブル経済に乗って、トヨタの大型車や高級車を大量に買っていたのだ。その結果、トヨタは２００９年３月期に最終赤字（税引き前純損失５６００億円）を経験し、親会社単体では２０１０年３月期から２年間経常赤字を続けるという挫折を味わった。

トヨタはその痛手からやっと回復し、３年間凍結していた新工場建設を再開し、メキシコ新工場や中国の新ライン建設など、攻めの施策を打ち出し始めている。

ＡＳＥＡＮ５は中国の半分ほどの規模があり、やはり魅力的な市場である。その中のベトナムでは、かつてオートバイやスクーターのことを「ＨＯＮＤＡ」と呼んでいた。ホンダのバイクが圧倒的なシェアを持っていたからである。新興国の人々がまず移動手段として欲しがるのが自転車であり、その次に来るのがオートバイである。

ホンダ勝利の方程式と、ヤマハ発の魅力

実はこれがホンダの強みである。ホンダはまずオートバイの簡単な組立工場から新興国市場に参入し、現地メーカーや現地ディーラーを育成しながら部品購買から販売までのバリュ

ーチェーンを一から構築する。そして新興国の所得水準が上がるにつれて、バイクから四輪車に移行するタイミングで四輪の工場を建設し、二輪車の経験やネットワークを生かしながら、四輪事業を立ち上げていくのである。これは「ホンダ勝利の方程式」と呼ばれている。

ホンダは最も早い時期から海外進出を図ってきた。オートバイが日本で成熟し始める前に、アメリカに進出して工場も建設し、日本で四輪車を発売するとそれもすぐ海外に持っていった。アメリカで環境規制が厳しくなる時期に、世界で唯一カリフォルニアの環境規制をクリアしたシビックが大ヒットして、急速に業容を拡大する。戦後、最も遅く自動車事業に参入しながら（小規模企業を除いて）、最も高い成長を遂げ、今や日本自動車メーカー第２位の位置につけている。

１９９０年代まで、アメリカではＨＯＮＤＡだけはＨＯＮＤＡと呼ばれたが、トヨタも含めてその他の日本の車は一まとめで「Japanese Cars」と呼ばれていた。ＨＯＮＤＡのブランド・イメージは極めて高く、トヨタも歯ぎしりするほど悔しがっていたものだった。

しかしこのイメージ格差は、トヨタの一つの車によって逆転してしまった。プリウスである。１９９７年に発売されたプリウスは「21世紀に間に合いました」というキャッチコピーで注目を集め、日本では最量販車種になる月もあるほど人気を博した。ガソリン価格の高い折には、アメリカでも売れまくり、プリウスは「環境車」のアイコンになってしまった。

ハイブリッド車を研究していたホンダもインサイトで追いかけたが、ブランド・イメージで「二番煎じ」はアダになった。登山家の世界では「The first is forever.」といって、最初の登頂に成功した人の名前は歴史に残るが、2番目に登った人の名前は誰も知らないのだ。

ホンダの二輪車の役割もそれに近いところがある。二輪車で品質の良さと高いブランド・イメージを人々に刷り込むことができれば、四輪など次の展開がスムーズになる。

ホンダはすでにアフリカにも二輪で進出している。アフリカは2100年には、地球人口の3分の1の人が住むエリアになると予測されている。とはいえ、いきなり四輪事業で進出することは、インフラも何もないだけに無謀すぎる。二輪なら進出の投資負担が比較的小さい。

トヨタはホンダの勝利の方程式を持っていない。しかし次の来るべき時代の布石を打っておくとすれば、トヨタにも二輪事業や軽自動車が必要であろう。軽自動車についてはすでに子会社のダイハツがある。加えて、現在はゆるやかな提携に過ぎないヤマハ発動機をグループ企業に取り込みたいと考えるのは、不自然ではなかろう。ヤマハ発との「強い関係」は、トヨタの必然的な課題といってよいかもしれない。

ホンダとトヨタの比較では、以前から売上規模はトヨタの半分弱だったが、利益率ではホンダがトヨタを圧倒し、２倍の差をつけた時代もあった。しかし今日ではトヨタに利益率でも遅れを取っている。そしてホンダも金融事業のウェイトが大きくなり、トヨタとひどく似た感じになってしまった。日本の年配世代は、本田宗一郎氏の熱烈なファンが多く、ホンダの強い個性的な生き方に共感を持っていた。しかし財務諸表から発信されるイメージは、ホンダがトヨタ化している姿が現状である。

〈図表２‐３〉は、今日のホンダとヤマハ発動機の同一スケールによる財務諸表である。

かつてホンダとヤマハ発は二輪車市場における１、２位の企業であり、そのことは今も変わりがないが、ホンダが四輪事業に進出してから、両社のサイズ感ががらりと変わってしまった。図表の中央に、ホンダと同一尺度で描いたヤマハ発の姿を示したが、あまりに小さいので、左側に拡大した。

ヤマハ発動機は、実は二輪事業のウェイトが下がっている。両社の二輪事業の営業利益で比較する限り、ヤマハ発はホンダの８分の１ほどに過ぎない。ヤマハ発は利益の半分を占めるマリン事業や産業機械などに、将来戦略の道筋を見出そうとしているのだろうか。それとも今一度、新興国でポテンシャルの高い二輪事業で、ホンダに戦いを挑むのだろうか。

〈図表2-3〉ホンダ vs. ヤマハ発動機 比例縮尺財務諸表

（PLは営業利益まで表示）

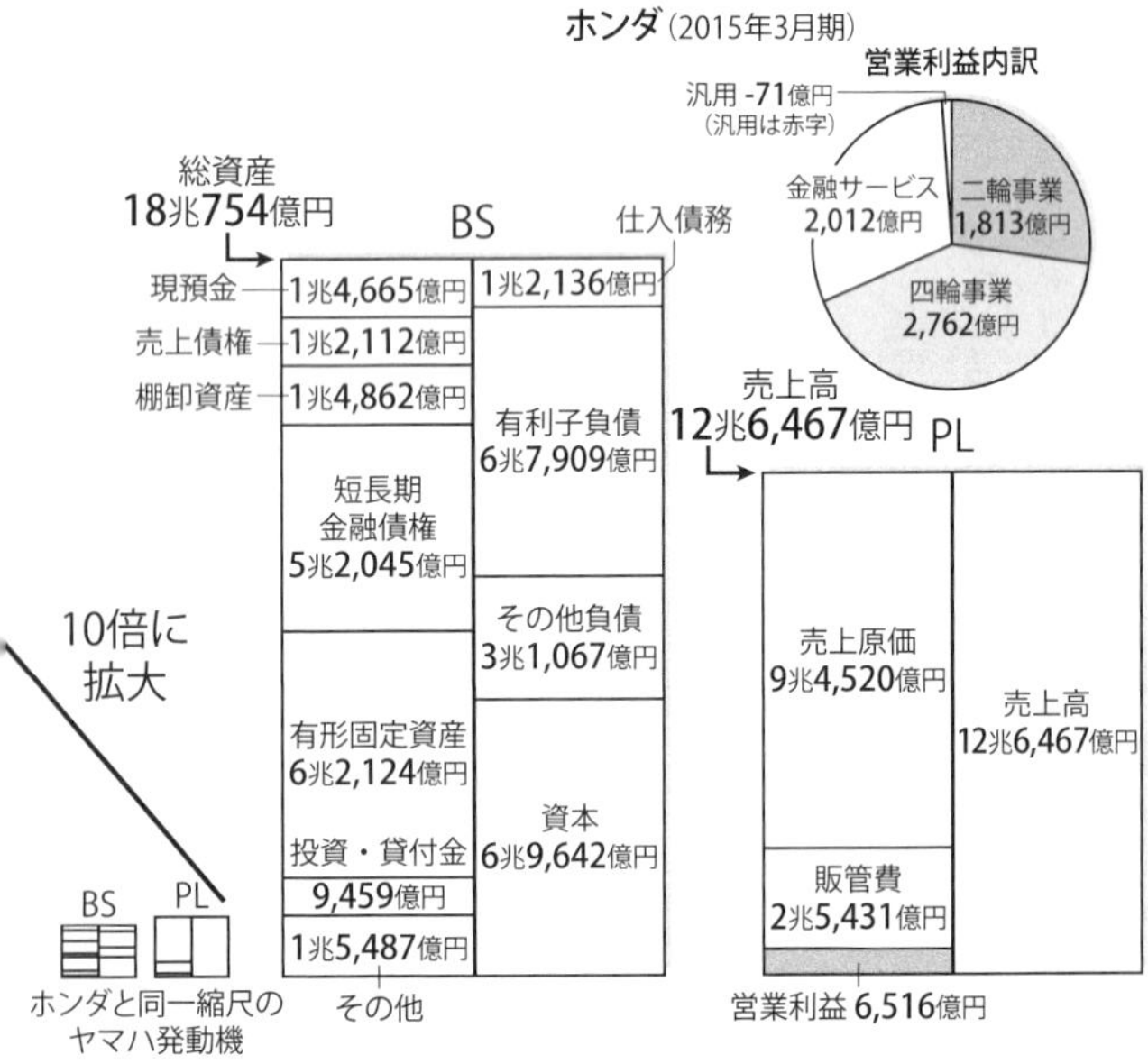

ホンダ（2015年3月期）
営業利益内訳
汎用 -71億円
（汎用は赤字）
二輪事業
1,813億円
四輪事業
2,762億円
金融サービス
2,012億円
総資産
18兆754億円
BS
仕入債務
現預金
1兆4,665億円
1兆2,136億円
売上債権
1兆2,112億円
棚卸資産
1兆4,862億円
有利子負債
6兆7,909億円
短長期
金融債権
5兆2,045億円
その他負債
3兆1,067億円
有形固定資産
6兆2,124億円
投資・貸付金
9,459億円
資本
6兆9,642億円
1兆5,487億円
その他
売上高
12兆6,467億円
PL
売上原価
9兆4,520億円
売上高
12兆6,467億円
販管費
2兆5,431億円
営業利益 6,516億円
10倍に
拡大
BS
PL
ホンダと同一縮尺の
ヤマハ発動機

ヤマハ発はトヨタの一部の車種を生産するなど、四輪車の開発および生産技術は持っている。したがって自前で四輪事業に進出する道も考えられる。あるいはトヨタと強い関係を持ち、共に二輪事業プラス四輪事業で世界に躍進を図る道もある。いずれヤマハ発は悩ましい意思決定を迫られるかもしれない。

営業利益率トップのスバル・富士重工業

〈図表1‐8〉の経常利益予想ランキングによれば、トヨタ、

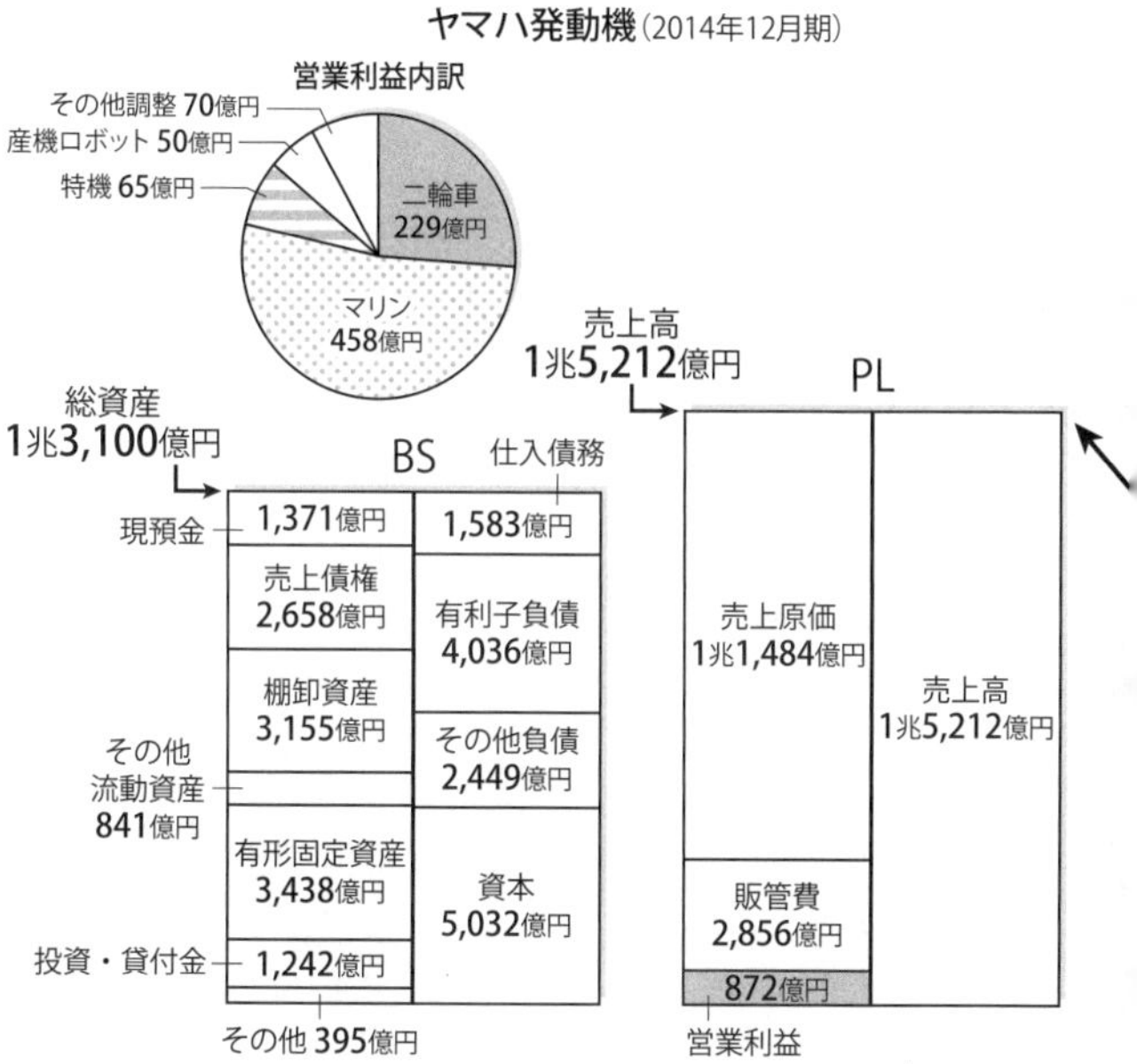
ヤマハ発動機（2014年12月期）
営業利益内訳
その他調整 70億円
産機ロボット 50億円
特機 65億円
二輪車 229億円
マリン 458億円
総資産 1兆3,100億円
BS
現預金 1,371億円
売上債権 2,658億円
棚卸資産 3,155億円
その他流動資産 841億円
有形固定資産 3,438億円
投資・貸付金 1,242億円
その他 395億円
仕入債務 1,583億円
有利子負債 4,036億円
その他負債 2,449億円
資本 5,032億円
売上高 1兆5,212億円
PL
売上原価 1兆1,484億円
販管費 2,856億円
872億円
営業利益
売上高 1兆5,212億円

ホンダ、日産に次ぐ自動車メーカーは富士重工業である。２０１６年３月期の連結営業利益は、17％増の４９５０億円と４年連続で最高益となりそうな勢いだ。

実は利益率をとると、富士重は日本の自動車会社でトップの営業利益率14・７％を上げている。トヨタは全体の営業利益率は10・１％だが、これは金融ビジネスが押し上げていて、自動車事業の営業利益率は９・１％である。世界の自動車メーカーの中で営業利益率が10％を超えるのは、ＢＭＷとスバルだけな

〈図表2-4〉富士重工業 比例縮尺財務諸表

（PLは営業利益まで表示）

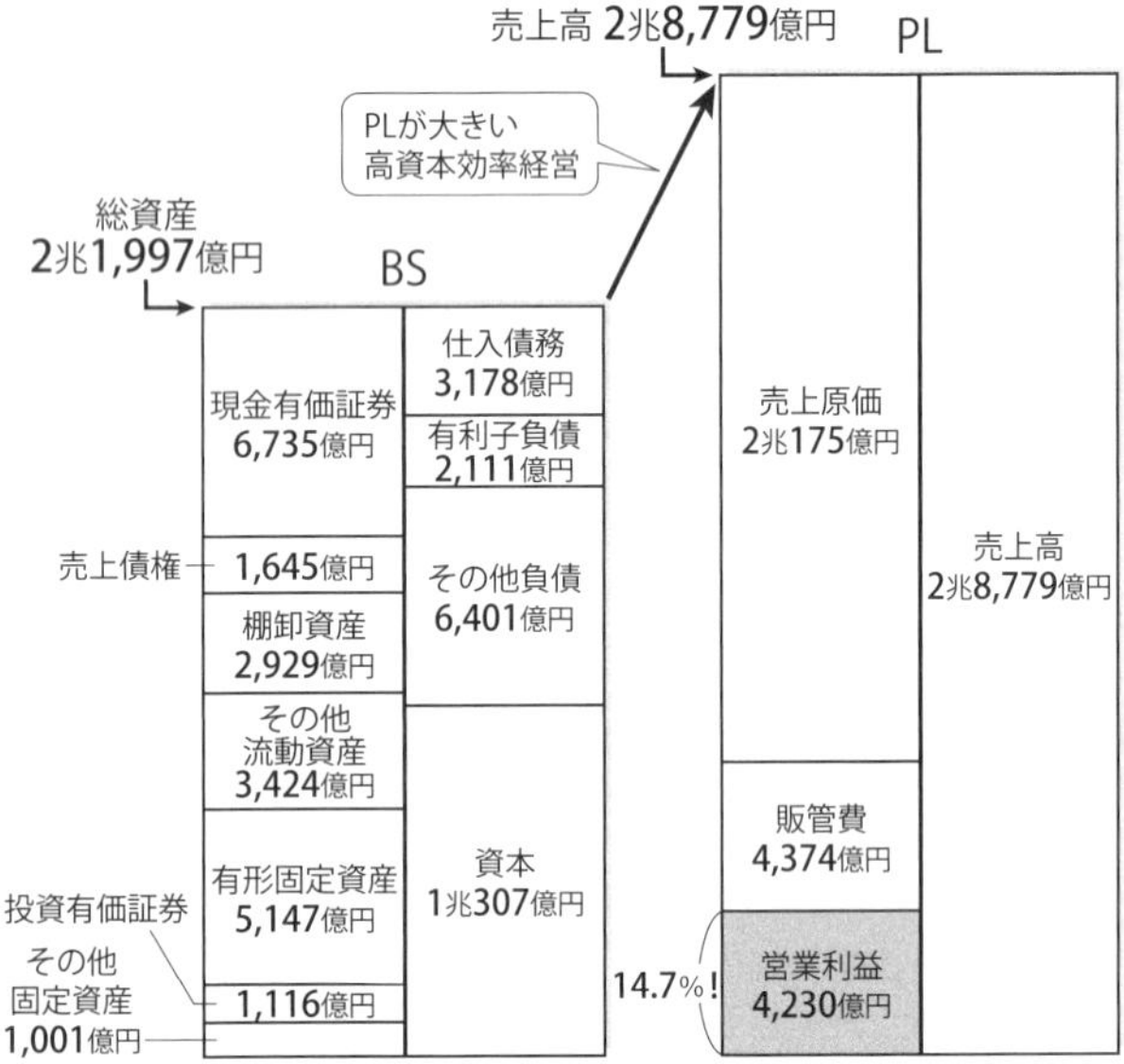
売上高 2兆8,779億円
PL
PLが大きい
高資本効率経営
総資産
2兆1,997億円
BS
現金有価証券
6,735億円
売上債権
1,645億円
棚卸資産
2,929億円
その他
流動資産
3,424億円
有形固定資産
5,147億円
投資有価証券
1,116億円
その他
固定資産
1,001億円
仕入債務
3,178億円
有利子負債
2,111億円
その他負債
6,401億円
資本
1兆307億円
売上原価
2兆175億円
販管費
4,374億円
営業利益
4,230億円
14.7%！
売上高
2兆8,779億円

のである（連結ベース）。

〈図表２-４〉が富士重の財務諸表である。他社と比べて、ＢＳがＰＬより小さく、資産効率（投資効率）の良い、堅実な経営をしていることが一目でうかがわれる。

なぜ、スバルがこんなに好調かといえば、北米の販売比率が６割超と極めて高く、販売台数増が牽引しただけでなく、ここに円安が加わったおかげである。富士重にとって対ドル１円の円安で１００億円以上の利益押し上げ効果があり、２０１４年度も約１０００億円の円安メリットを享受した。

しかしこれは運もあるが、富士重の戦略の勝利と言っていいだろう。

富士重は過去をたどると、2009年3月期に約▲700億円、2010年3月期に同▲170億円の最終赤字を計上し、苦い経験をしている。このときにトヨタに支援を求めざるを得なかった事情があった。

「市場を見ることなく、自分たちの作りたい車を作っていた」（吉永泰之社長）。

そこで富士重は生産台数の少ないメーカーらしく、戦略を集中する方向に転換する。一つは北米を最重点市場にしたことである。そのために、主力車種「レガシィ」を2009年のモデルチェンジで北米サイズに大型化した。日本のディーラーから大反発が出て、自動車評論家からも「アメリカしか見ていない」と嫌われたが、これが今日の好業績を生んだ。

さらに販売台数を追うことをやめ、ブランド価値を訴求するマーケティングや広告政策を打ち出した。ディーラーに支払うインセンティブ（販売奨励金）も他社のどこよりも少なくした。供給が需要を超えないように、小刻みの増産投資しかせず、在庫リスクを抱えなかったことも高利益率につながっている。

もともと富士重は、2014年春に発表した2020年度までの中期経営計画で、北米60万台、日本20万台、中国12万台の販売を目指すとした。しかし2014年度に、北米での販売は2007年比約3倍となる60万台を達成してしまった。北米の生産能力増強計画を4年前倒しするが、堅調な需要を支えに日米の工場はフル操業が続く見通しである。

しかし課題は日本と中国だ。北米が好調なうちに、「第二の柱」とした日中の立て直しに道筋をつける必要がある。

筆者はRJCカー・オブ・ザ・イヤーの選考委員をしていることもあって、スバル車には時々試乗させてもらってきた。日本にもスバル車のファンは多いが、アメリカではそれ以上という印象がある。アメリカ人は「シュバル」と発音するが、「シュバリスト」が米国にはかなりいて、筆者の友人も10年落ちの中古スバルを日本とは比べ物にならない高額で買って、大切に乗っていた。

「ぶつからない車」の開発競争

スバル車の個性的な魅力は二つある。一つは戦前から連綿と続くエンジン技術であり、特に水平対向エンジンを持っていることである。今年、同社の自動車に搭載している水平対向エンジンの累計生産が1500万台を達成したと発表したが、1966年に搭載を始めて49年目の達成となった。水平対向エンジンはピストンが左右に向き合う形に配置されていて、互いに力を打ち消すため振動が少ない特徴がある。しかもエンジンがフラットなので、車体の重心が低く走りが安定する。だから地面に吸い付くようにコーナーを駆け抜けていく快感が生まれる。現在このエンジンを搭載するのは、自動車大手では富士重と独ポルシェだけである。

もう一つが、「アイサイト」である。アイサイトは車が障害物を感知して、自動的にブレーキを効かせる衝突被害軽減ブレーキ（自動ブレーキ）である。国土交通省の調査では、2013年の国内で生産した新車への装着は20万台弱と、7年で10倍以上になっている。

2009年にスウェーデンのボルボが初めて搭載し、2010年には富士重が提供を始めた。アイサイトのオプション価格を約10万円に設定し、「ぶつからないクルマ」のキャッチコピーで積極的にテレビCMを打ち、認知度が一気に上がった。業界では「消費者は安全にはお金を払ってくれない」という考え方が強かったが、富士重の挑戦で業界の常識は大きく変わったといえる。今や軽自動車でも、ダイハツ工業が税別6万円程度のオプションで自動ブレーキを提供する時代になった。

これから「ぶつからない車」の開発競争は、激しくなると考えられる。自動ブレーキにはセンサーの方式が3つあり、アイサイトのような「カメラ方式」だけでなく、遠くの障害物の認識に優れる「ミリ波レーダー方式」、比較的低価格の「赤外線レーザー方式」がある。メルセデスベンツの上級モデルには、複数の方式を併用した車種もある。車の価値はすでに電子的な技術へと重点が移ってきている。

ぶつからない車は運転車が手を下す必要のない「自動運転車」につながっていく。

富士重も2015年に発売した新型車から、視野角や視認距離を従来型より4割高めた第3世代のアイサイトを搭載している。自動ブレーキだけでなく、先行車両と一定の距離を保ちながら追従する機能や、高速道路で車線を逸脱しそうになると補正する機能を搭載している。

そして以後もさらに「アイサイト」を改良していく予定である。2017年をめどに開発するアイサイトは自動運転の一歩手前の世代と位置づけられるものらしい。後方にもセンサー機能をつけ、車線変更などの際に後方から迫ってくる車と衝突する危険がある場合、警告音を発する機能を盛り込むという。さらに吉永社長は2020年をめどに、自動運転機能を搭載したアイサイトを投入する方針を掲げている。

自動運転は次世代の技術開発の目玉になりそうな気運である。自動車は今や、情報機器なのである。

建機をネット化して成功したコマツ

車両を情報機器化する試みは、自動車だけではない。〈図表２‐５〉はブリヂストンと小松製作所（コマツ）の財務諸表を並べてある。両社のＰＬを見ると、どちらも利益率の高い企業であることが見て取れる。

コマツの粗利率は29・２％あり、営業利益率は２ケタの12・２％である。ブリヂストンは粗利率が37・７％、営業利益率もやはり２ケタの13％である。両社は日本の製造業の中で、トヨタなどと比べても利益率の高いメーカーなのである。

なぜこんなに利益率が高いのか、コマツから見ていこう。

コマツはバランスシートのほうがＰＬより大きく、資産効率が悪いように見受けられる。ＢＳ最大の資産は売上債権である。一月当たりの売上高で売上債権を割り算すると、５・５か月分もの長い決済サイト（売上債権回転期間という）になっている。別にコマツが債権回収に野放図というわけではない。これは販売金融をしているのである。

コマツの製品は８割以上が建設機械や鉱山機械だが、これらの品物は高額である。しかも建設ラッシュに沸いているのは新興国であり、また鉱山も発展途上国にあることが多い。新

〈図表2-5〉ブリヂストンとコマツ 比例縮尺財務諸表

（PLは営業利益まで表示）

コマツ（2015年3月期）

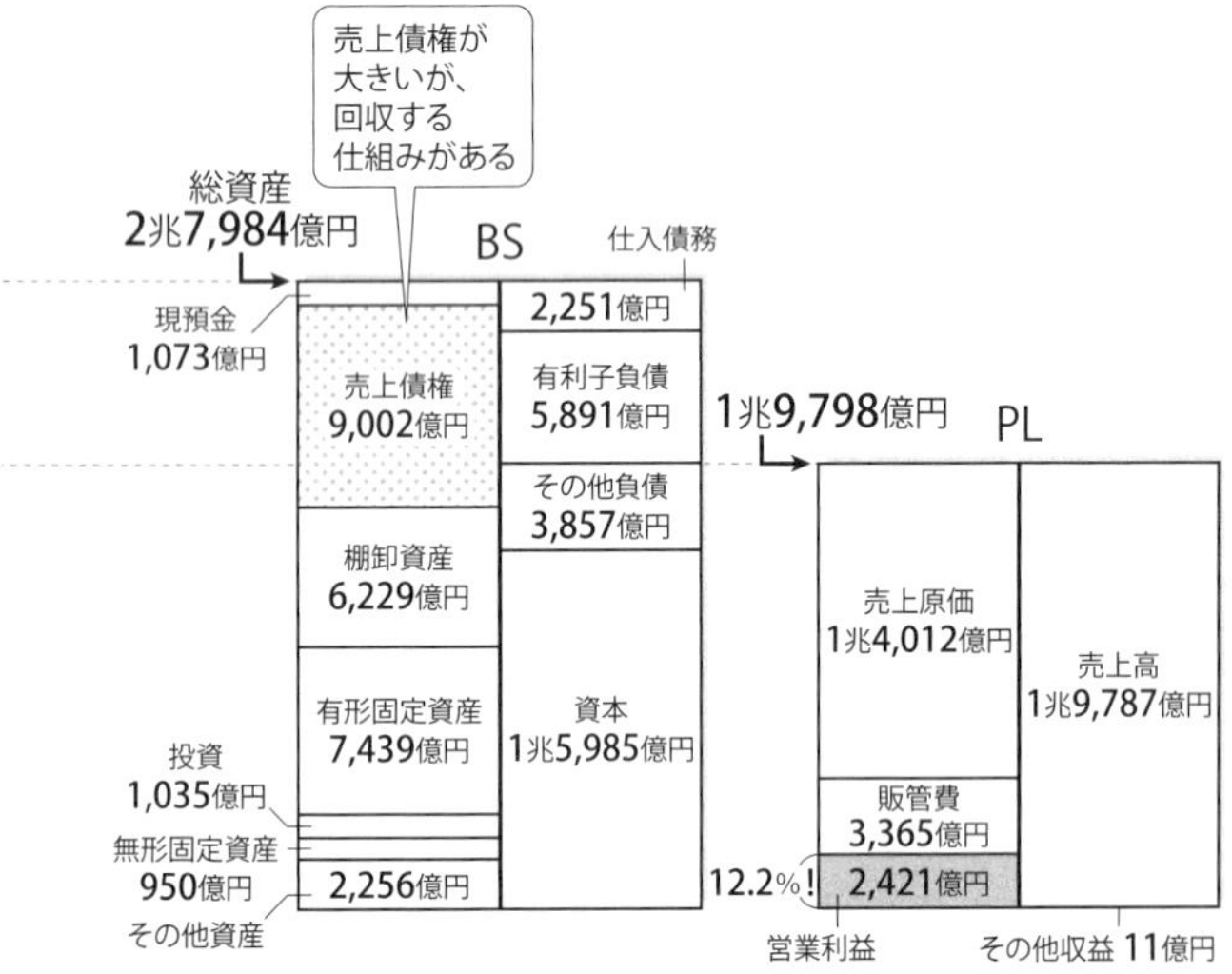

売上債権が
大きいが、
回収する
仕組みがある
総資産
2兆7,984億円
BS
仕入債務
2,251億円
現預金
1,073億円
売上債権
9,002億円
有利子負債
5,891億円
その他負債
3,857億円
棚卸資産
6,229億円
有形固定資産
7,439億円
資本
1兆5,985億円
投資
1,035億円
無形固定資産
950億円
2,256億円
その他資産
1兆9,798億円
PL
売上原価
1兆4,012億円
売上高
1兆9,787億円
販管費
3,365億円
12.2%!
2,421億円
営業利益
その他収益 11億円

興国の建設業者などは資金が潤沢ではなく、高額な建設機械は手が届きにくい。そこでコマツは販売金融を取り入れ、拡販しているのである。

新興国に販売金融を行うとなると、信用程度の低い地域ゆえに債権が回収できず、焦げ付くことも多い。現実に例えば中国では、日本製品を持ち込むと品質の高さから飛ぶように売れたりするが、代金を払ってもらえないことが多い。これで新興国から撤退した日本の中小企業は多い。いわゆる回収リスクであ

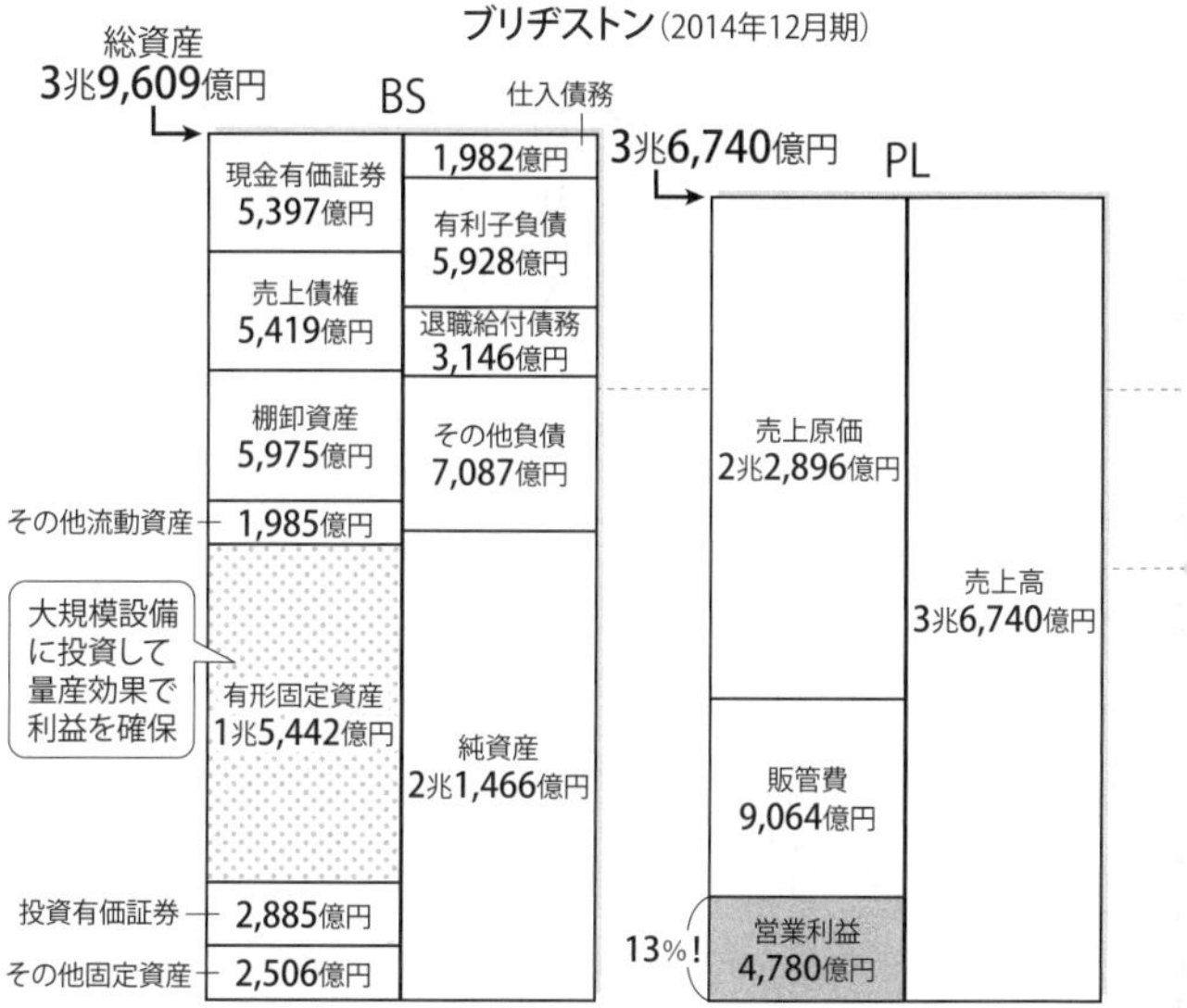
ブリヂストン（2014年12月期）
総資産
3兆9,609億円
BS
仕入債務
1,982億円
現金有価証券
5,397億円
有利子負債
5,928億円
売上債権
5,419億円
退職給付債務
3,146億円
棚卸資産
5,975億円
その他負債
7,087億円
その他流動資産
1,985億円
大規模設備に投資して量産効果で利益を確保
有形固定資産
1兆5,442億円
純資産
2兆1,466億円
投資有価証券
2,885億円
その他固定資産
2,506億円
3兆6,740億円
PL
売上原価
2兆2,896億円
売上高
3兆6,740億円
販管費
9,064億円
13%！
営業利益
4,780億円

る。

しかしコマツの貸《かし》倒《だおれ》率（債権取りはぐれの率）は低い。コマツは売上債権を証券化して早期に資金化する方策をとっているが、この証券の信用程度は極めて高い。貸し倒れが少ないからである。

新興国に信用供与して、回収リスクが少ないのはなぜか。それはコマツが世界に先駆けて自社マシンに導入したKOMTRAXという建機のネットワーク・システムのおかげである。

コマツの建機には多数のセン

サーとコンピュータ、それに通信モデムが搭載されている。そのおかげでコマツの機械がどこにあって、どんな状態で稼働しているか、ユーザー、代理店、そしてコマツが情報共有できるシステムになっている。コマツの建機をいわばネットワーク端末にしたのだ。

このシステムによって機械をいつもモニタリングでき、故障を事前に把握し、あるいは部品の劣化を事前に察知することができる。そして代理店が故障する前に部品を持って現場に駆けつけることや、代車交換などによって予防手段を取ることができるのだ。工事現場で建機が止まると、工事全体がストップしてしまうこともある。建設会社にとって、建機故障の機会損失は非常に大きいのだ。したがってこのKOMTRAXの優位性から、コマツの機械が価格競争に巻き込まれず、むしろ努めてコストアップを価格転嫁してきた。そのおかげで粗利率が高いのだ。

KOMTRAXはそれ以外に、たくさんの副次的効果をもたらした。建機は野ざらしになっているために、盗難が多い。あるいはタイヤやガソリンが盗まれることも多い。こんなときもモニタリングできるので、盗難防止の手を打つことができる。「コマツの機械は盗むのが難しい」という認識が広まってから、盗難率が激減したという。

そして債権回収にもKOMTRAXは貢献した。ユーザーがお金を払わないと、機械を遠隔で止めることが可能なのだ。これが新興国でも回収リスクが少ない理由である。

タイヤをネット化する（?）ブリヂストン

ブリヂストンも利益率の高い企業として有名である。トヨタは自社の低い利益率とブリヂストンのそれとの差を見て、かつて、某タイヤ会社を巻き込みタイヤ製造を試みたことがあった。しかし、失敗して撤退した。

なぜトヨタほどの企業が、後追いとはいえブリヂストンに追いつくことができなかったのか。それは量産効果にある。

ブリヂストンのバランスシート上の最大資産は有形固定資産である。タイヤは製品間でサイズや材料組成などはすべて異なる。しかし基本的には「ゴムでできた丸いタイヤ」という点では、単一の同じ製品を作っているに等しい。しかも製造の比較的単純な製品であり、人手よりも機械集約による生産形態によっている。さらに原料のゴムは天然ゴムにせよ、石油由来の合成ゴムにせよ、取引価格が大きくぶれ相場に左右される。したがってコストを安定させるためには、ゴム農園への投資等が必要になり、投資額がさらにかさむ。だから有形固定資産が大きいのである。

この大規模投資を回収して規模の経済を実現するには、大量販売しなければならない。多くの自動車会社の純正タイヤに食い込むことが、まず最初に欠かせない。トヨタのグループ生産台数が世界トップだといっても、グループ企業だけではペイできないのである。他社がトヨタのタイヤを買ってくれれば、話は別だが。

量産効果を上げるため、ブリヂストンは「シェア第一」をかかげて、上がった利益をことごとく先行投資し、2000年代半ばにミシュランを超えて世界一の座をつかんだ。

しかし、北米市場の好調などから利益は上がり続けているものの、世界シェアは落ち続けている。なぜかといえば、新興国進出に後れを取り、中国や韓国、台湾などの新興国メーカーが特に低価格タイヤの分野で著しい成長を遂げてきているからである。

ブリヂストンはあくまで環境性能などの高品質を売りに、価格競争には乗らない方針である。ユーザーの低価格志向に対処するため、再生タイヤの会社を買収して、タイヤの表面を張り替える事業に乗り出している。あるいはトラックやバス用などで、タイヤを売り切りにするのではなく、ユーザーがタイヤを使う一定期間に必要なサービスをパッケージ化して、サービス商品化しようとしている。顧客は一定料金を払えば、一定期間タイヤの張り替えや交換などメンテ・サービスを受けられるというわけである。

さらにタイヤにセンサーを取り付け、ＩＴネットワークによって消耗や劣化をモニタリングしてサービス提供する試みも、鉱山機械の大型タイヤなどで始めている。いずれタイヤもコマツのＫＯＭＴＲＡＸのように、ネットワーク端末化してサービスを受ける時代が、すぐそこまで来ているのかもしれない。

第四の産業革命といわれるＩｏＴ（Internet of Things）は、静かに始まっている。

リスクが異次元で高まる時代

グローバリゼーションと情報化の時代は、リスクの時代でもある。世界に広がった日本企業は、環境も条件も異なる地雷原を手探りで進むような、難しい舵取りをせざるを得ない。一歩その地雷に踏み込むと、その情報は世界を駆け巡り、批判の矢が世界から飛んでくるのだ。

トヨタやホンダが世界で突出した存在感を見せるようになると、リスクの風圧は加速度的に増す。日本の自動車メーカーに限らず、世界の多くのメーカーが採用していたタカタ製のエアバッグが不都合な破裂をしたとき、自動車業界は震え上がったに違いない。

米国で「タカタたたき」が先鋭化したのは２０１４年10月のことである。フロリダ州で起きた事故で、金属片が突き刺さった女性が死亡した。これを米ニューヨーク・タイムズ紙が「殺人犯はエアバッグ」と報じたことで関心が一気に高まった。

リスク対応は初動対応がカギと言われている。しかしタカタと自動車メーカーは「根拠がない」とタカをくっていたフシがある。といっても無理のない面もある。自動車のリコールは原則として、構造上の問題点を解明してから実施するからだ。リコールするのはあくまで自動車メーカーであり、部品メーカーとしてはリコールの是非を判断する立場になく、状況を見守るべきだ。それがタカタの姿勢だった。

死亡事故につながる異常破裂が起きたエアバッグはすべて「原因はタカタの北米工場における製造上・品質管理上のミスだった」と判明している。北米製のエアバッグについてはタカタも「欠陥があった」と過失を認めてきた。しかし本当に原因がわかっていないのは、自動車メーカーが行っている調査リコールで対象となっているエアバッグだった。これらで死亡事故は起きていない。原因がわかっていない以上、タカタとしても自社に過失があったと認めることはできなかったわけだ。

しかしそうしたタカタの思惑は吹き飛んだ。米運輸省・高速道路交通安全局（ＮＨＴＳＡ）は、タカタや自動車メーカーの曖昧な態度に業を煮やし、早期対応を迫る。時間を費やした結果、２０１５年５月、欠陥エアバッグのリコール（回収および無償修理）を全米規模で実施することでタカタと合意したと発表した。対象は米国で３４００万台、世界では５０００万台以上に上り、一度のリコールとしては過去最大規模となった。タカタは米国以外でも、米国と同様のリコール拡大を求められることになり、問題は異例の事態に発展しつつある。

タカタが欠陥を正式に認めたことで、これまでの調査リコールではなく、正式リコールへ切り替えられる。調査リコールは原則、自動車メーカーの費用負担で進めているが、正式リコールになればタカタの費用負担が重くなることは避けられない。同社の高田重久会長兼社長は「ＮＨＴＳＡおよび自動車メーカーと全面的に協力し、ユーザーの安全確保を最優先にして予防的処置を行う」とする声明を出した。

タカタは「車部品メーカーが表に出てきた前例がない」として公の場での問題の説明を避けてきた。経営トップが出席する記者会見も２０１５年６月末に初めて開かれた。

タカタはエアバッグの基幹部品である「インフレーター」を取り換えることになる。３４００万台という数字は、米国で２年間に売れる新車全体に匹敵する。

ウィキペディアによれば、現在一般的に世界で使われているエアバッグは日本人の発明で、１９６３年に遡るとのことである。小堀保三郎という人が、航空機事故などで衝撃を緩和させ、生存率を改善させる装置として考案したらしい。当時としてはあまりに奇抜な発想だったため、発表の場で失笑を買い相手にされることはなかったという。また火薬の使用が認められなかったので、開発は遅れることになった。

世界で実質的に初めてエアバッグをオプション搭載したのは、1980年のメルセデスベンツSクラスである。日本車で初のエアバッグ搭載車は、1987年発売のホンダ・レジェンドである。ホンダの開発技術者がタカタにエアバッグの製造を持ちかけて、事業が始まった経緯があり、ホンダはタカタの最大顧客でもある。

ホンダは2015年6月、タカタのエアバッグ問題に関連して448億円の追加リコール費用を計上すると発表した。原因究明の途上なので、リコール費用の負担を巡るタカタとホンダの交渉は進んでいない。「タカタの財務状況次第ではホンダの負担が大きくなる可能性がある」（某アナリスト）と警戒する声もある。

自動車メーカーは発生が見込まれるリコール費用を、品質関連費用として事前に引き当てることが多い。ホンダは2015年3月期決算で2000億円強の品質関連費用を計上し、営業利益6516億円という数字は前期から13％減った。

タカタはどこまで耐えられるか？

現在、リコール関連でタカタが引き当てている費用は累計752億円にすぎない。これは約950万台分のリコール費用なので、リコールが拡大すればさらに3200億円程度の費用が生じる可能性もある。

負担割合の本格的な交渉はこれからだが、自動車メーカーの幹部は「世界2位のエアバッグメーカーを潰すわけにはいかない」と口をそろえている。タカタが全額負担することは考えにくいが、部品メーカーに求められる責任が高まっていることは間違いない。

これまでに少なくとも世界で、タカタのエアバッグによる8人の死亡事故が確認されている。タカタは2015年3月、カナダで提起された集団訴訟について、賠償請求額が約2300億円に上ると発表しているが、米国においてその数字がどうなるか。天文学的なものであることは間違いないだろう。もちろんタカタは「2015年3月期の業績への影響は見込んでいない」（財務担当者）。

〈図表2－6〉はタカタの財務諸表である。特別損失にリコールで引き当て計上した金額が含まれている。しかしこれを除いて考えれば、PLがBSより大きく量産効果の効いた、粗利率16・2％、営業利益率5・1％の堅実経営の会社であることがうかがわれる。リコール

〈図表2-6〉タカタ 比例縮尺財務諸表
（2015年3月期　PLは当期純損失まで表示）

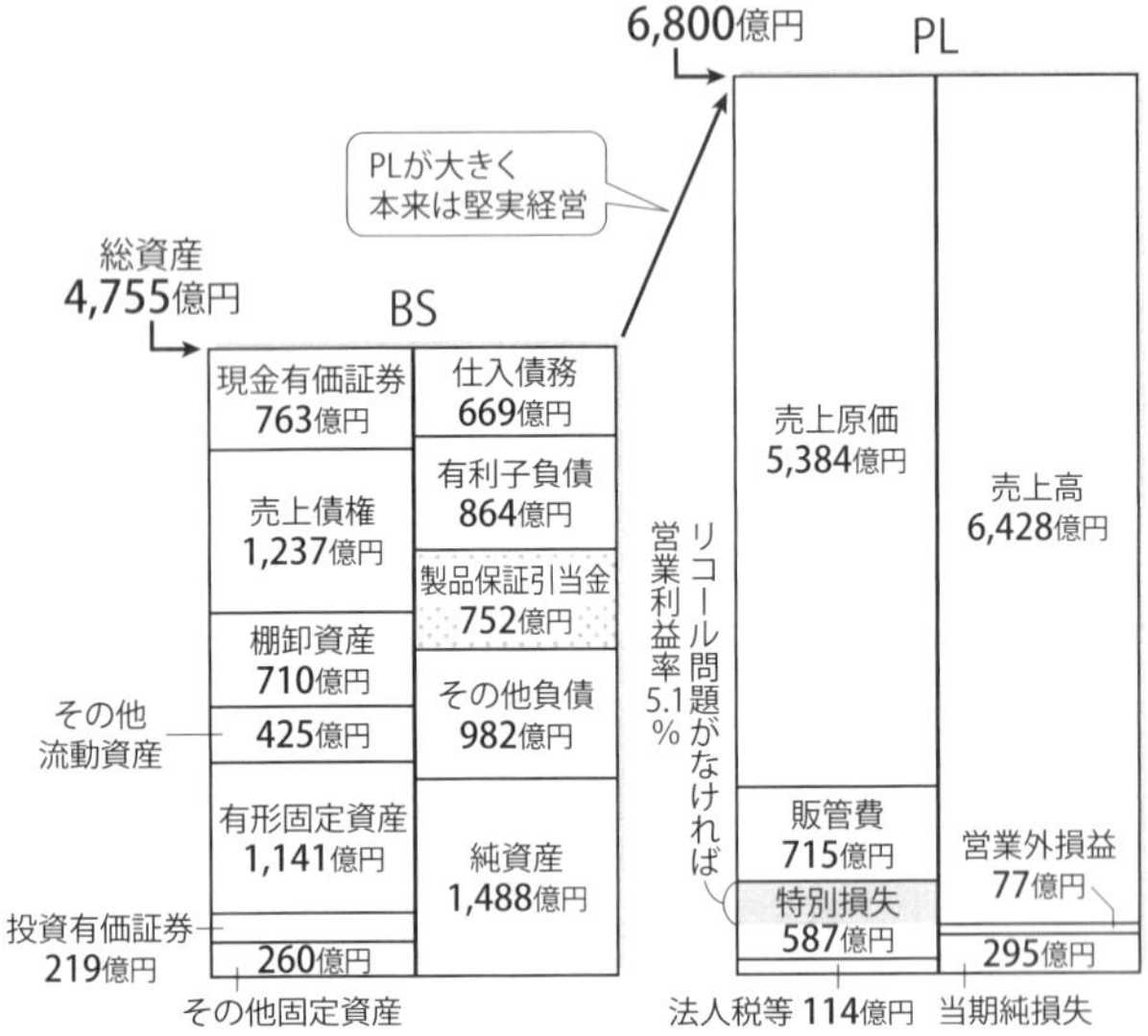
6,800億円
PL
PLが大きく
本来は堅実経営
総資産
4,755億円
BS
現金有価証券
763億円
売上債権
1,237億円
棚卸資産
710億円
その他
流動資産
425億円
有形固定資産
1,141億円
投資有価証券
219億円
260億円
その他固定資産
仕入債務
669億円
有利子負債
864億円
製品保証引当金
752億円
その他負債
982億円
純資産
1,488億円
リコール問題がなければ
営業利益率5.1%
売上原価
5,384億円
販管費
715億円
特別損失
587億円
法人税等 114億円
売上高
6,428億円
営業外損益
77億円
295億円
当期純損失

の引き当て累計は、「製品保証引当金」として負債に７５２億円計上されていることがわかる。

タカタが保有する現預金と有価証券は３月末で約７６０億円。当面はこの資金がリコール費用に手当てできる上限金額だが、純資産が１５００億円弱あり、これを超える損失が一時的に発生するとデフォルトのリスクが高まるので、今の負担能力の限界ととらえるべきだろう。もちろん自動車メーカーが支援し取引を続け、未来の利益から負担するということが考えられるが、仮にリコール費用と訴訟損害賠償金の合計が５０００億円とすれば、営業利益２００億〜３００億円前後のタカタにとって、20年近く重荷を背負う未来が続くことになる。

同社の決算発表では、２９５億円の最終赤字となった２０１５年３月期から一転、２０１６年３月期は２００億円の最終黒字に転じる見通しを一応発表している。その決算説明会では「業績への影響はほとんどなかった」と、会見したタカタの経理・財務本部長はホッとした表情を見せたという。理由は米国での新車販売が好調で、売上高はむしろ増加し、２０１５年３月期も営業利益段階では３２９億円と、予想より18％も上振れする決算となった。自動車部品は新車開発に合わせて中長期で受注するため、リコール問題がすぐ受注に影響を及ぼすことはなかったわけだ。

２０１５年３月期に５５６億円を計上したリコール費用（累積で「製品保証引当金７５２億円」の残高となっている）も、２０１６年３月期は約70億円しか予定していないというが、真相は「金額や時期の合理的な見積もりができない」というにすぎない。

不透明で不気味な空気に包まれた財務諸表ではある。

マクロデータに表れる日本企業のリスク

日本企業のグローバル展開が広がるにつれて、リスクの機会も広がっている。特に企業の社会的責任をめぐって、賠償金や罰金を支払わざるを得ない事態に追い込まれる日本企業が増えている。

「企業活動をめぐる海外での訴訟が日本の国富流出につながっている」

財務省の国際収支統計は、こんな傾向を浮き彫りにした。米国などで罰金や賠償金を支払う日本企業が相次ぎ、経常黒字を押し下げる一因になっている、というのだ。

国際収支統計のうち、官民の無償資金や賠償金のやりとりの状況を表す「第2次所得収支」は、2014年4月から15年1月の累計で1兆4000億円の赤字だった。前年同期に比べ55％増え、比較できる1985年度以降で過去最高だった1990年度（1兆7940億円の赤字）に迫る水準とのことである。

第2次所得収支とは、対価を伴わない海外とのお金のやりとりを表している。具体的には無償の経済協力や賠償金、年金などが含まれるが、日本は途上国の支援を実施していることなどから、第2次所得収支は赤字が恒常化してきた。しかし今回の第2次所得収支赤字の最大要因は、企業が海外での訴訟で賠償金の支払いを迫られているためと財務省は説明している。
地域別で見ると、昨年4～9月には米国との第2次所得収支は2933億円の赤字と前年同期の5倍に膨らんだ。その増加分の約2300億円の多くが賠償金の支払いとみられる。

〈図表2-7〉は外国の司法当局に支払った賠償金の最近の事例を並べたものである。

〈図表2-7〉最近の日本企業の罰金・和解金支払事例

時期	企業名	罰金・和解金	国
2014年 2月	ブリヂストン	4億2,500万ドル	米国
2014年 3月	トヨタ自動車	12億ドル	米国
2014年 8月	デンソー、三菱電機など10社	12億3,500万元	中国
2014年 9月	矢崎総業	1億ドル	米国
2014年12月	日本郵船	5,940万ドル	米国
2015年 1月	ホンダ	7,000万ドル	米国

2014年8月に中国で、日本の自動車部品メーカー10社が総額12億3500万元（当時の換算額で200億円）の罰金を命じられた。その他にも日本郵船や川崎汽船も、輸送船の運賃をめぐるカルテルを結んだとして罰金支払いに応じている。

2015年1月にはホンダが米国で事故情報の報告を怠ったとして、NHTSAに7000万ドル（約84億円）を支払うことで合意した。この金額はNHTSAが1社に科す罰金としては過去最高だった。

財務省の数字は、日本企業が海外で支払うリコール費用も大きく影響している。サービス収支のうち、海外でのリコール費用などが反映される「維持修理サービス収支」の赤字は昨年4月から今年1月に4581億円となり、前年同期の約4・5倍になったという。日産自動車が昨年3月末に北米を中心に105万台でリコールを実施したことなどが響いているという。もちろんこれからタカタのエアバッグのリコール費用が、ここに大きく登場することになる。

日本という国の稼ぐ力を表す経常収支は、2015年度もかろうじて黒字を維持する見通しだが、海外で相次ぐ訴訟やリコールは経常収支の押し下げ要因にもなっているのである。

【自動車業界斜め読み】

テスラの衝撃、トヨタの未来……ITが変える自動車と競争変化

2015年4月末に安倍首相が米シリコンバレー訪問の際に立ち寄ったのが、EV（電気自動車）メーカーのテスラモーターズである。安倍首相はテスラCEOイーロン・マスクが運転するモデルSの助手席に同乗して、「ジェットコースターに乗ったようだ」と感想を述

べたが、このモデルSはシリコンバレーではごく普通に見かける車である。

モデルSが面白いのは計器盤が液晶ディスプレイで、別にダッシュボード中央には縦長17インチのタッチパネル・スクリーンが付き、しかも常時ネットワークにつながっていることである。ある日、そのパネルに「ソフトウェアのアップデートがあります」と表示され、ボタンにタッチすると最新バージョンに機能更新されるようになっている。

パネルには電費がグラフで表示されたり、タッチパネル・スクリーンをスワイプしてルーフを開けたり、さまざまな情報をやりとりしながら運転することができる。スマホとも連動していて、乗車前に空調をオンにしたり、世界中どこからでも自分の車の状態を確認したり……。したがってこの車は「動くスマホ」、あるいは「乗るパソコン」といった風情である。EVはネットワーク端末として制御しやすく、同社ホームページにも次のように書かれている。

「一般に自動車は、購入したときが最も価値ある状態ですが、テスラ車は、無料ワイアレス・ソフトウェア・アップデートを通して進化し続けます。アップデートの度に、新機能が追加され、パフォーマンスとオーナーエクスペリエンスが向上します」

実際に今年3月にリリースされた「ソフトウェア6・2」では、発売時点にはなかったレーダー・クルーズ・コントロール（前車を追尾するなどの機能）が使えるようになり、電池切れを予防するためのソフト機能の拡充などが盛り込まれた。これから将来、自動ブレーキや自動運転などにバージョンアップしていく予定だという。

実はテスラのＥＶは既存の自動車メーカーにとって、事業モデルの破壊につながりかねないインパクトを持っている。もちろんＥＶの未来は不確実で必ずしも明るいというわけではないが、しかし既存の自動車の概念を覆すかもしれないのだ。

ネットワークでつながる車の未来の果てには、「プラットフォーム・イズ・キング」となる可能性がある。ソフトウェアやユーザーインターフェイスを握る企業に高い付加価値が取られる半面、車というハードウェアは従属的な存在となり、車メーカーはパソコンやスマホ・メーカーのような低付加価値産業になってしまいかねない。

現在のレシプロ・エンジン車の組立工程では、エンジン回りだけで1万単位の部品が必要である。しかしモーターと電池で動くテスラのＥＶでは17部品程度で済む。しかもモーターや電池が汎用部品化すれば、半導体ファウンドリのようなメーカーが登場して、そこから部品を買えばどんな新興メーカーでも車が作れるようになる。

日本の自動車メーカーが得意としている膨大な部品点数と、それを支える夥《おびただ》しい数のサプライヤーとの「摺り合わせ技術」も必要とされない。またメンテも簡単になり、重装備のディーラー網も必要なくなる。

台湾の受託生産大手・鴻海精密工業は、すでに自動車への参入を表明している。最初に狙っている受託先はテスラで、販売価格7万ドルのテスラのモデルSも「我々なら1万5000ドル以下で作れる」と豪語している。鴻海のような車のEMSが登場すれば、製造はアウトソースでき、ユーザーインターフェイスを握る企業なら誰でも車を売れるようになりうる。

シリコンバレーを走るグーグル自動運転車

自動車やその周辺事業に参入、ないし参入するべく研究開発に着手している企業はもちろんテスラだけではない。アップルやグーグル、アマゾンに限らず、シリコンバレーの多くの企業、あるいは世界中にたくさんいる。

自動車の一つの未来像として、人の手を介在しない自動運転が研究されているが、グーグルは自動運転車を実験的にシリコンバレーで何台も走らせている。シリコンバレーに住む筆者の友人は、サイドにグーグルと書かれた実験車のレクサス改造車がハイウェイを走っているのを実際に見たことがあると話してくれた。運転席に座っていた人が本を読んでいたようだ、とも言っていた。テスラのイーロン・マスクも「高速道路や主要道路に限れば、サンフランシスコからシアトルまで運転手がハンドルを動かさずに走行できた」と、自動運転技術の開発が進んでいることを公表している。

カリフォルニアで自動運転車の公道実験の認可を取得しているのは、テスラやグーグルの他に独ダイムラーやフォルクスワーゲン、独部品大手ボッシュ、それに日本の日産などである。

アップルは昨年、車向けソフト「カープレイ」を発表したが、大掛かりな自動車事業の開発チームを立ち上げたと報道されている。アップルで指揮を執るのは、トップデザイナー兼副社長のジョナサン・アイブであり、CEOティム・クックからは大幅な権限が与えられたという。自動車関連技術開発のための人材獲得費用なら、金に糸目はつけないというのだ。

現実にシリコンバレーで自動運転の開発をしていた日産のエンジニア2人がアップルに引き抜かれ、同様にベンツの技術者も引き抜かれた。テスラの中堅幹部には年俸1億円近いオファーまで出たという噂も聞いた。もっともアップルの社内抗争からか、実際にはテスラがアップルから引き抜いた技術者は100人以上に及ぶらしい。第1章で述べた電機業界と同じような競争が、そのままここでも展開されているのだ。

面白いことにテスラのフリーモント工場は、元はトヨタとGMの合弁会社NUMMI（ニュー・ユナイテッド・モーター・マニュファクチュアリング）であり、新興勢力に既存大手が買収される経緯はやはり電機のそれを彷彿《ほうふつ》とさせる。

フィアット・クライスラーのCEOは、シリコンバレー企業を「破壊的な参入者」と呼び、参入歓迎の公式発言とは裏腹に警戒感を隠していない。日本の自動車産業も今は世界最高レベルの実力を持っているものの、かつての電機業界がそうだったように、電機の二の舞にならないか懸念されている。

さてこんな時代環境の下、わが国トップのトヨタはどんな策を練っているのだろうか。トヨタは今年ついに純利益2兆円を超える最初の日本企業となったわけだが、巨人トヨタの将来は安泰なのだろうか。

トヨタ・ミライの祈り

2014年末にトヨタは燃料電池車（FCV）「ミライ」を発売した。豊田章男社長は「歴史的第一歩だ」と述べ、安倍首相もミライのハンドルを握り、「水素時代の幕開けだ」と持ち上げた。トヨタは同時に、ミライの特許を一部開放し、テスラと同様のオープンソースとすることも発表している。

　このミライに激しく反発したのが、テスラのイーロン・マスクである。２０１５年１月の米デトロイト・モーター・ショーで「フューエル・セル（燃料電池）」の綴りを変え「フール・セル（ばかげた電池）」とし、「水素は車に向かない」とこき下ろした。

　マスクの発言には一理ある。実はＦＣＶは、今のところ環境負荷が低いエコロジー車とは言えない。「Well to Wheel」といって、車の環境負荷は「Well（油井）」、つまり燃料採掘から「Wheel（車）」まで全工程にわたって評価しなければならないが、その面からはＦＣＶ車自体で減らせる環境負荷はホンの一部だ。ＦＣＶで使う水素は、今のところ化石燃料を改質して取り出す方法がメインで、これを前提にするとＦＣＶの環境負荷はガソリン車とほとんど変わらない。太陽光など再生エネルギーを使って水素を取り出すことができれば負荷は著しく低減するが、その実用化は２０４０年頃と予想されている。

　とはいえ、実はＥＶも似たような問題を持っている。ＥＶはもともとベースロード電源としての原子力発電を前提にしていた。原発は発電量を調整しにくく、使用量が著しく減る夜間電力利用（電力料金は3分の1）を前提にすれば、ＥＶはエコノミーかつエコロジーとなるはずだった。しかし原発事故以降、化石燃料による発電が主体となって目論見が外れた。

したがってＥＶもＦＣＶも、今のところエコという面からは中途半端なのだ。

しかしトヨタはＦＣＶが次世代車のデファクト・スタンダードになってもらわなければ困る事情があり、テスラやグーグル、アップルなどのシリコンバレー企業はデファクトがＥＶであってほしい事情がある。ＦＣＶは製造が極めて難しく、トヨタに限らず日本の自動車メーカーの摺り合わせ技術という強みが生きる車で、ＥＭＳも参入困難である。半面、ＥＶならプラットフォーム側がハードをねじ伏せられる。

第１章でも述べたが、日本人の強さである「誠実な顧客志向と品質の作り込み」「地道な改善努力」、そして「内外のチームワーク」が生きるのは、ＦＣＶという複雑製品なのだ。

かつてＩＢＭがダウンサイジングの流れの中でインテルに覇権を握られたような歴史の再来を、トヨタは何としても防がなければならない。

〈図表２‐８〉はトヨタとグーグル、アップルの年度決算でのＰＬを同一の縮尺で図示したものである（１ドル１２０円換算）。営業利益段階まで表示している。

事業内容が異なるので売上の大きさではトヨタとアップルが図抜けているが、営業利益で見ると、「トヨタ：グーグル：アップル＝約２・８兆円：２兆円：６・３兆円」と株式時価総額世界一のアップルが圧倒し、グーグルはトヨタに近いのがわかる。

〈図表2-8〉各社PL比較
※1ドル＝120円として換算

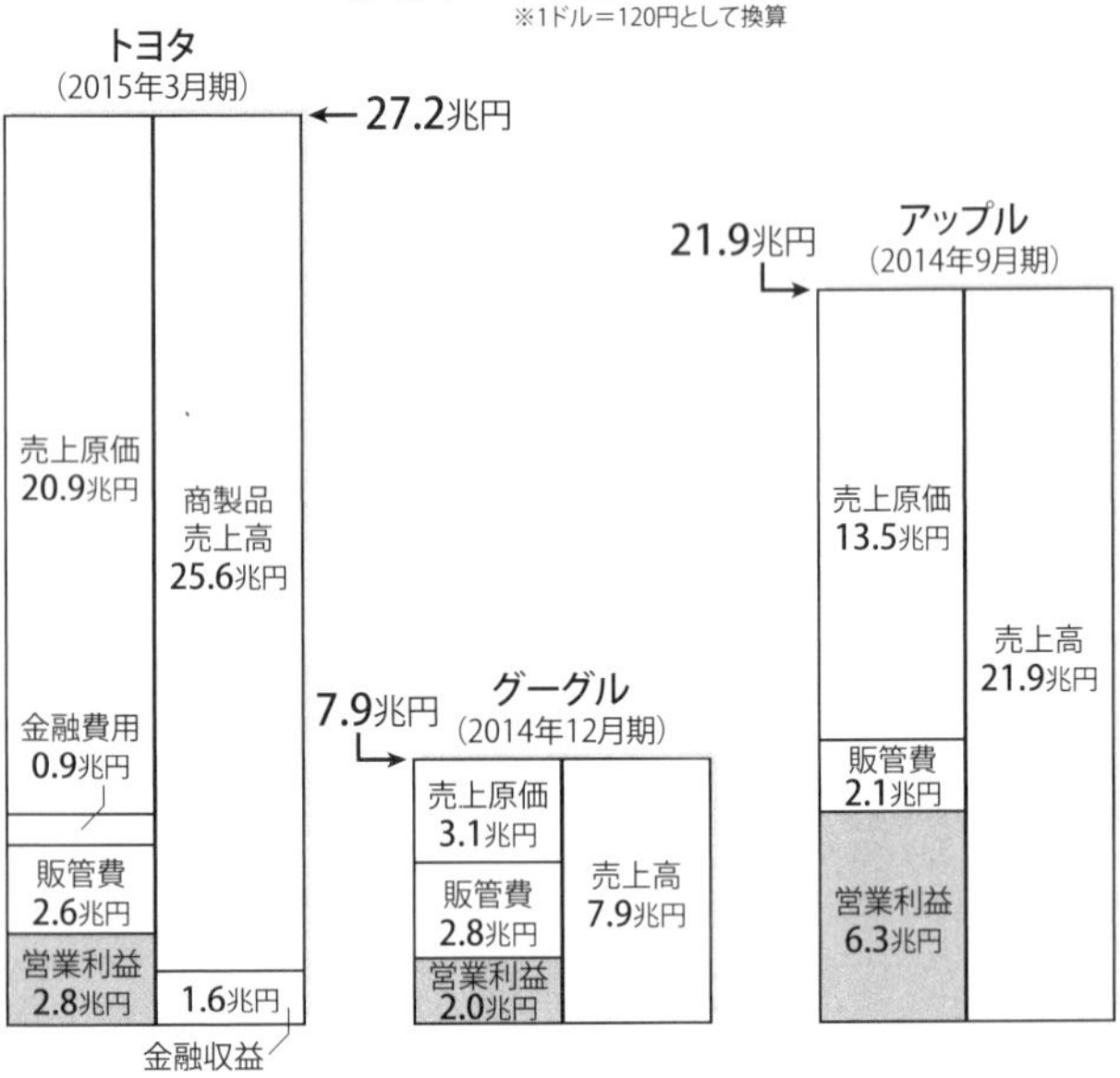

トヨタ
（2015年3月期）
27.2兆円
売上原価
20.9兆円
商製品
売上高
25.6兆円
金融費用
0.9兆円
販管費
2.6兆円
営業利益
2.8兆円
1.6兆円
金融収益
グーグル
（2014年12月期）
7.9兆円
売上原価
3.1兆円
販管費
2.8兆円
営業利益
2.0兆円
売上高
7.9兆円
アップル
（2014年9月期）
21.9兆円
売上原価
13.5兆円
販管費
2.1兆円
営業利益
6.3兆円
売上高
21.9兆円

研究開発費でトヨタを抜くグーグルとアップル

筆者がこのPL比較で最も注目したいのは、研究開発費である。

前期のトヨタの研究開発費はついに1兆円（前年比10％増）の大台を超えたのだが、アップルは0・7兆円強（同35％増）、グーグルに至っては1・2兆円（同38％増）近い。直近の2015年1～3月四半期決算の数値では、アップルもグーグルも研究開発費を前年比30～35％のペースで増やしているので、来期にはアップルがトヨタと並び、グーグルはトヨタの１・５倍ほどの金額になると予想される。

もちろん金額だけで判断するのが乱暴なのは承知している。しかしグーグルの研究開発力は世上が認めている。例えば有名な「20％ルール」がある。20％ルールは社員に対して「目の前の仕事だけにあなたの１００％の時間を使ってほしくない。20％はグーグルの未来について考えて欲しい」という明確なメッセージに基づくものであり、開発を社員に義務付け叱咤激励するルールである。

筆者はグーグルの開発者にインタビューした経験があるが、２割の時間を使って進められる研究テーマやチームメンバー、時間の使い方などについては社内ネットワークで透明になっており、成果がシビアに評価される競争に満ちた仕組みになっている。そしてもちろん多額のインセンティブも付くので、彼らが開発を楽しんでいる印象を強く受けた。しかもメンバーは世界から集められた飛び抜けた逸材たちである。「革新的なイノベーションが生まれないはずはない」と思うのは、筆者だけではなかろう。

実はグーグルはテスラと近い関係にある。テスラのイーロン・マスクが立ち上げた宇宙開発ベンチャー・スペースXに、グーグルは投資会社と合わせて10億ドルの出資をしている。またグーグルの創業者ラリー・ペイジは、「財産を残すなら慈善団体ではなく、未来を変えられるマスク氏に譲る」とコメントするほど親しい関係にある。テスラはグーグルの助力も得て、大きく変貌するかもしれない。

トヨタといえども、気を抜く暇のない激しい流れの中にいる。自動車のデファクト競争は、自動車本体だけに終わるものではない。EVの電池にせよ、FCVの燃料電池にせよ、エネルギーを蓄積する機能を持つので、住宅と組み合わせるとエコロジーかつエコノミーにより貢献しうる。したがって住宅をめぐるデファクト競争という側面も持っている。

それは第5章の話題としよう。

第3章　小売業界編

〈図表3-1〉ヤマダ電機

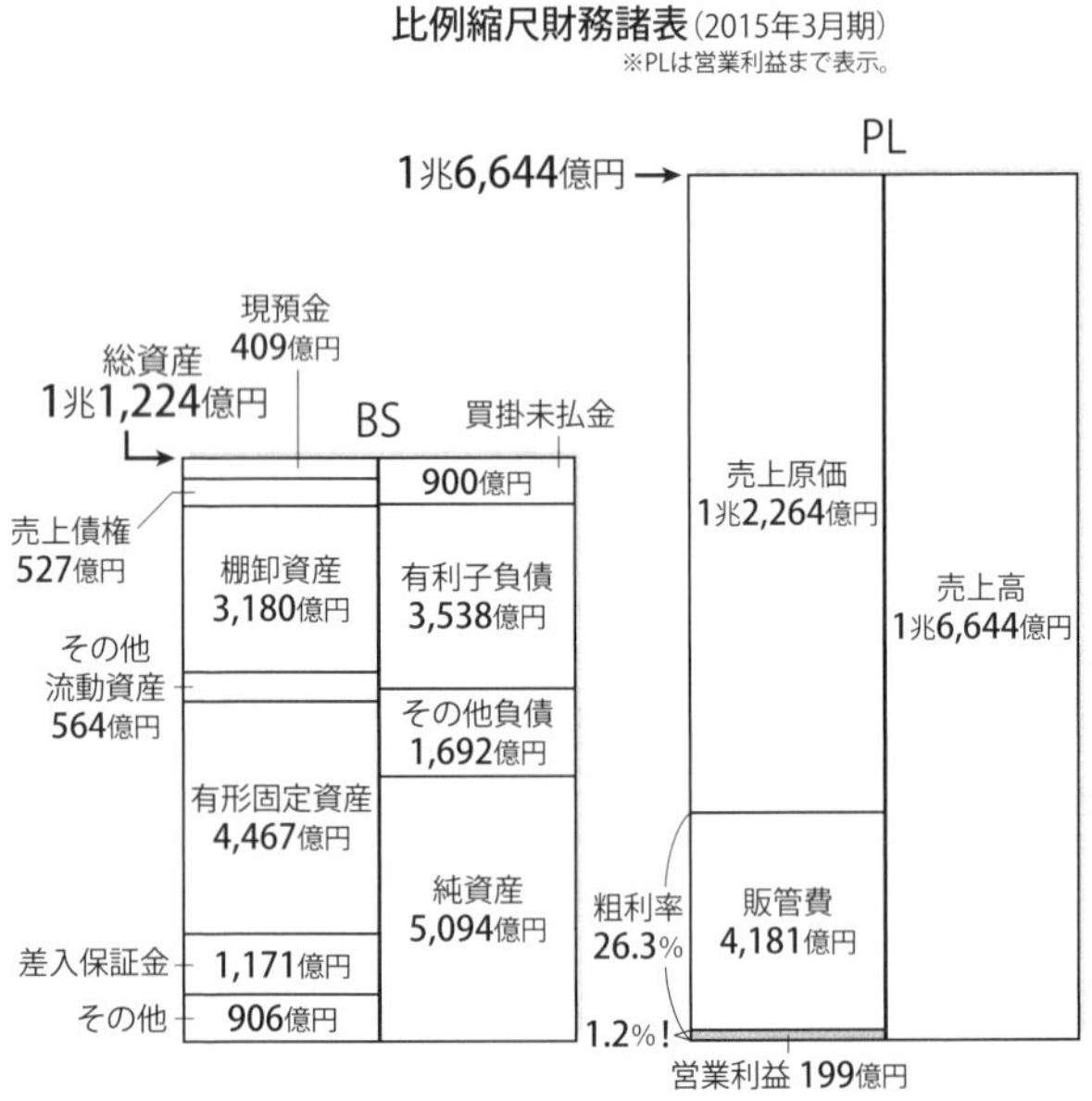
比例縮尺財務諸表（2015年3月期）
※PLは営業利益まで表示。
PL
1兆6,644億円
総資産
1兆1,224億円
BS
現預金
409億円
買掛未払金
900億円
売上債権
527億円
棚卸資産
3,180億円
有利子負債
3,538億円
その他
流動資産
564億円
その他負債
1,692億円
有形固定資産
4,467億円
純資産
5,094億円
差入保証金
1,171億円
その他
906億円
売上原価
1兆2,264億円
売上高
1兆6,644億円
粗利率
26.3%
販管費
4,181億円
1.2%!
営業利益 199億円

利益が半減したヤマダ電機

ＩＴ業界は有為転変が激しい。また自動車業界も未来進行形で構造的な変化が起こりそうである。今日、変化の少ない安定した業界などというものは存在しないが、小売業界も大きな変革の波に飲まれている業界である。

大手総合小売業を除いて、専門小売りチェーン・トップの座にあったのは家電量販・ヤマダ電機である。ヤマダも今、大きく揺さぶられている。

〈図表３‐１〉は同社の財務諸表、および年間の売上および営

売上高・営業利益推移

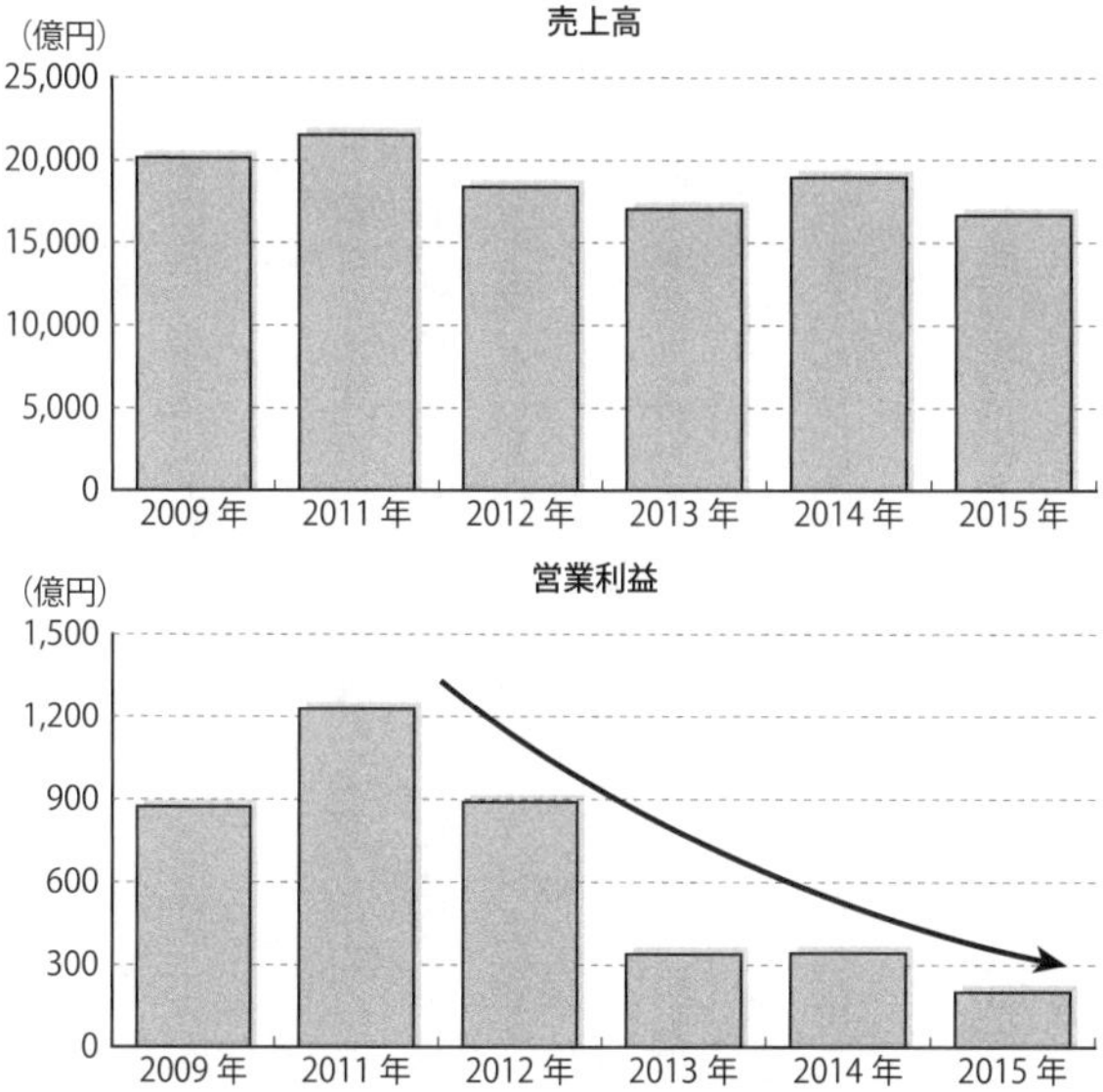

業利益の実績グラフである。

ヤマダの特徴を読み取ると、まずPLから粗利率が26・3％あるものの、営業利益率が1・2％しかなく薄利であることがわかる。

BSから見えるのは、棚卸資産と有利子負債が金額的にほぼイーブンであり、また有形固定資産と純資産が金額的に近い。さらに買掛未払金を一月当たり売上原価で割ると、0・9か月弱しかないので、現金買いに近い取引で仕入れていることがわかる。借金までして現金買いし、メーカーから安く仕入れていると考えられる。

そして積極的な増資で、店舗に投資してきたように見える。ヤマダは面積の広い大型店を中心に1000店超の店舗に果敢に投資し、さらに下位企業の買収も加えて日本一にのし上がったのである。

ところが、このビジネスモデルが崩れつつある。ヤマダは2015年5〜6月に60店を一斉に閉鎖した。店舗数が1000店を突破した直後の店舗リストラである。

その理由は、売上高と営業利益の推移グラフに表れている。ヤマダの業績のピークは2011年3月期のことで、売上高2兆1500億円、営業利益1200億円を超えていた。当時、総資産は約1兆円だったので、ROA（利益／総資産、ただし通常は税引利益をとることが多い）が10%を優に超える高収益企業だったのだ。直近では利益がピーク時の6分の1まで減り、ROAも1・8%になってしまった。なぜ、坂道を転げ落ちるように利益が急減したのか。

もともとヤマダは情報機器の普及と共に、成長を遂げてきた。群馬県高崎市から身を起こしたヤマダは、「パソコンは伸びると読んでいた」（ヤマダ電機・山田昇会長）1990年代に、地方店としては先進的といわれるほどパソコンやソフトをそろえた店舗網を拡大していった。

増資を多用して資本増強に努め、スピーディーな出店を進めてきた。山田氏の持ち株比率は関係会社分を入れても10％弱（2015年3月末時点）であり、自身の持ち株もその都度売って、調達した資金を店舗投資に回してきたのである（このことが後に、旧村上ファンド出身者が設立した投資ファンドによるヤマダ株買い増しにつながる一因となった）。

そして2000年代に入ると、自力成長からM＆Aによる規模拡大に転換する。ディスカウントストアのダイクマや、住宅メーカーのエス・バイ・エル、そして2012年にはかつて量販店首位だったベスト電器も飲み込んだ。このとき、記者会見で山田会長が業界再編に意欲的な理由を聞かれて、漏らしたのが次の言葉だった。

「アマゾンや楽天に背中を押された」

eコマースに背中を押された家電量販の生き残り策

この言葉の意味は後述するが、力ずくで伸びてきたヤマダには近年、さまざまなほころびが目立つようになる。例えばヨドバシカメラは営業利益率7・8％（非公開企業。2014年3月期の公表値）と群を抜いて高い。また業界6位の上新電機は売上規模こそ約3700億円と小さいが、ヤマダと同じ1・8％ある。

ヤマダは地方郊外店が多いが、例えばヨドバシカメラは東京・新宿や秋葉原、大阪都心部に「地域一番店」を持つ。ビックカメラは池袋に一番店を持ち、エディオンは広島で、上新電機は地盤の関西で都市部中心に圧倒的な強みを持つ。

2014年春の消費増税以降、都心部に比べて地方の消費回復は遅れ、これに若者の車離れなどもあって、業界を問わず郊外店中心のビジネスモデルは苦戦をしいられている。

もともとヤマダは店舗運営費や人件費が競合各社より低く、これが安売りの原資になっていたが、都心部へ出店攻勢をかけるようになると固定費がアップし、価格競争力が低下する悪循環に悩まされている。

またかつては圧倒的な販売力をバックに、メーカーからいわば強引に協力を取り付け、大量販売につなげるのが「ヤマダ商法」だった。ソフトバンクやシャープと組んで一世を風靡した「アクオス携帯」などが代表例だが、こちらも逆回転が始まる。第1章で見たように、パナソニックやソニー、シャープなど電機大手は構造改革の渦中にあり、家電部門は量から質の販売戦略に転換している。販売奨励金（リベート）を積んでシェアを追求することも少なくなった。この結果、ヤマダは格安スマートフォンでは競合他社に先行を許す事態も発生した。

さらに公正取引委員会「流通・取引慣行ガイドライン」の改定で、いわゆる「選択的流通」が明文化されたこともヤマダの打撃となった。例えば高額商品を扱うメーカーが、商品に見合う接客対応をしている小売業とだけ取引しても、原則問題にならなくなったのだ。

「選択的流通の考えが広がれば、我々がいくら欲しくても売り場に置けない商品が出てくる」（ヤマダ幹部）

直近では、ヤマダは米アップルの腕時計型端末「アップルウォッチ」の初回扱いを、全店で行えなかった。消費者からの評価も下がる傾向にある。「値札はあるが、店員に聞かないと値引きを含めた実際の購入金額がわからないので不便」という声が聞かれ、販売力も下がった。

ヤマダはこうした苦境の中で構造改革に踏み出している。「量から質への転換」を目指し、ソフトバンクと提携した「スマートハウス」事業や携帯販売などを強化しようとしている。

ただ主力に育てる計画の住宅事業については、2011年に買収したグループの住宅中核子会社、ヤマダ・エスバイエルホームの苦戦が続いている〈図表1-1〉の赤字ランキング35位)。中価格帯以上の住宅が売りだったが、ヤマダの低価格イメージが逆作用した。今後、ロゴからヤマダを外して、新たなイメージ戦略を始める予定である。

ヤマダは住宅事業を通して、高齢者の見守りサービスなどを提供する有料の会員制度を始めることにしている。当初は低額の会員サービスから始め、会員特典として大型家電の配送時間指定を無料としたり、自宅などの水道が壊れたりガラスが割れたりした場合に、ヤマダのコールセンターに電話をすれば業者の派遣も行うサービスである。

見守りサービスは医療機器メーカーと組み、高齢者の居室内に人の動きを感知するセンサーを組み込んだ専用の装置を置いて、高齢者の活動を把握する。サービスの受付や機器の設置などはヤマダが担当するが、異変があればメールなどで関係者に知らせたり、提携する警備会社から居宅に人を送ったりすることが可能である。ヤマダの店舗から従業員を送ることも検討するという。

またそれとは別に、通常の家電製品などのインターネット通販の他に、生鮮食品などを最短30分で届けるネットスーパー事業も群馬県の一部地域で試験的に始めた。生き残りに必死で実験を重ねている。

急成長を続けるアマゾンは赤字!?

ヤマダ電機・山田会長が漏らした「アマゾンや楽天に背中を押された」は、今や誰もが思い当たるだろう。

ほとんどの若者がスマートフォンを肌身離さず持つ時代になって、スマホで価格をチェックするのが習慣になってしまった。ヤマダ電機の店頭でさんざん各社の家電製品の違いを見聞きした後、やおらスマホを商品バーコードにかざせば、「価格.com」か、アマゾン、楽天のサイトへ飛ぶ。ヤマダ電機の売り場はショールームにすぎず、そのままアマゾンや楽天市場の決済口座につながっているのである。

ショールーミングとは、小売店で実物をチェックした上で、オンラインストア上で店頭より安い価格で商品を購入することである。もちろんヤマダもショールーミングにただやられていたわけではない。ネットとリアル店舗の融合するＯ２Ｏ（オンライン・ツー・オフライン）戦略を進めようと、アクセルを踏み続けていた。

通販サイトのチャット機能でアマゾンや他の大手家電量販店と比べて、最安値を提示する「安心価格保証」も提供している。店舗でもアマゾン価格より高い場合は、値下げに対応したのだ。だから営業利益率が下がり続けるわけである。

〈図表３‐２〉は米アマゾンの２０１４年12月期のＢＳ、ＰＬ、および売上と営業利益率の推移である。

〈図表3-2〉アマゾン ※1ドル＝120円として換算

比例縮尺財務諸表（2014年12月期）
※PLは当期純損失まで表示。

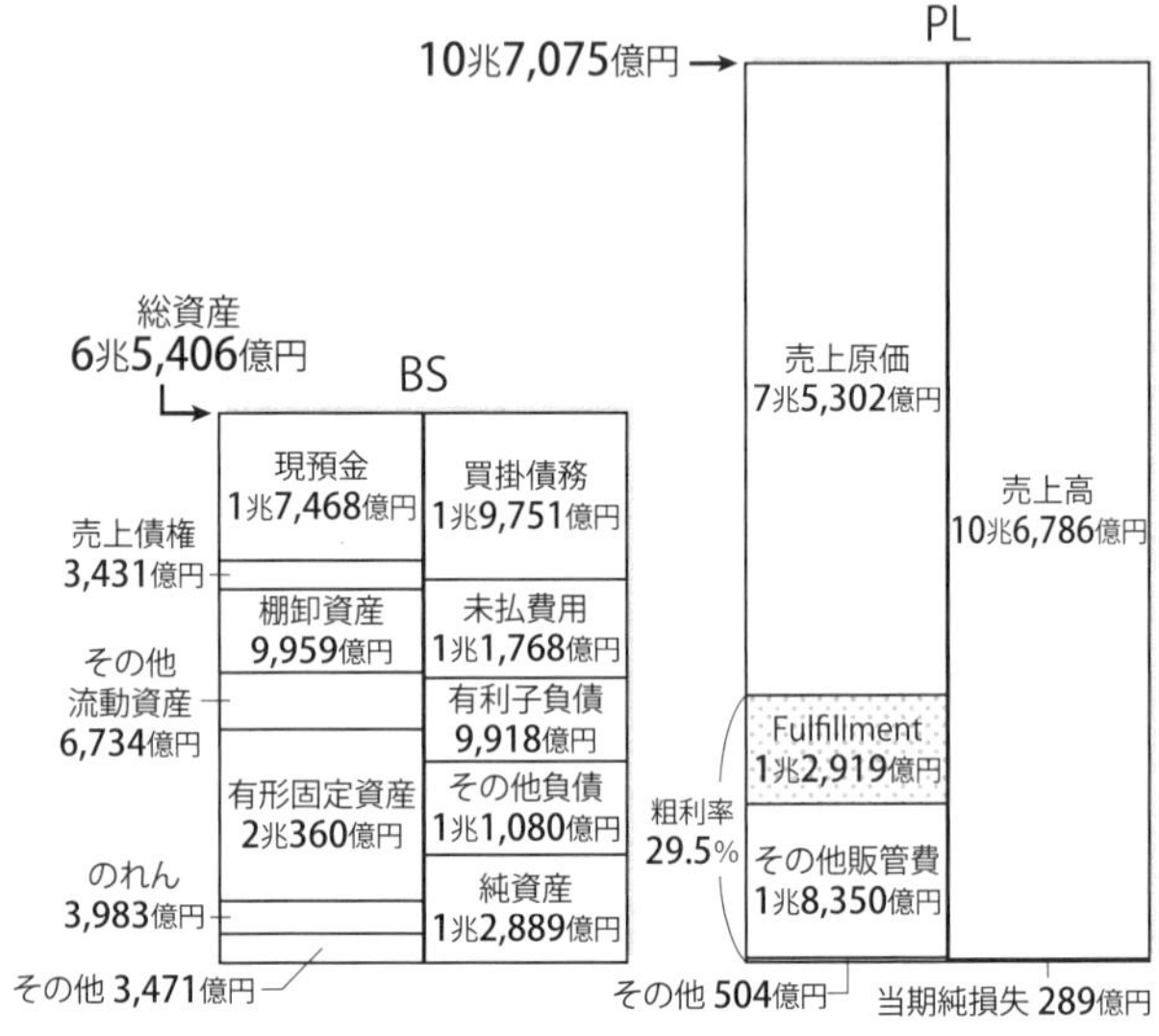
PL
10兆7,075億円
売上原価
7兆5,302億円
売上高
10兆6,786億円
Fulfillment
1兆2,919億円
粗利率
29.5%
その他販管費
1兆8,350億円
その他 504億円
当期純損失 289億円
総資産
6兆5,406億円
BS
現預金
1兆7,468億円
買掛債務
1兆9,751億円
売上債権
3,431億円
棚卸資産
9,959億円
未払費用
1兆1,768億円
その他
流動資産
6,734億円
有利子負債
9,918億円
有形固定資産
2兆360億円
その他負債
1兆1,080億円
のれん
3,983億円
純資産
1兆2,889億円
その他 3,471億円

推移グラフを見てまず面白いのは、売上高が急成長している一方で、営業利益率がゼロに近づいていることである。２０１４年度は、利益率わずか０・３％にすぎない。アマゾンは実は儲かっていないのである。しかし第１章で述べたように、アマゾンの株価は極めて高い。なぜ儲かっていないアマゾンに、株式市場は信任を寄せているのだろうか。

ＢＳとＰＬを見ると、量販企業らしく、小さなＢＳで目一杯ＰＬの売上を稼いでいることが

年間売上高と営業利益率の推移

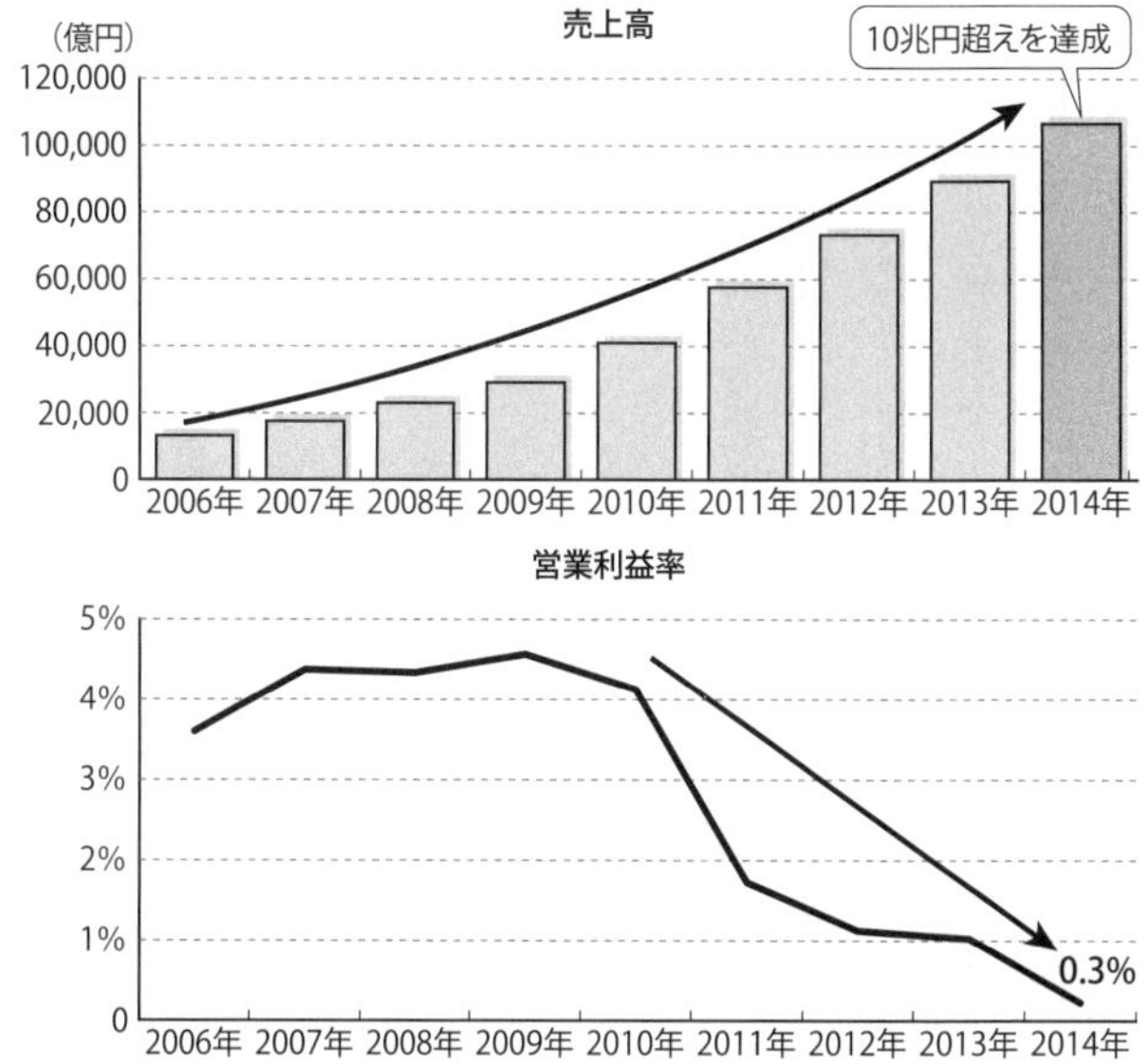
売上高
（億円）
120,000
100,000
80,000
60,000
40,000
20,000
0
10兆円超えを達成
2006年
2007年
2008年
2009年
2010年
2011年
2012年
2013年
2014年
営業利益率
5%
4%
3%
2%
1%
0
0.3%
2006年
2007年
2008年
2009年
2010年
2011年
2012年
2013年
2014年

わかる。アマゾンは自社販売だけでなく、インターネットモールも運営している。アマゾンの物流ネットワークを開放し、手数料を取っているのである。それも含むので、粗利率は29・5％とヤマダよりも高い。

ただしコストの中で「Fulfillment」（物流経費）が12・1％と極めて高い。その他販管費の合計が17・2％なので、最大のコストが「Fulfillment」となっている。

ＢＳを見ると、最大の資産は有形固定資産であり、現預金がそれに続く。アマゾンは物流施設やサーバーなどＩＴ設備に優先投資しているのがわかる。有利子負債と資本の合計額が、ほぼそれに対応している。

手元現預金が多いのは、買掛金サイトが３・２か月あり、販売がクレジットカードなど現金決済に近いこともあって、資金的に余裕があるのだ。１・６か月の在庫投資を十分賄って余りある。

財務諸表からは、アマゾンは決して不効率経営をしているようには見えない。それでも営業利益率がゼロに近いのは、アマゾンＣＥＯジェフ・ベゾスの確信がそこにあるからだ。

「世界市場は巨大だ。低価格、豊富な品揃え、迅速な配送。３点を追求し続ければ、成長を続けられる」

これは創業当時のベゾスＣＥＯの言葉である。アマゾンは自ら倉庫と物流網を持ち、そのために黒字転換に創業から６年かかった。しかし今では、その物流網や消費者インターフェイス端末が強みとなっている。自前で設備を持つことは投資負担が大きく、本来身軽なネット企業にとってリスクととらえられてきた。しかしそんな見方に背を向け、ベゾスＣＥＯは物流網に投資し、「キンドル」「ファイアフォン」など自前の端末やサーバーなどへの投資に躊躇《ちゅうちょ》しなかった。

「アマゾンはウォルマートになろうとしている」

アナリストの間ではこう囁かれている。アマゾンがすでに10兆円を超える売上を達成し、家電や日用品、生鮮食品など幅広いネット通販で圧倒的な地位を築いた。ウォルマートは世界で50兆円売り上げる世界最大の小売業だが、アマゾンにはウォルマートの背中がすでに見えているのだろう。

ますます進化するショールーミング

アマゾンは2014年2月に、iOS向けアプリ「Amazon モバイル」に新機能「Flow」を追加した。これは「ショールーミング」をより加速させることになるといわれている。

Flowはバーコードを読み取る必要がなく、商品をスマホのカメラで撮影すると認識して、すぐさまアマゾンのサイトに飛び、価格比較できるアプリである。これをスマートフォンに入れて店に行き、商品またはバーコードを撮影し、アマゾンの価格が安ければ、その場でアマゾンから購入するというわけである。

アメリカのマーケティング会社が2015年初頭に行った調査で面白いものがある。1万5000人ほどの米国消費者を対象に、スマホの位置情報を追跡しながら消費行動の調査を行ったのである。小売店でショールーミングが行われるリスクの度合いを「アマゾン・ショールーミング・リスク指数」として、どのくらいの人がスマホで価格比較を行うか数値化したものだ。

それによれば、玩具販売や家電などで20％程度だが、実は会員制ディスカウントストア「コストコ」で50％に高まるという。安売り店に行くほど、消費者は価格チェックアプリを使って比較するというわけだ。

アマゾンには「アマゾン・プライム」というサービスがある。年間79ドル（米国。日本では税込3900円）を払って会員になると、送料が無料になり、商品が2日以内に届くほか、さまざまな特典が付く。このサービスの利用者については、ショールーミングのリスク指数がさらに上がるという。

野村総研が2013年に行った調査でも、「店舗に行く前にネットで価格を調べる」消費者は50％に達するというが、現在ではその数字が一層高くなっていることだろう。

アマゾンはバーンズ＆ノーブルなど、伝統的な書店チェーンをつぶしただけでなく、今や家電店、レコード店、日用品店からディスカウントストア、薬局、食料品店に至るまで廃業に追い込もうとしている。

「アマゾンは小売業を破壊した」（米アナリストの発言）

アマゾンは自前で販売するだけでなく、モールも運営している。このモールに参加するマーケットプレイス業者は世界で数百万軒に達すると見られ、ものすごい勢いで増えているという。アマゾンというプラットフォームが、世界の小売業者も飲みこんでいるのである。

一方で、アマゾンに対抗しようとする動きももちろんある。「リバース・ショールーミング（逆ショールーミング）」と呼ばれる対策も、いろいろトライされている。

基本的にオリジナル商品であれば、アマゾンで買うことも価格比較することもできない。例えばセブン‐イレブンやニトリ、アイリスオーヤマのようなＰＢ（プライベート・ブランド）商品への集中もその一例である。

地元の農家や商店の商品を、地域限定で販売するサービスといったものもある。食の安全や地産地消の関心が高まる今、ローカル特化型オンラインビジネスは欧米を中心に急成長している。

また組み合わせやシステム化で対抗する手段もある。消費者にオリジナル提案と認められれば、これもアマゾンが対抗できない。例えば住宅のようなシステム商品になると、ネットでは対応しにくい。またこれに手間のかかるアフター・サービスが加わると、ネット単独で

〈図表3-3〉楽天

比例縮尺財務諸表(2014年12月期)

※PLは営業利益まで表示。

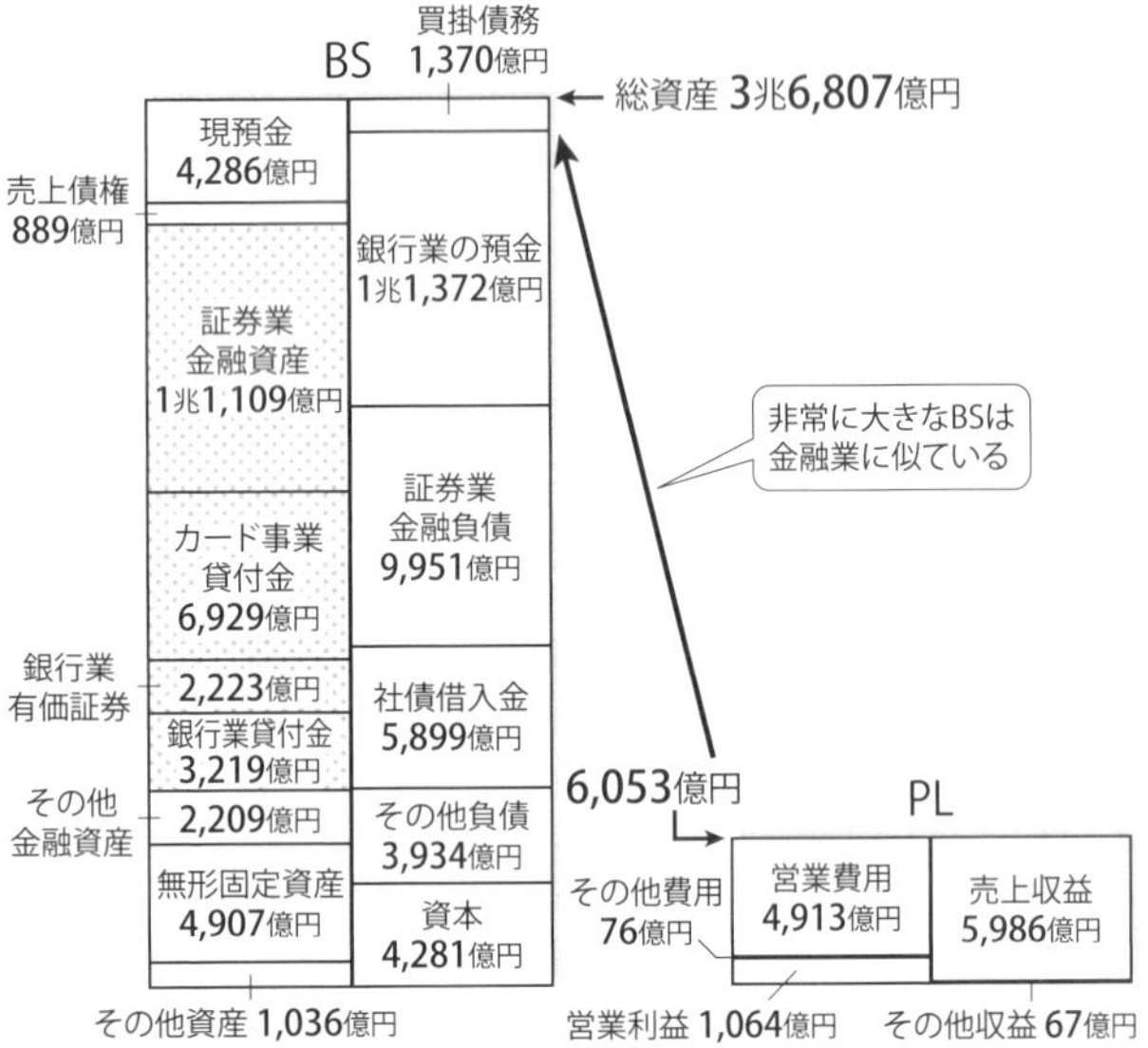
BS
買掛債務
1,370億円
総資産 3兆6,807億円
現預金
4,286億円
売上債権
889億円
証券業
金融資産
1兆1,109億円
カード事業
貸付金
6,929億円
銀行業
有価証券
2,223億円
銀行業貸付金
3,219億円
その他
金融資産
2,209億円
無形固定資産
4,907億円
その他資産 1,036億円
銀行業の預金
1兆1,372億円
証券業
金融負債
9,951億円
社債借入金
5,899億円
その他負債
3,934億円
資本
4,281億円
非常に大きなBSは
金融業に似ている
6,053億円
PL
その他費用
76億円
営業費用
4,913億円
売上収益
5,986億円
営業利益 1,064億円
その他収益 67億円

は手が出しにくい。ヤマダが修理サービスや見守りサービスにシフトしようとしているのは、こうした狙いがある。

日本eコマースの雄・楽天は金融会社!?

わが国でアマゾンとeコマースで競い合っているのは、楽天、そしてヤフー（ショッピング）である。

楽天は2014年12月期決算（国際会計基準）で、ネット通販「楽天市場」など国内の電子商取引（EC）の取扱額（モール

セグメント別売上・営業利益

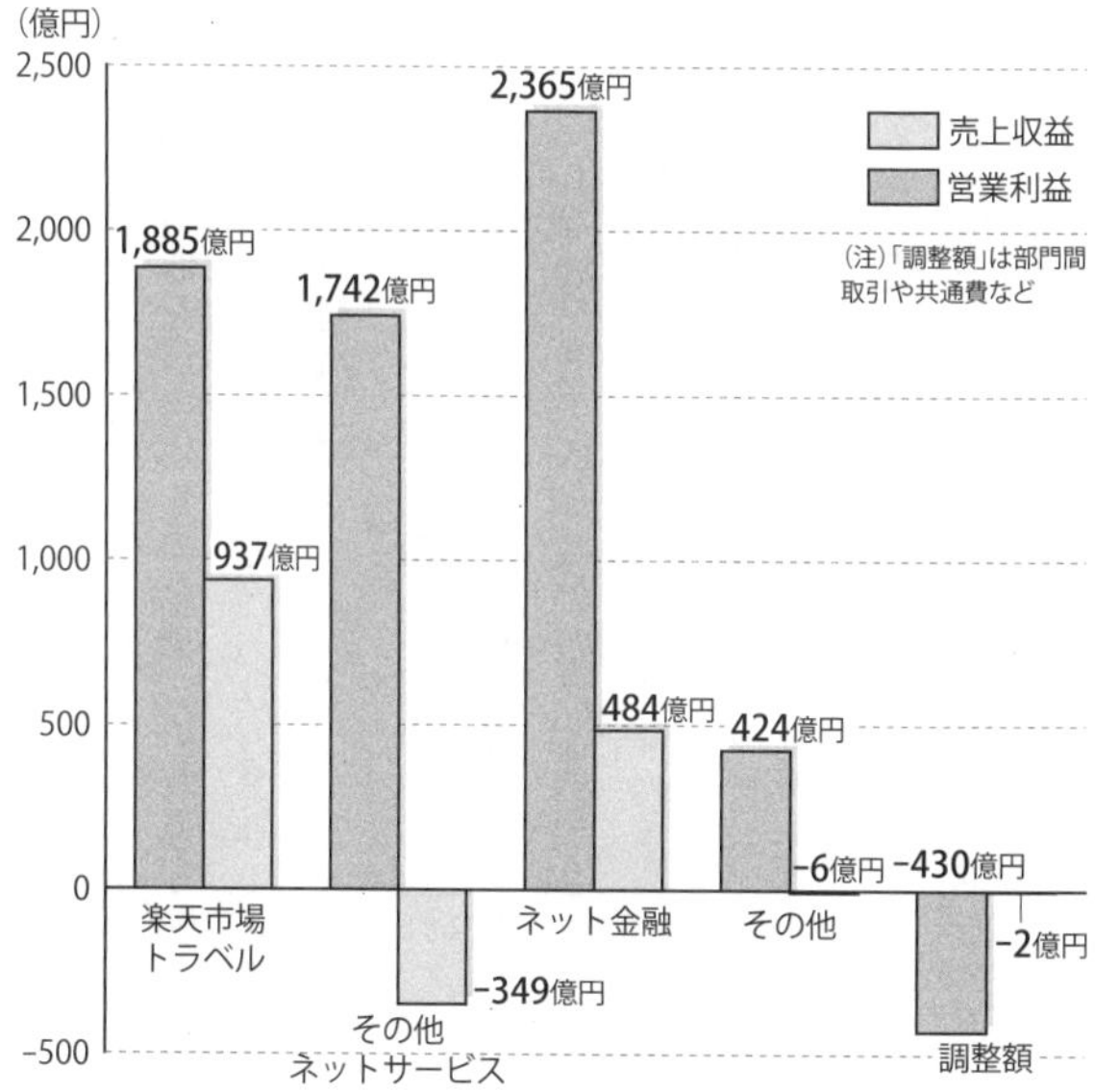

(億円)
2,500
2,000
1,500
1,000
500
0
-500
売上収益
営業利益
(注)「調整額」は部門間
取引や共通費など
1,885億円
937億円
1,742億円
-349億円
2,365億円
484億円
424億円
-6億円
-430億円
-2億円
楽天市場
トラベル
その他
ネットサービス
ネット金融
その他
調整額

出店者の売上合計で、楽天の売上ではない）は前期比14％増の２兆円強になったと発表した。２０１４年４月の消費増税の影響があり、やや成長率が鈍化したが、それでも過去最高となった。「eコマースは堅調だ。今期も大きく伸ばせる」（三木谷浩史社長）

営業利益が前期比18％増の１０６４億円。営業利益は１９９７年の創業以来、初めて１０００億円を超えた。売上に比例して、クレジットカード「楽天カード」の利用が伸びたことも寄与した。

ただし利益が増えた理由の一つに、国際会計基準（ＩＦＲＳ）への変更がある。楽天は海外で相次ぐ大型買収を行い、その結果、のれんが膨らんでいる。２０１４年12月末ののれんを含む無形固定資産は４９０７億円あり、２０１３年末から２５００億円以上増えた。増加分のほとんどは、無料対話アプリ「バイバー・メディア」や米ネット通販関連サイトを運営するイーベイイツ買収によるものである。

のれんは日本会計基準では20年以内の任意の年数で均等償却する必要がある。国際会計基準では償却をしない。その償却費の差は、毎年２４５億円以上となるはずだ。この金額は利益の２割以上に当たるので、仮に日本基準のままだった場合、業績は減益だったことになる。

〈図表３－３〉にはその楽天の財務諸表と、セグメント別売上・営業損益グラフを示してある。

まず驚くのは、ＰＬに対してバランスシートが異常に大きいことである。こういうＢＳとＰＬの対比を持つ典型的業種は金融業である。銀行の財務諸表を思い浮かべればわかると思うが、銀行は膨大な貸付金（ＢＳの最大資産）と低金利による貸付金利収入（ＰＬの収益となる）の差が極めて大きい。投資ファンドなど他の金融業も、莫大な資金をベースに収益を得るモデルなので、同様の対比関係になる。

現実に、楽天は金融事業が大きい。バランスシートの中身を見ると、金融業らしい項目が並んでいる。

「証券業金融資産」「カード事業貸付金」「銀行業有価証券」といった項目である。図では区分表示していないが、「その他資産」には「保険事業の有価証券」という項目も含まれている。楽天はまさしく金融事業に膨大な資金を投じている。したがってeコマースの顔をした金融会社というのが実像である。

ＰＬがアマゾンに比べて小さい理由の一つに、アマゾンが自前で販売するのに比べて、楽天はネットショッピング・モールの主催者という業態の違いが影響している。楽天は、出店料や手数料が主な収入源だからだ。もちろんアマゾンの活動エリアが世界に広がっているのに対して、楽天はまだ日本が中心で、世界はこれからということもある。

セグメント別営業利益を見ると、楽天が最も稼いでいるのは「楽天市場／トラベル」のeコマース事業、そして金融事業が続くが、「その他ネットサービス」は赤字である。この「その他ネットサービス」に海外のeコマース事業やＫｏｂｏ（ＢＯＯＫ端末による書籍事業）が含まれている。

〈図表3-4〉楽天グループのバランスシート概要

（2014年12月末、同社HPより作成）

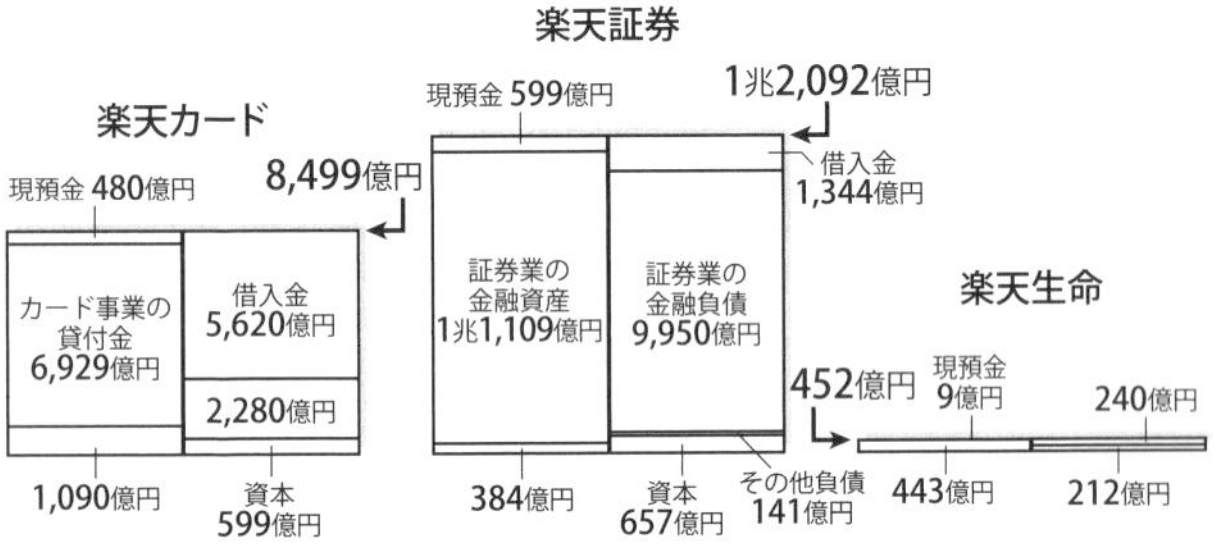
楽天カード
現預金 480億円
8,499億円
カード事業の
貸付金
6,929億円
借入金
5,620億円
2,280億円
1,090億円
資本
599億円
楽天証券
現預金 599億円
1兆2,092億円
借入金
1,344億円
証券業の
金融資産
1兆1,109億円
証券業の
金融負債
9,950億円
384億円
資本
657億円
その他負債
141億円
楽天生命
452億円
現預金
9億円
240億円
443億円
212億円

実物投資のアマゾンか、持たざる楽天か

楽天のｅコマースと金融事業との間には、シナジー効果があることは見逃せない。決済やローン、そしてポイントサービスという強みである。

「楽天カード」を使って楽天市場でクレジット決済すると、購入額の２％の「楽天スーパーポイント」が付く。楽天以外でカード決済してもポイントが１％付き、獲得したポイントは楽天での買い物に使える。いわゆる

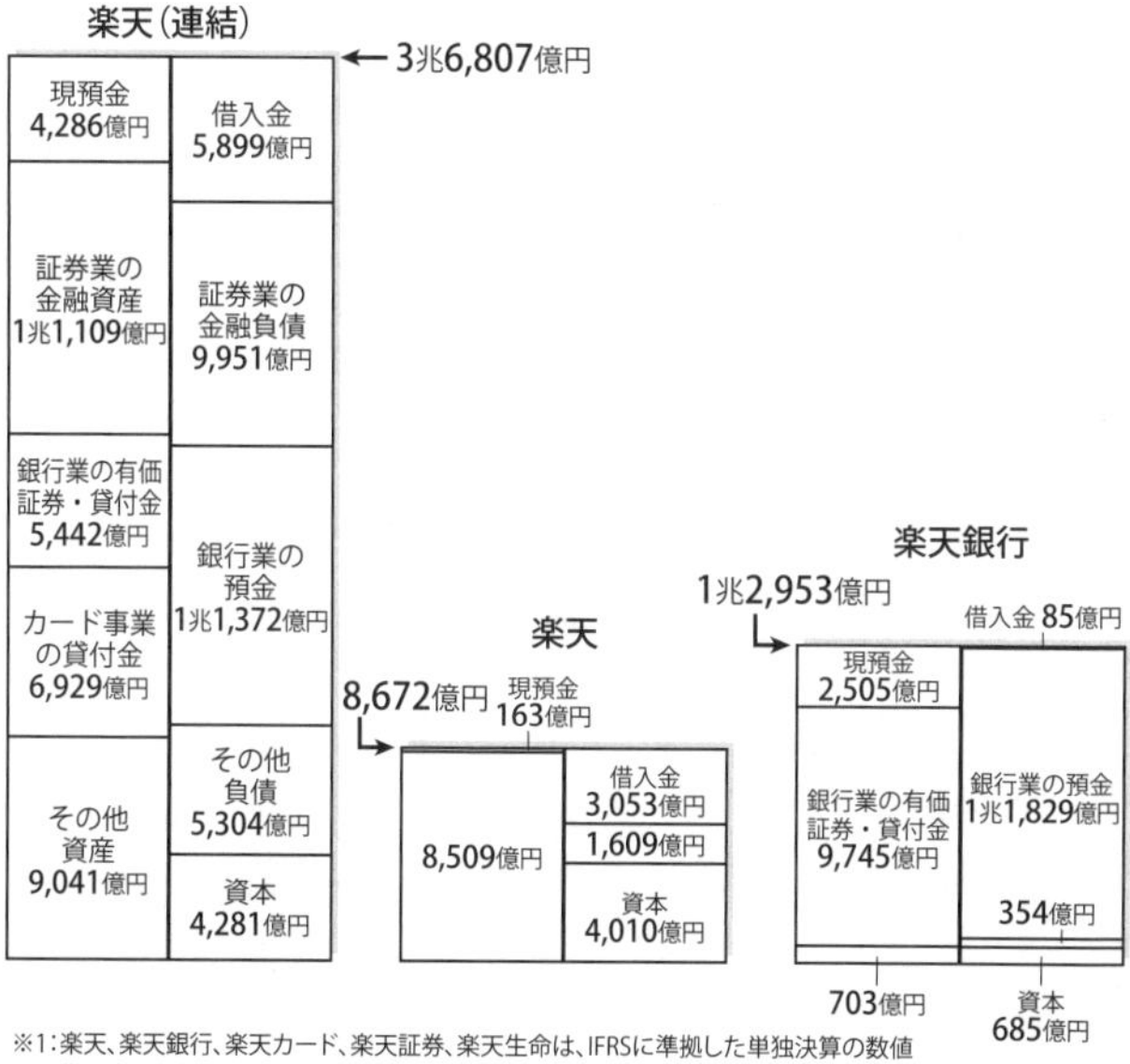
楽天（連結）
3兆6,807億円
現預金 4,286億円
証券業の金融資産 1兆1,109億円
銀行業の有価証券・貸付金 5,442億円
カード事業の貸付金 6,929億円
その他資産 9,041億円
借入金 5,899億円
証券業の金融負債 9,951億円
銀行業の預金 1兆1,372億円
その他負債 5,304億円
資本 4,281億円
楽天
8,672億円
現預金 163億円
8,509億円
借入金 3,053億円
1,609億円
資本 4,010億円
楽天銀行
1兆2,953億円
借入金 85億円
現預金 2,505億円
銀行業の有価証券・貸付金 9,745億円
703億円
銀行業の預金 1兆1,829億円
354億円
資本 685億円

※1：楽天、楽天銀行、楽天カード、楽天証券、楽天生命は、IFRSに準拠した単独決算の数値
※2：借入金＝社債＋CP＋借入金

「楽天経済圏」によって囲い込みを図ろうとしている。

楽天はセグメント別のBSを発表している（〈図表3－4〉）。金融事業に投じている資金量は、eコマース事業の3倍以上であることが一目でわかる。

アマゾンはモノに集中投資している。物流施設や、自社開発の電子ブックやスマートフォン、それを支えるITインフラなどにわき目もふらず、資金をつぎ込んでいる。ネットビジネスのインフラを自社で抱え込む戦略で、いわゆる「持つ経営」をしている。だから営業利益はゼロすれすれ、最終損益は赤字という状態だが、アマゾンは確信犯でやっているのだ。

一方で楽天は、モールの出店者が基本的に受注業務や配送業務を行う。楽天自体は一部取引を除いて、「ノータッチ」モデルである。今後、楽天やアマゾンが攻める海外市場では、ネット通販のインフラが整っていない地域が多い。したがって楽天の「ノータッチ・モデル」が世界で有効かどうか、不透明である。アジアの一部地域で、楽天が物流を担う実験に取り組んでいるところもある。

小売りの基本要件である物流の成否が、アマゾンとのグローバル競争を勝ち抜くカギとなるだろう。

アマゾンが配送品質を上げていくにつれて対抗上、楽天も一部の商品を受注した翌日に配送する「あす楽」サービスを通じて、物流網構築にアクティブに取り組んだ時期があった。2015年6月現在、「あす楽」の対応可能な店舗は2万店弱、商品数は約840万点あるとホームページに書かれてある。しかし予定通り着かない場合が多いのか、配送が遅れた場合は「おわびポイント」を用意して、通常の5倍付与している。ただしポイントをもらう条件が限られ、その確認も難しく、不満の声も聞かれる。

「即日配送の『きょう楽』も早期に実現したい」（三木谷氏）と表明し、莫大な物流施設投資を計画した時期もあったが、コスト高から今のところ断念している。

楽天には、もう一つ別の顔がある。それは投資会社という顔である。

楽天の三木谷浩史社長は銀行マンだった頃、ソフトバンクの海外M&Aのサポートをした経験を持つ。そのときインパクトを受けた孫社長のベンチャー投資活動を追いかけている。

特に月間利用者が2億人を超える対話アプリのバイバーを楽天が900億円で買収したことをきっかけに、海外のベンチャー経営者から注目されるようになった。バイバーの利用者のうち、約3割は欧州に住み、一躍ベンチャー投資家として知られるようになり、「世界中の企業が楽天に会いたがっている」と声をかけられるという。

米国シリコンバレーで最も有名な日本人といえば孫氏だが、三木谷氏も3年前にシリコンバレーに住居を構え、自宅でのパーティーには現地の有名人やアントレプレナーを集めている。世界中のM&A案件が投資銀行経由ではなく、直接耳に入ってくるようになり、「世界的に著名な投資家」という立ち位置を作りつつある。

世界のIT企業から出資要請が来るのは、その投資スタンスにもあるといわれる。孫氏は30〜40%を上限に筆頭株主として経営をサポートするが、経営は任せるスタイルである。三

〈図表3-5〉セブン vs. ローソン 比例縮尺財務諸表

（2015年2月期　PLは営業利益まで表示）

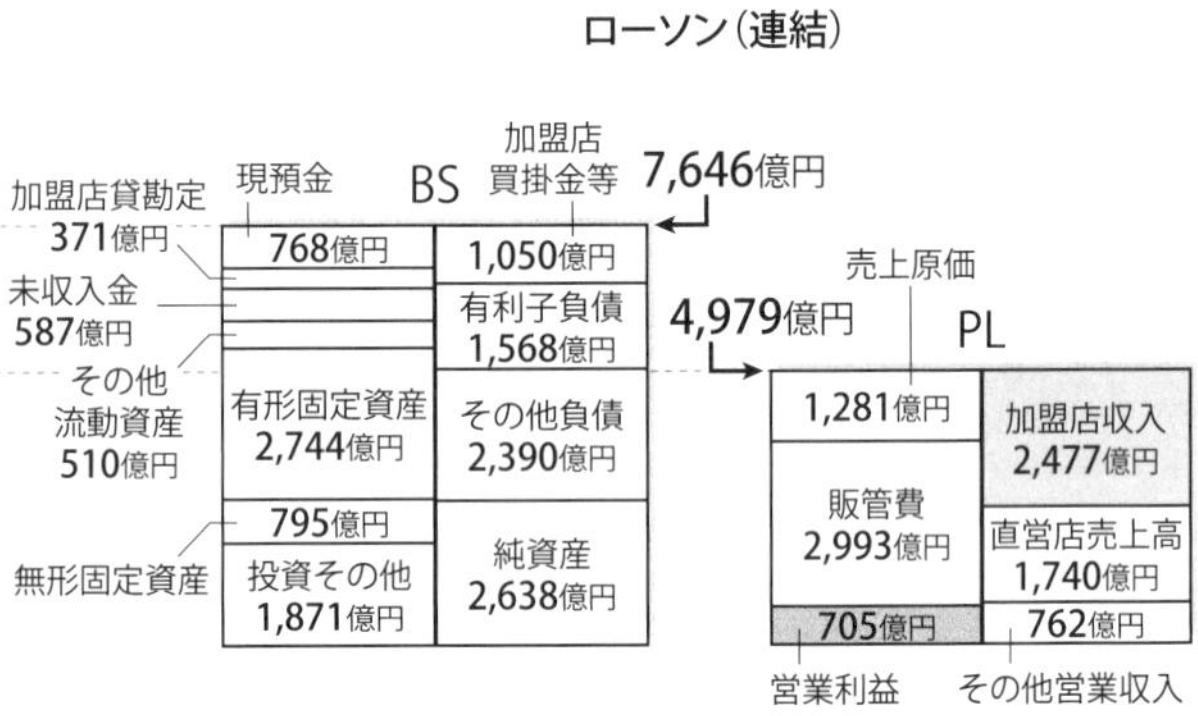
ローソン（連結）
BS
7,646億円
現預金
768億円
加盟店貸勘定
371億円
未収入金
587億円
その他
流動資産
510億円
有形固定資産
2,744億円
795億円
無形固定資産
投資その他
1,871億円
加盟店
買掛金等
1,050億円
有利子負債
1,568億円
その他負債
2,390億円
純資産
2,638億円
PL
4,979億円
売上原価
1,281億円
販管費
2,993億円
705億円
営業利益
加盟店収入
2,477億円
直営店売上高
1,740億円
762億円
その他営業収入

木谷氏は楽天と投資先の事業を組み合わせて、新しいサービスの提供を模索する狙いである。スタイルは違うが、共に株式保有は長期が基本で、キャピタルゲイン狙いの投資家とは一線を画す点が魅力と映るようだ。

セブン‐イレブンとローソンの差はこれだけ！

ｅコマースが小売業を破壊したとすれば、やはりさまざまな小売業を淘汰しつつあるのがコンビニエンスストアである。

コンビニはもともと、廃れつ

セブン－イレブン・ジャパン（単独）

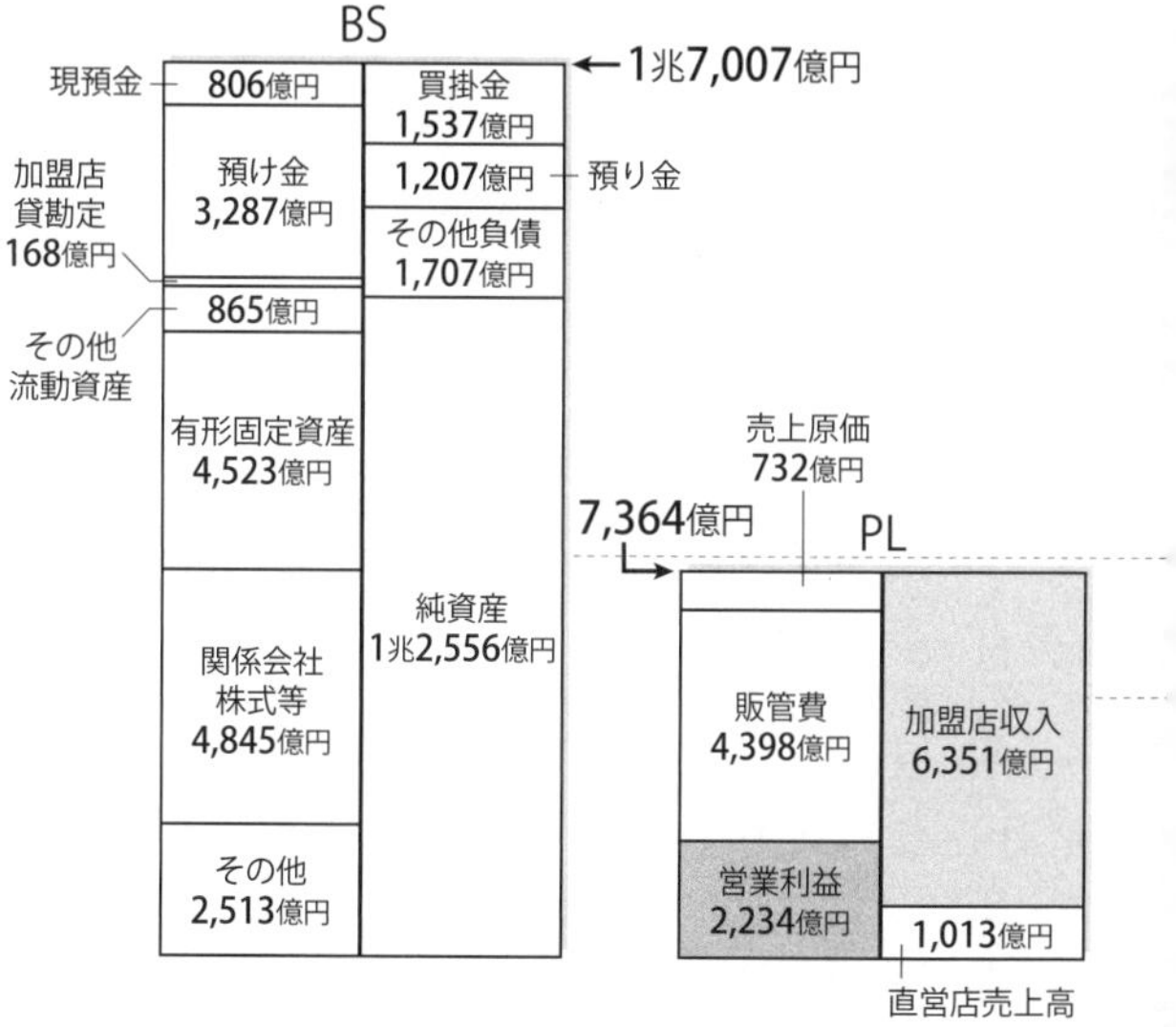
BS
現預金
806億円
買掛金
1,537億円
←1兆7,007億円
加盟店
貸勘定
168億円
預け金
3,287億円
1,207億円
預り金
その他負債
1,707億円
865億円
その他
流動資産
有形固定資産
4,523億円
純資産
1兆2,556億円
関係会社
株式等
4,845億円
その他
2,513億円
売上原価
732億円
7,364億円
PL
販管費
4,398億円
加盟店収入
6,351億円
営業利益
2,234億円
1,013億円
直営店売上高

つあった酒屋さん、お米屋さん、乾物屋さんなどの業態転換をサポートして成長した。これを開発したのは、日本のセブン‐イレブン・ジャパンである。

セブン‐イレブンは米国で発祥したが、日本のイトーヨーカ堂が米国からライセンスを得て、日本で独自業態として進化させた。後年、米国セブンはミニ・スーパーになって存在意義を失ってしまい倒産したが、セブン‐イレブン・ジャパンが本家を買収して再建しつつある。P・F・ドラッカーは「日本のセブン‐イレブンは小売業にイノベーションをもたらした」と語っているが、コンビニは日本発オリジナルのイノベーションなのだ。

特にトップのセブン‐イレブンはダントツである。

〈図表3‐5〉は、セブン‐イレブンと業界2位のローソンの財務諸表を同一縮尺で並べたものである。ただセブン‐イレブンは日本社の単独のものであり（海外セブンは含まず）、ローソンは海外を含む連結ベースである。

PLを比較すると、あまり差がないように見えるが、内容に大きな差がある。ローソンは直営店売上が多い。フランチャイズ・システムは本来、加盟店を指導することで手数料を得る業態だが、「加盟店収入」だけで比較すると、セブン‐イレブン6400億円対ローソン2500億円で、セブンが2・6倍と圧倒している。

日本の店舗数はセブン‐イレブン1万7000店強に対して、ローソンは国内1万2000店強で、店の数は1・4倍程度の差にすぎない。大きな差が生まれる要因は、一店舗当たりの一日売上にある。セブン‐イレブンの店舗は一日平均約68万円売る。これに対して、ローソンは約54万円、ファミリーマートは約52万円と大きな差がある。一店舗当たり一日の平均値なので、トータルすると莫大な差になるのだ。

ＰＬの売上原価が直営店売上に対応する原価なので、この差額が直営コンビニ店の儲けを表している。この粗利率を計算すると、セブン‐イレブン27・７％に対して、ローソン26・４％とやはりセブンが高い。

これらが合わさった結果、セブンの営業利益２２３４億円に対して、ローソン７０５億円と、セブンが3倍以上で圧勝している。今までの累積利益は純資産の大きさにも反映されている。セブンは３３００億円の預け金（セブン＆アイＨＤへのものと思われる）や、４８００億円の関係会社株式（米国セブンやセブン銀行などの株式）など、厚い資産を保有している。セブンの「純資産」は、ローソンの「総資産」の１・６倍を超えている。

セブン‐イレブンは食品業界のアップル？

２０１４年度の一店舗当たりの平均日販の伸び率を各社比較すると、セブン‐イレブンのみ増加し、他のコンビニは減少した。したがってコンビニを総称で呼ぶより、セブン‐イレブンは別の宇宙を歩いていると考えたほうがよいかもしれない。

セブン‐イレブンはなぜこんなに強いのか？　若い学生さんと話すと、彼らは「スマホとコンビニがないと、生きていけません」などと真顔で言う。しかしこの言葉が、現代のビジネスを象徴している。

ｉＰｈｏｎｅの裏側には「Designed by Apple in California Assembled in China」と書かれてあるという話をした。セブンもアップルと同様、「企画デザインはセブン、製造はメーカー」というモデルである。

セブンは消費者を研究し尽くしている、という感じがする。かつて筆者はセブンのバイヤーにインタビューをしたことがあるが、担当ジャンルの食品について、そのバイヤーの知識には舌を巻いた経験があるので、わかる。

セブンが企画し、あるいはセレクトし、良いと判断すると売れ行きがまったく異なる。例えば製品をセレクトした例でいうと、２０１３年度にセブンが売った缶コーヒー「ジョージア」（日本コカ・コーラ）は約２億本、「スーパードライ」（アサヒビール）は約１億本、ロッテのガムが約６００万個となる。単一の小売りチェーンとして、セブンの販売量が日本一の商品は数多いという。

最近は、メーカーが全国規模で販売するＮＢ（ナショナル・ブランド）商品に加えて、セブンがメーカーに生産委託するＰＢ（プライベート・ブランド）の販売量もすごい。おにぎりは約19億個、弁当は5億個に達し、今ではＰＢの販売量がＮＢを上回る商品も目立つ。例えばお茶のペット飲料では、セブンのＰＢ「セブンプレミアム 緑茶」は伊藤園の「お～いお茶」の販売数を超えた。

それだけにセブンの棚を確保することは、メーカーの経営にとって死活問題となる。この影響力を背景にして、セブンはメーカーに厳しい要求を突き付けることができるのだ。

現在、一部の商品ではＮＢメーカーの開発・生産機能をセブン流に分解・再編して使っている。ＮＢメーカーにＰＢの完成品ではなく、セブンが良い所取りして商品に必要な部品だけ作らせるモデルだ。

例えばあるカップ麺では、大手カップ麺メーカーから「麺だけ」を調達し、スープは別の専門トップメーカーに、そしてかやく（具材）はセブン・グループ企業に、という形で分担させて開発した。ベストのドリームチームを、セブンが再編成したというわけだ。

これはＮＢメーカーにとって、屈辱的なことだろう。しかしセブンは「メーカーさんには得手・不得手がある。だが当社が良いものだけを協力工場から集めて組み合わせれば、ＮＢメーカー以上の味と質の商品を手頃な価格で提供できる」（セブン‐イレブン商品開発担当役員）と、涼しい顔で説明する。

筆者は一時、セブンのカップ麺にはまってしまって、２日に一度食べた月があったが、

「くせになるうまさ」はこうして生まれるのだ。

セブン‐イレブンはＰＯＳ（販売時点情報管理）に代表されるデータを活用した仮説・検証を重視する経営で知られている。「単品管理」であるが、この「タンピンカンリ」は経営学の分野で英語としてもそのまま通用するほど、知られている。徹底した商品開発の場では、ブランド名を隠した消費者テストで多数の競合商品より高い評価を得られなければ商品化しない。しかも顧客参加型の「コミュニティーサイト」も運営し、試食やアンケートの結果に基づいて、商品を改善している。

こうした情報は、２週間に１回開かれる「ＦＣ（フィールド・カウンセラー）会議」で共有される。ＦＣはコンビニ店舗のオーナーに経営を指導するセブンの社員で、約３０００人が一堂に会して情報交換する。消費者を知り、商品を知るからこそ、商品開発をリードできる。

まさにセブンは、食品・日用品のアップルと言っていいだろう。問題は消費者がグッとくる商品を開発できるかにある。製造自体はアウトソースすればいい。スマイルカーブの右端でガッチリ消費者をつかんでいるからこそできる芸当だ。

メーカー側も目まぐるしく変わる消費者の嗜好《しこう》に応えるには、不断の革新が欠かせない。しかし高コストの先端技術を投入しても、価格は高くなり売れないリスクも高まる。セブンはＰＢ商品を全量買い取り、そのリスクを軽減してくれる。だからメーカーはついていかざるを得ない。

イオンとセブン＆アイＨＤの違いは？

セブン‐イレブンの親会社であるセブン＆アイＨＤは、今後「オムニチャネル」戦略を進めると公言している。「オムニ」とは「あらゆる、すべての」といった意味を表す英語の接頭辞である。コンビニ、スーパー、百貨店といった実店舗と、スマートフォンやインターネットなどの多様なチャネルの区別なく、商品を販売できる体制と理解されている。

グループで扱う多様な商品のセブン店舗での受け取り、あるいは宅配といった役割を担えれば、消費者の利便性を増すことができるという考え方だ。すでにそごう・西武百貨店の食料品売り場で扱う和洋菓子などをネットで注文して、送料無料でセブン‐イレブンで受け取れるサービスが始まっている。

「ほかにないオリジナルや限定の商品がたくさん欲しい。セブン‐イレブンのＰＢ比率は７割。これが目指す姿だ。最終的にＰＢが１００％になれば、価格競争なんてしなくていい」（セブン幹部の発言）

〈図表3-6〉セブン&アイ vs. イオン 比例縮尺財務諸表

（2015年2月期　PLは営業利益まで表示）

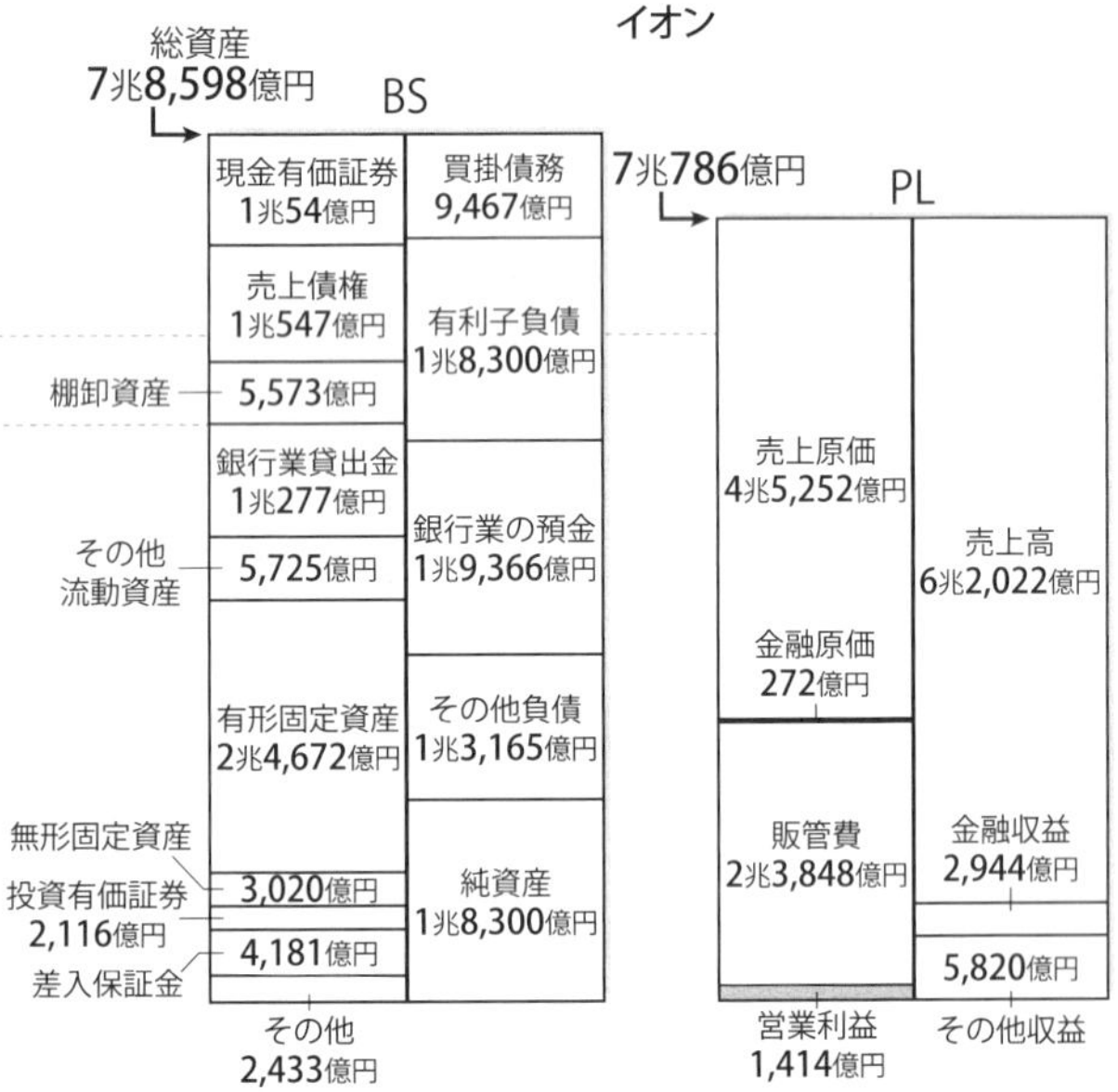

イオン
総資産
7兆8,598億円
BS
現金有価証券
1兆54億円
買掛債務
9,467億円
売上債権
1兆547億円
有利子負債
1兆8,300億円
棚卸資産
5,573億円
銀行業貸出金
1兆277億円
銀行業の預金
1兆9,366億円
その他
流動資産
5,725億円
有形固定資産
2兆4,672億円
その他負債
1兆3,165億円
無形固定資産
3,020億円
投資有価証券
2,116億円
純資産
1兆8,300億円
4,181億円
差入保証金
その他
2,433億円
7兆786億円
PL
売上原価
4兆5,252億円
売上高
6兆2,022億円
金融原価
272億円
販管費
2兆3,848億円
金融収益
2,944億円
5,820億円
営業利益
1,414億円
その他収益

ヤマト運輸はセブンに「宅配便の受け取り拠点になってほしい」と要望を出しているが、セブンは応じていない。米国ではアマゾンからも同様の申し込みが寄せられているが、やはり受け入れていない。セブンはあくまで自力での展開を優先していくようだ。

現実にセブン&アイHDは、ネット通販専用の物流倉庫を建設している。ネットで注文した商品が店舗に届くまでの時間を2日間から翌日に短縮し、少額の買い物でも、配送や返品を無

セブン＆アイHD

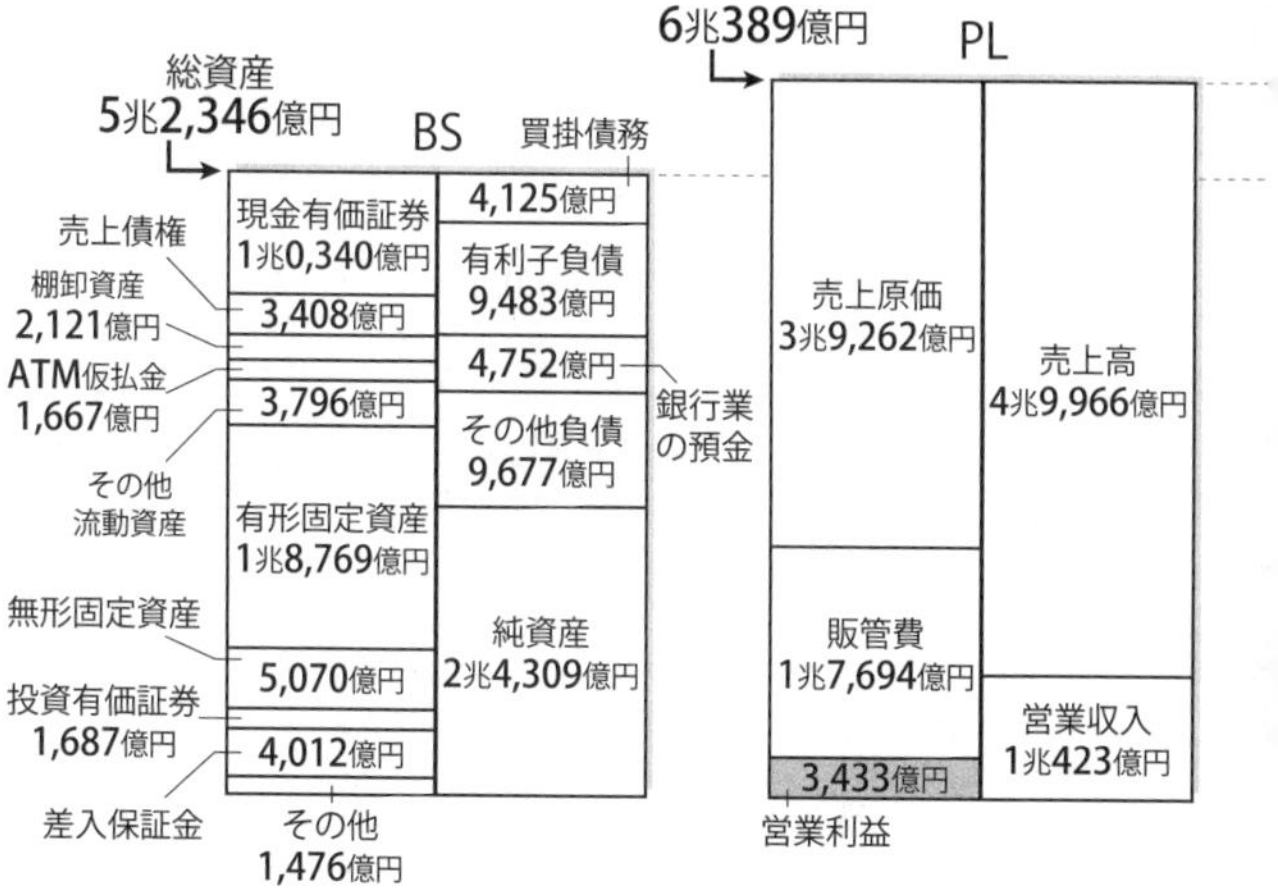
総資産
5兆2,346億円
BS
現金有価証券
1兆0,340億円
売上債権
3,408億円
棚卸資産
2,121億円
ATM仮払金
1,667億円
3,796億円
その他
流動資産
有形固定資産
1兆8,769億円
無形固定資産
5,070億円
投資有価証券
1,687億円
4,012億円
差入保証金
その他
1,476億円
買掛債務
4,125億円
有利子負債
9,483億円
4,752億円
銀行業
の預金
その他負債
9,677億円
純資産
2兆4,309億円
6兆389億円
PL
売上原価
3兆9,262億円
販管費
1兆7,694億円
3,433億円
営業利益
売上高
4兆9,966億円
営業収入
1兆423億円

料にして、「物を届ける会社」としての実力も高めようとしている。

　そうなると、セブンはアマゾンや楽天の強敵となりうる。セブンがリアルとネットを融合させた経営モデルを構築できたら、また新たな日本発の小売りイノベーションが生まれるかもしれない。

　セブン＆アイＨＤと小売業トップの座を争っているのは、イオンである。

　イオンのグループ事業の中で存在感を持っているのは、スーパー業態やショッピング・モールである。イオンもミニストップという業界5位のコンビニ・チェーンを持っているが、国内2200店弱と存在感は薄い（他に海外では韓国2060店含め、約2600店展開している）。

〈図表3‐6〉はセブン&アイHDとイオンの財務諸表を、同一縮尺で並べたものである。

財務諸表の大きさはイオンが勝っているが、どちらの規模が大きいかは一概に言えない。セブン&アイはセブン‐イレブンが中心で、手数料である加盟店からの収入のみ売上計上されるので、加盟店の取扱高を加算すれば巨大になる。2015年2月期に国内でその取扱高は約4兆円であり、世界のセブン‐イレブンも加えると店舗数約3万店、売上高は10兆円に近づく。

一方のイオンもモールを展開している。デベロッパー事業としては、モール運営の手数料のみが売上に上がるので、出店店舗の取扱高をどう見るかでやはり評価が変わる。

ただ営業利益では、セブン&アイが3400億円と、イオン1400億円を圧倒する。

〈図表3‐7〉はそれぞれのセグメント別営業利益をグラフにしたものである。

セブン&アイはコンビニの利益が80%を占め、その次に金融事業が14%となっている。金融はセブン銀行のことで、基本的にコンビニに置かれたATMが収入源なので、これもコン

〈図表3-7〉セブン&アイ vs. イオン セグメント別営業利益内訳

（2015年2月期）

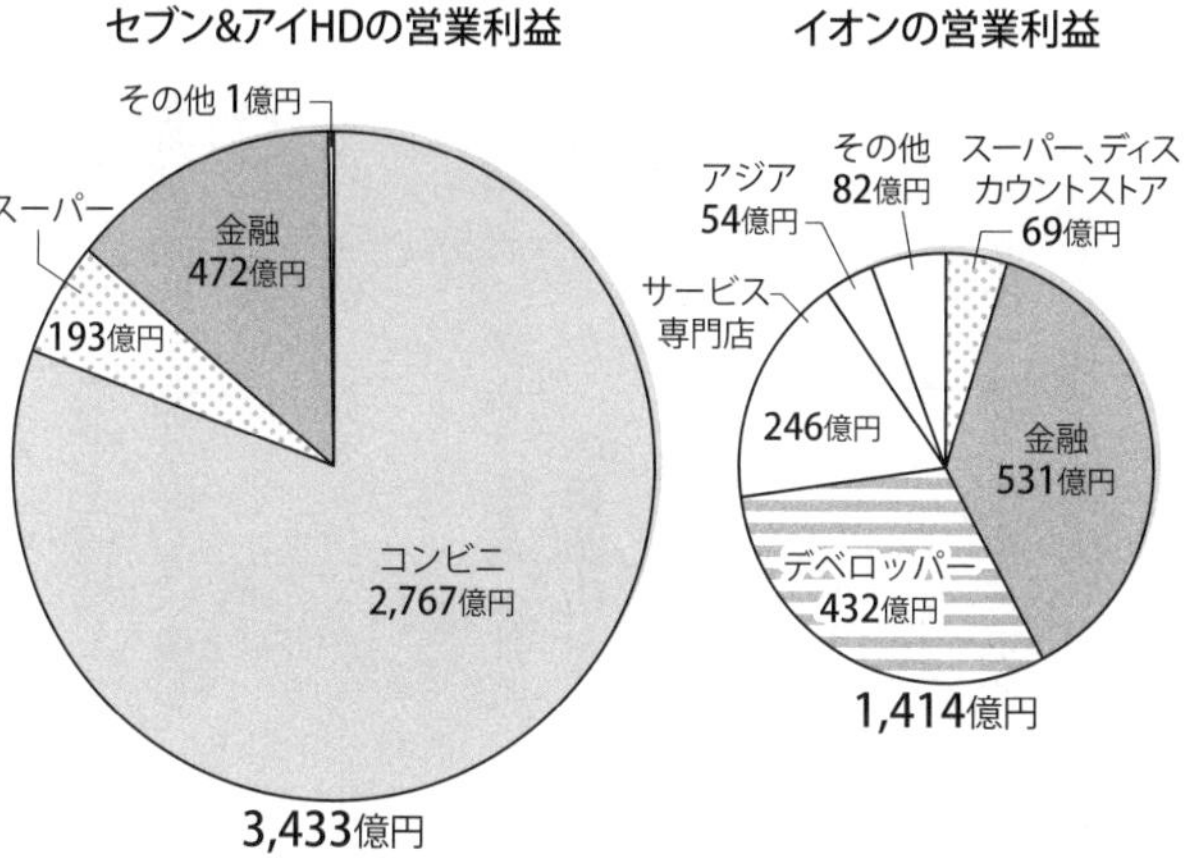
セブン&アイHDの営業利益
その他 1億円
スーパー
193億円
金融
472億円
コンビニ
2,767億円
3,433億円
イオンの営業利益
その他
82億円
スーパー、ディスカウントストア
69億円
アジア
54億円
サービス専門店
246億円
金融
531億円
デベロッパー
432億円
1,414億円

ビニ事業の利益と考えれば、要するに利益から見たセブン＆アイＨＤの実体はセブン‐イレブンそのものということになる。

対するイオンは、金融（イオンカード、イオン銀行など）が４割近くを占める。そしてそれに続くのがデベロッパー業務、つまりイオンモール事業が３割である。イオンの金融は小売店舗の存在を前提にして成立し、モール運営も店舗運営のノウハウがあるからこそ成功しているものだろう。しかしこのグラフから見る限り、イオンは小売業者というより、小売付帯事業者と呼ぶほうがふさわしいようだ。

コーヒー屋、ドーナツ屋、ハンバーガー屋はどうなる？

セブン‐イレブンは小売業を破壊したと言ったが、それは小売業だけではない。外食産業やその他の消費者向け産業分野も破壊しつつある。

最近急成長したのは、コンビニ・コーヒーである。２０１４年度にセブンカフェは7億杯売ったというが、その影響を受けてか、ドトールなどコーヒー専門店チェーンの客数は減少の一途である。

ある雑誌に「プロが評価する商品比較」という記事が載っていたが、評価トップに立ったのがセブンカフェだった。最低価格一杯１００円のセブンカフェも10社ほどのドリームチームによるものだが、コスト・パーフォマンスはゆるぎないもので、他業態を食うのは当然ともいえる。

ドーナツも最近話題になった。ドーナツ専門チェーンの危機感は尋常ではなく、反撃して商品改良しているが、打撃を受けたことは間違いない。

コロッケもコンビニで買うようになった。フライドチキンも最初にイメージするのは、コンビニになってしまった。最近は「家飲み」と称して、レストランに行かずに家で晩酌したり、友人を自宅に呼んで飲み会をする人が増えたそうだが、下手な焼き鳥店より美味しい焼

〈図表3-8〉日本マクドナルド 比例縮尺財務諸表

（2014年12月期　PLは営業損失まで表示）

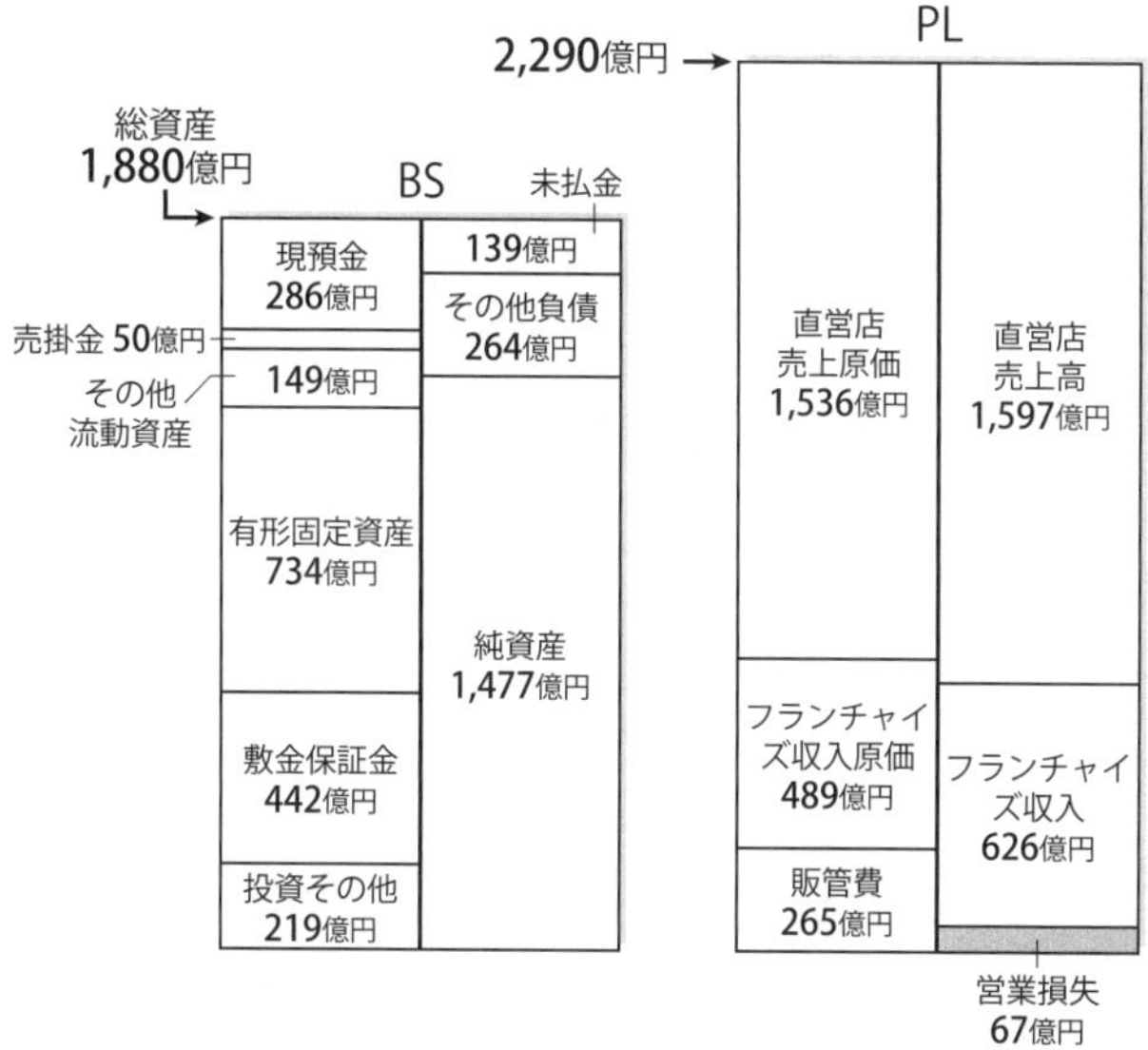

PL
2,290億円
総資産
1,880億円
BS
未払金
139億円
現預金
286億円
その他負債
264億円
売掛金 50億円
149億円
その他
流動資産
有形固定資産
734億円
純資産
1,477億円
敷金保証金
442億円
投資その他
219億円
直営店
売上原価
1,536億円
直営店
売上高
1,597億円
フランチャイズ収入原価
489億円
フランチャイズ収入
626億円
販管費
265億円
営業損失
67億円

き鳥や、近所のイタリアン店よりよほどマシなスパゲティがコンビニで手に入るようになると、確かに外食する動機づけが弱まるのは仕方ないだろう。

最近はカレー専門チェーンより香ばしいカレー、牛丼チェーンより味わい深い牛めし、その他いろいろあり、専門店からすれば「コンビニ恐るべし」であろう。

赤字ランキング（〈図表1－1〉）に、ワタミやカッパクリエイト、ゼンショーの名前が挙がるのもこうした流れの中で眺めると理解できる。そして同様に打撃を受けているのが、赤字ランキング15位の日本マクドナルドである。

〈図表３－８〉は日本マクドナルドの財務諸表である。２０１４年12月に営業損失67億円、当期純損失２１８億円を出し苦境の中にある。この年の夏に発覚した中国の食肉工場でのショッキングな映像が流れて以来、前年比数十％減というかつてない落ち込みとなった。床に落ちた鶏肉や変色した腐敗肉を無造作に工程に投げ戻す生々しいビデオを見ては、さすがのハンバーガー好きも店に行く気が失《う》せただろう。

　直営店売上原価を直営店売上高で割り算すると、原価率は96・２％であり、粗利率が３・８％しか取れていない。ＢＳを見ると、有形固定資産が７３４億円（多くが店舗投資）あり、さらに敷金保証金（こちらも店舗賃貸分がほとんど）が４４２億円あって、これらの投資に関連する直営店原価が重くなっているのである。

　この低い粗利率では本社の維持は到底できないが、それをかろうじて補っているのがフランチャイジーからの利益である。フランチャイズ収入原価を同収入で割ると78・１％あり、フランチャイジーに対する食材や資材の卸業務で本社経費を賄っている。

鶏肉問題以前から低迷していたマクドナルド

〈図表３‐９〉は日本マクドナルドの売上や利益の推移をグラフにしたものである。売上は２００８年12月期、利益は２０１１年12月期をそれぞれピークに、最近は下降しているのがわかる。もう一つ、「フランチャイズ店舗売却益」の推移グラフを見てほしい。

フランチャイズ店舗売却益は、ＰＬではフランチャイズ収入に含まれ、そのまま営業利益に加算される性格のものだが、売上がピークを迎えた２００８年12月期前後から店舗売却で利益を上げている。２０１４年12月までに売却益は合計で２００億円ほどになるが、売上が下がりつつも利益が上がっているのは、この売却益による部分が大きかったからだ。

フランチャイジーに店舗を売ることは、両刃の剣である。儲かる店舗を売れば、その後ダメージが大きくなるので通常は売らないだろう。儲かりにくい店舗を売れば、目先の利益が増え利益率も改善する。しかし売ったあとに店舗の採算が上向かなければフランチャイジー側に不満がたまって、フランチャイズ・システム全体の崩壊につながっていく。

日本マクドナルドの利益は店舗売却益を除けば、２０１１年以降下がり始めている。鶏肉問題以前から、実は業績を落としている。そのことがグラフから読み取れる。

２００４年に日本マクドナルドホールディングスＣＥＯに就任したのは、原田泳幸氏であ

〈図表3-9〉日本マクドナルドの業績推移

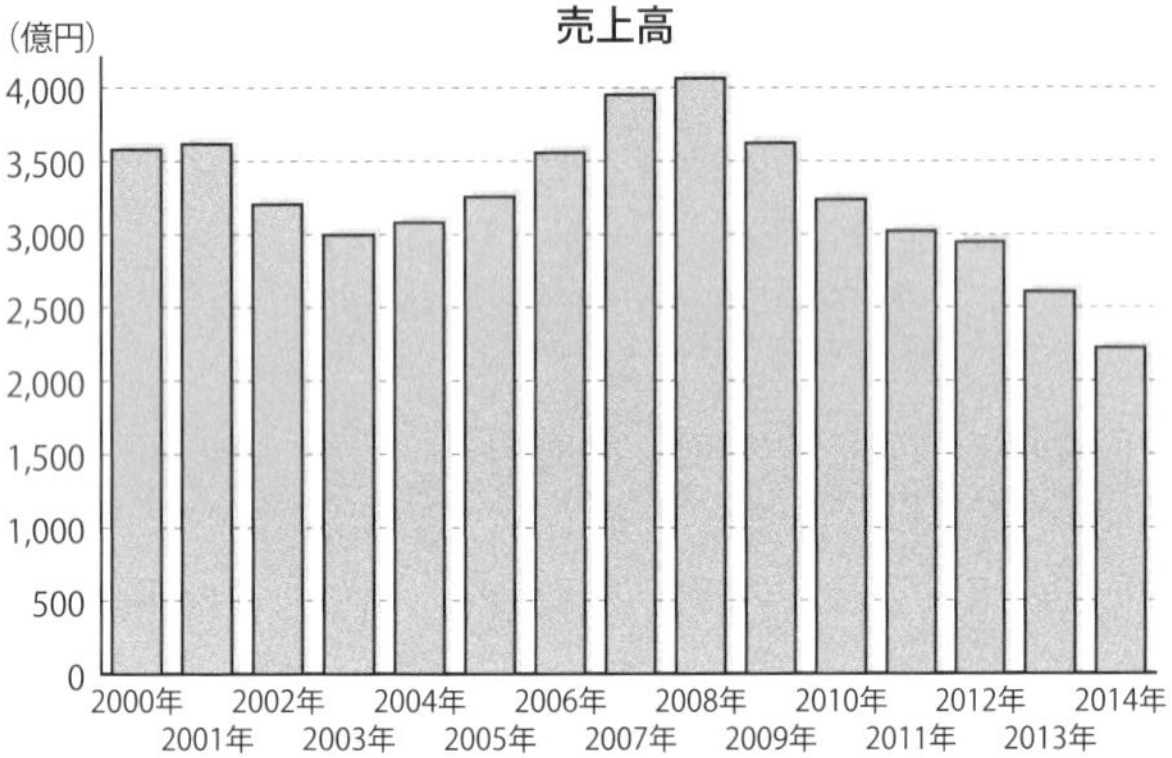

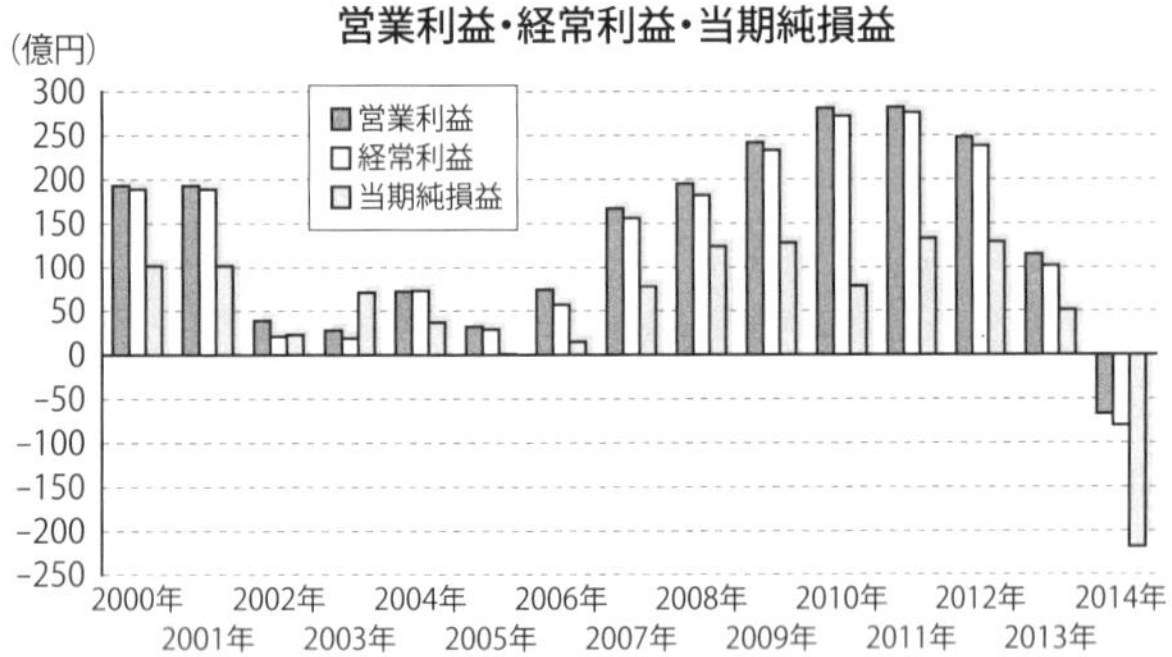

る。アップルの日本法人社長から、日本マクドナルドの副会長兼最高経営責任者（ＣＥＯ）に転身し、「マックｔｏマック」と言われた。２０１３年に米国本社から派遣されたサラ・カサノバ氏にバトンタッチし、２０１５年3月に会長職を退任するまで、同社の経営に携わってきた。

原田氏が着任するまで、30年以上にわたって経営を握ってきたのは日本マクドナルドの創業者・故藤田田氏である。藤田氏の時代の後半期から、マクドナルドは低迷し立ち直れずにいた。そこで原田氏は荒療治に乗り出す。

「今から新しいバスが出発する。新しいバスのチケットを買いたい人は買え。買いたくない人は乗らなくてかまわない」

これが原田氏の同社本社の全社員を集めて発した第一声だった。

改革への社内外の反発は相当のものだったらしいが、反発をものともせず、フランチャイズ店（ＦＣ店）拡大を経営刷新の柱に据える。直営店をＦＣ店に切り替えることで、3割にも満たなかったＦＣ店比率が7割を超えることになった。既存の直営店をＦＣ店に転換させるスキームは利益を膨らませた。店長がＦＣ店に移籍することで人件費が減る。ＦＣ化に伴う店舗売却により利益も計上できる、というわけである。

原田氏は次々と斬新な手を打っていく。「１００円マック」や高カロリーの「メガマック」を導入したり、１００円コーヒーの「プレミアムローストコーヒー」、24時間営業の拡大など、さまざまな目新しい手を打った。この策は当たり、若者からサラリーマンまで幅広い層の顧客を取り込むことに成功し、業績は急回復した。

２００８年には国内の外食産業で初めて、全店売上高５０００億円を達成し、攻めの姿勢に取り組む原田氏は「カリスマ経営者」ともてはやされた。

しかしその後のマーケティング手法は、結果として「苦し紛れ」と評されるものばかりになった。２０１２年に導入した「レジカウンターのメニュー表の撤廃」は「待ち時間の短縮のため」として実施したものだったが、「利用者のことを考えず、不便になっただけ」と不評だった。また２０１３年に行った「60秒で商品を提供できなかったら無料券を渡す」というキャンペーンも、現場を混乱に陥れ中止に追い込まれた。２０１２年以降は業績悪化が露わになり、原田氏は米国本社の意向で社長職を解かれ、新社長が日本に送り込まれた。

結局何が問題だったのか。

日本マクドナルドの苦境の最大の要因は、やはりコンビニや外食産業などとの競争なしに読み解けないと考える。コンビニはあくなきカイゼンに取り組み、日々品質を高めている。

対する日本マクドナルドの対抗策は、１００円マックや１００円コーヒー、あるいはバリューセットなのだろうか。

筆者が渡米した折、米国のマクドナルドを時々訪れるが、十年一日のような変わりのない営業を続けている気がする。筆者は常々、「これを日本で続けたら、消費者に飽きられて競争に負けるだろう」と思っていた。

食に関しては、日本は世界でも名うての激戦市場である。ミシュランの星の数では、日本はフランスに勝るとも劣らない。日本人は世界一贅沢な食通の国民である。十年一日のハンバーガーで勝てる道理はなかろう。

日本マクドナルドは米国のコピーではなく、日本オリジナルの商品を開発し、セブンが米国本社を飲みこんだように、米国をリードするようなイノベーションを起こすべきだったのではなかろうか。

なぜユニクロはこんなに儲かるか？

セブンと同じように、ネットで何でも買える時代、その店オリジナルで勝ち続ける企業がある。ファーストリテイリング（ユニクロ）とニトリである。この2社についても触れなければならない。まずユニクロの財務諸表から見てみよう。

BSを見ると、最大の資産が現金有価証券3231億円である。手元資金が潤沢にある。ただし前にも述べたように、「資金を余らせている会社」と見ることもできる。

この手元資金を除いた総資産約6700億円を使用資本と仮に見なせば、それだけの資本で1兆4000億円近くを売り上げ、営業利益1300億円（ROA9・5%）を稼ぐ、資産利益効率の極めて高い会社である。

前年比で売上高は12%伸び、営業利益は3%減益だったので、売上高営業利益率は9・4%と10%を下回ってしまった（前期は11・7%）。減益の理由の一つは、販管費が大幅に増えたためである。出店を加速しているおかげで、地代家賃が25%増え（1387億円）、また広告宣伝費も16%増（609億円）と売上の伸びを上回っている。しかしもっと高い伸び率となったのが、32%増えた人件費（1849億円）である。出店攻勢をかけているので、従業員数が伸びたこともあるが、同社が「ブラック企業」という批判を受けて、パート社員を正社員化していることが大きい。

セグメント別営業利益を見ると、国内ユニクロ事業が1063億円（営業利益率15%）、海外ユニクロは330億円（同8%）、その他ブランドは赤字なので、国内の利益をベースに

〈図表3-10〉ファーストリテイリング 比例縮尺財務諸表

（2014年8月期　PLは営業利益まで表示）

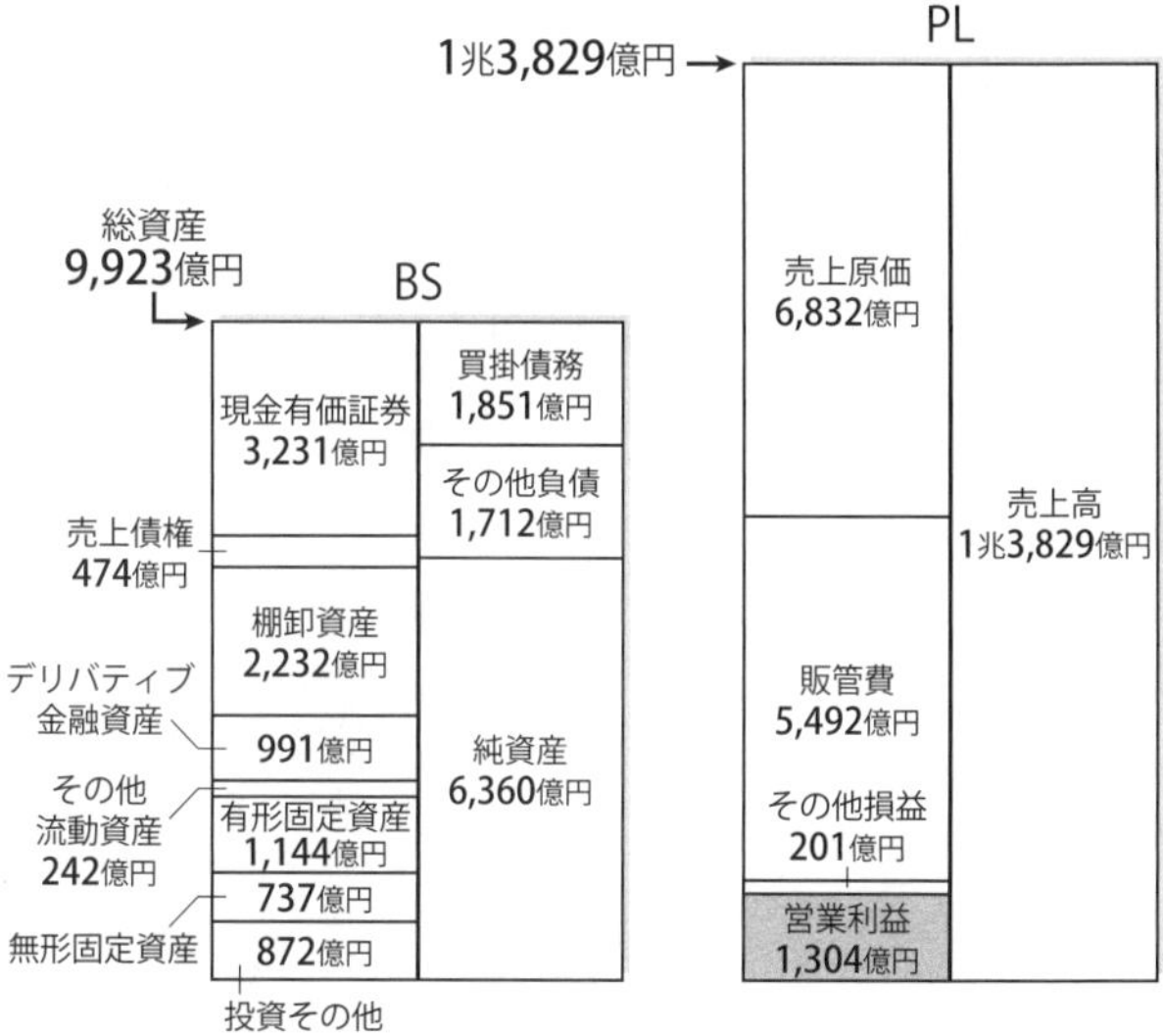
PL
1兆3,829億円
売上原価
6,832億円
販管費
5,492億円
その他損益
201億円
営業利益
1,304億円
売上高
1兆3,829億円
総資産
9,923億円
BS
現金有価証券
3,231億円
売上債権
474億円
棚卸資産
2,232億円
デリバティブ
金融資産
991億円
その他
流動資産
242億円
有形固定資産
1,144億円
737億円
無形固定資産
872億円
投資その他
買掛債務
1,851億円
その他負債
1,712億円
純資産
6,360億円

セグメント別営業利益

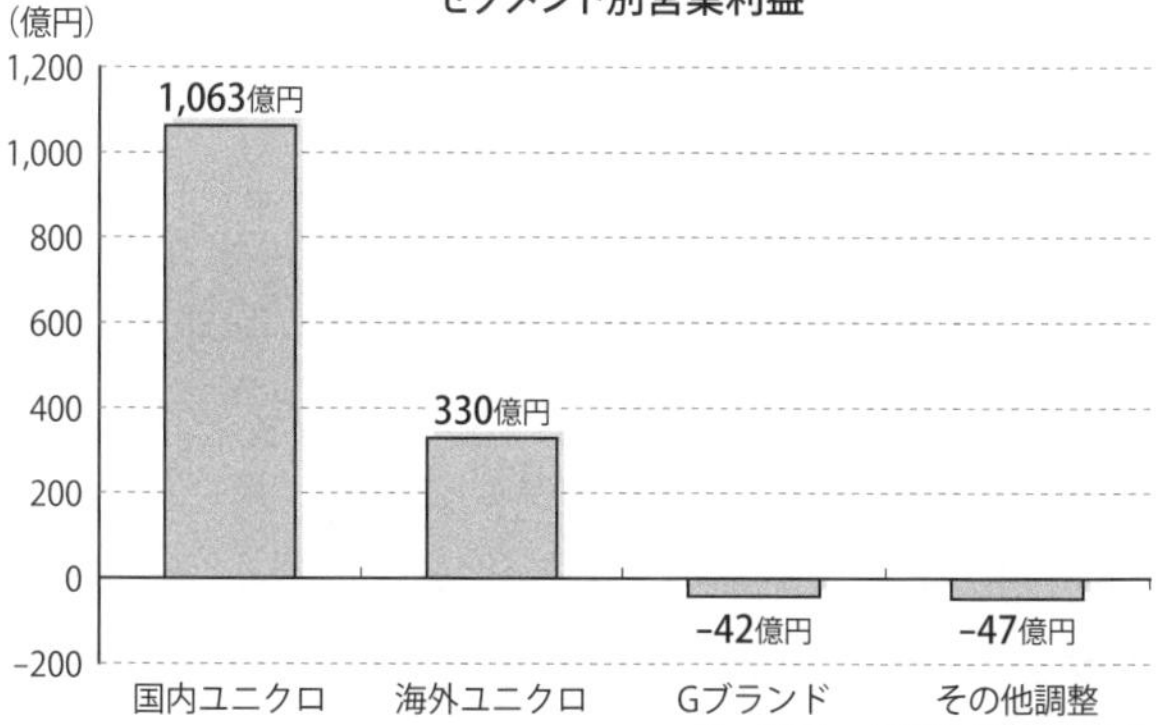
（億円）
1,200
1,000
800
600
400
200
0
-200
1,063億円
330億円
-42億円
-47億円
国内ユニクロ
海外ユニクロ
Gブランド
その他調整

※「その他調整」は部門間取引や共通費など

海外に積極展開を仕掛けていることが読み取れる。海外は先行投資段階であり、利益率は低いと考えられる。

国内ユニクロが15％もの高い利益率を上げられるのは、量産を前提に極めて安い価格で商品を仕入れることができているからである。ＰＬを見ると、粗利率が50・４％もある。

ユニクロの棚卸資産（在庫）は売上原価を分母にして割り算すると、３・９か月分ある。8月決算の企業としては他社と比較しても決して少ないとは言えない。つまり在庫管理レベルが高い企業とは言えない。

筆者も時折、ユニクロの店を訪ねるが、7～8月は夏物バーゲンの季節である。筆者の気に入ったバーゲン品は筆者のサイズ（Ｌ）がないことが多い。残っているのはＳばかりという光景が多々見受けられるように思う。推測に過ぎないが、在庫ロスの多い企業であろうことは間違いない。

それでも粗利が50％以上あげられるということは、相当安い仕入れ値であるということになる。筆者の推測では、おそらく正規売価の2割前後だろう。しかし同社のヒット商品・ヒートテックの売上枚数は昨シーズン1億枚を超えたという。これほどの量販を実現できる企業は他に存在しないので、当然である。

ただこのところ円安が続いており、仕入単価は上昇しているだろう。デリバティブ金融資産を持ち、為替ヘッジをかけて防衛しているといっても、やがてコスト高は値上げで吸収しなければならない。

国内のユニクロでは、2015年秋冬物の新商品を平均10％値上げする予定だという。主要な生産地である中国での人件費上昇も響いている。

ユニクロの成功モデルは、中国を中心として量産による安い仕入れ値、低価格ブランドでありながらオリジナルのデザインと莫大な広告宣伝費による高いブランドイメージ、そして東レとの戦略提携によるハイテク高機能素材という3点セットによるものといえる。

しかしユニクロが特に力を入れているアジアから見た場合、この3点セットが有効か、疑問もある。今のユニクロの価格は、アジアでは低価格とはいえない。中国や韓国ではブランドイメージが浸透しつつあるとはいうものの、欧米の強敵は大勢いる。ハイテク素材による高機能性繊維も、地域を選ぶかもしれない。

ファーストリテイリング柳井正社長は、2020年に売上高5兆円達成をぶち上げているが、ユニクロの海外展開は今後も容易ではないだろう。

「ファストファッション」の世界ナンバーワンは、「ZARA」などを展開するINDIT

EX社（スペイン）である。2015年1月期の売上高は181億1700万ユーロ（1ユーロ140円換算で約2兆5300億円、前年比8％増）、最終利益25億1000万ユーロ（約3500億円、5％増）を上げた。第2位のH＆M（ヘネス・アンド・モーリッツ／スウェーデン）の2014年11月期決算は、日本円で売上高約2兆3000億円（18％増）、最終利益3000億円（17％増）とどちらも勢いがある。しかも両社ともにアジアに出店攻勢をかけている。今後の競争の行方が気になるところだ。

ユニクロより利益率高いニトリ、低いコメリ

〈図表3‐11〉はニトリの財務諸表である。

ニトリはファーストリテイリングより売上高は小さいものの、利益率は15・9％とユニクロを超えている。国内ユニクロ事業の利益率と比較してもさらに高い。粗利率も52・3％とユニクロより安く商品を調達している。なぜ、かさばる家具やホームファッションという商品は安く調達でき、相対的に高く売れるのか。

それは9割以上が自社企画商品、いわゆるプライベート・ブランド商品であり、バリューチェーン全体の中の自前比率も高いからである。また、部品レベルから世界で最も安い調達

〈図表3-11〉ニトリ 比例縮尺財務諸表

（2015年2月期　PLは営業利益まで表示）

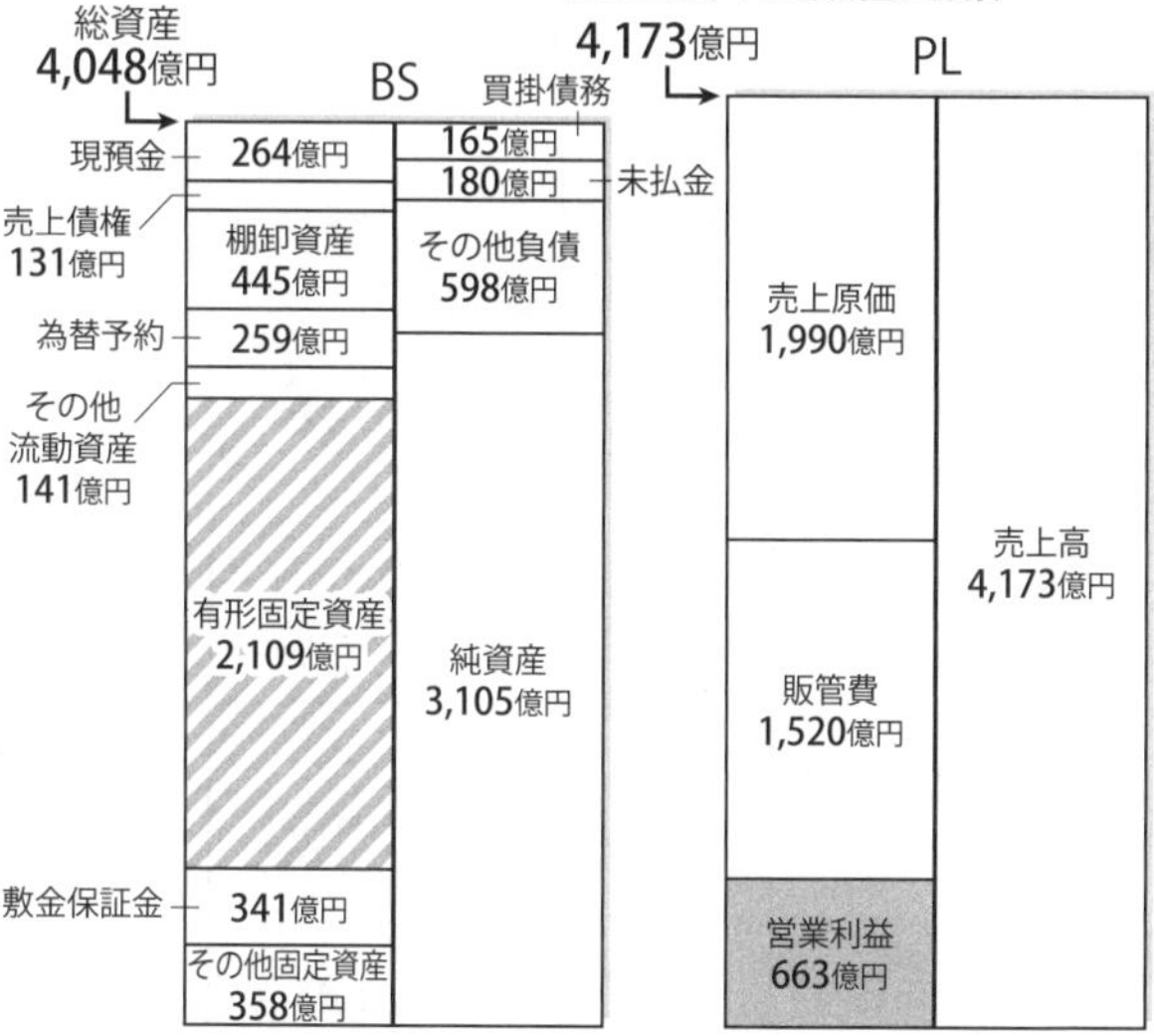
総資産
4,048億円
BS
現預金
264億円
売上債権
131億円
棚卸資産
445億円
為替予約
259億円
その他
流動資産
141億円
有形固定資産
2,109億円
敷金保証金
341億円
その他固定資産
358億円
買掛債務
165億円
180億円
未払金
その他負債
598億円
純資産
3,105億円
4,173億円
PL
売上原価
1,990億円
販管費
1,520億円
営業利益
663億円
売上高
4,173億円

を工夫し、アジアに工場を持って自ら製造し、巨額の物流センターに投資して自前物流を行い、そして自社店舗で販売する「製造物流小売業」だからである。

自前でバリューチェーン全体にわたり、コストダウンの改善活動を行い、無駄のない工程を作り上げてきた。そのために必要ならば、自動車メーカーなどから人材をヘッドハンティングし、組織をオープンにして革新に取り組んできたのである。

そのことはBSの有形固定資産の大きさに表れている。ニトリの最大資産は有形固定資産であり、賃貸店舗の敷

〈図表3-12〉コメリ 比例縮尺財務諸表
（2015年3月期　PLは営業利益まで表示）

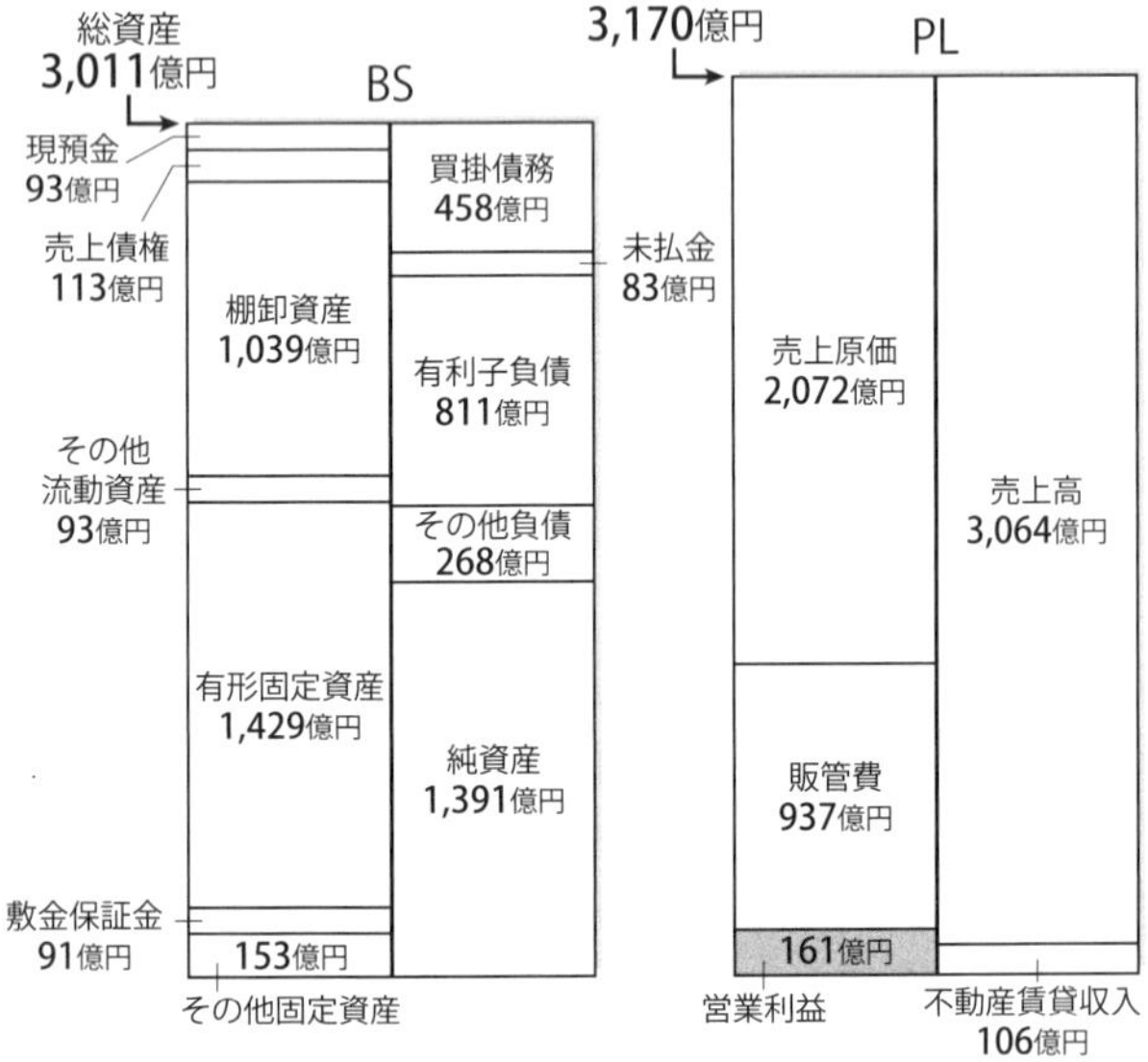
総資産
3,011億円
BS
現預金
93億円
売上債権
113億円
棚卸資産
1,039億円
その他
流動資産
93億円
有形固定資産
1,429億円
敷金保証金
91億円
153億円
その他固定資産
買掛債務
458億円
未払金
83億円
有利子負債
811億円
その他負債
268億円
純資産
1,391億円
3,170億円
PL
売上原価
2,072億円
販管費
937億円
161億円
営業利益
売上高
3,064億円
不動産賃貸収入
106億円

金・保証金も含めると、総資産の6割強を占める。棚卸資産回転期間も2・7か月弱と問題ないレベルである。ユニクロと同様に為替予約で円安にヘッジをかけていることも見て取れる。

ニトリはプライベート・ブランド商品が多い。ユニクロは東レなどメーカーに製造をアウトソースしているが、ニトリは部材をメーカーに依存するが、製造加工を自社で賄っているのである。これが好循環に回ればメーカー・マージンも省略でき、製造ノウハウも自社に蓄積されるので、利益率は高くなるはずである。

ちなみに業態はやや異なるが、家具やホームファッションも扱うホームセンター大手のコメリと比較すると、明らかである。〈図表3－12〉はコメリの財務諸表である。

コメリもメーカーから仕入れるだけでなく、プライベート・ブランド商品の拡充にチャレンジしている。自社商品比率は4割近くまで上がってきているが、しかしホームセンターの商品点数は数万～20万点に及ぶ。多品種のホームセンターでは、効率販売は難しい。

商品点数が1万点に満たず、商品を絞って量販を狙うニトリと比べて、コメリの在庫金額も1000億円強（棚卸資産回転期間6か月）と多い。総収益で割った営業利益率は5％あるが、不動産賃貸収入で利益を賄っている状況を考え合わせると、ホームセンターは高収益体質とは言えない。

【小売業界斜め読み】

スマホで価格比較される時代の小売業の勝ち残り策とは？

日経ＭＪの調査（２０１４年度）によれば、日本の小売業のマクロ的動向は概ね次のような流れにある。

小売業全体の売上は３年連続増加しているが、伸び率は鈍化傾向である。特に２０１４年４月の消費増税で衣料品などの販売が不振で、百貨店や総合スーパー（ＧＭＳ）が低迷した。企業別の売上高ランキングでは、イオンが４年連続で首位となった。２位はセブン＆アイＨＤが続く。ファーストリテイリングは前年度の小売業６位から４位に上昇した。業態別で伸び率が前年度を上回り好調なのは、コンビニエンスストアとｅコマースだけである（５％台半ばの増加率）。

総合スーパーは全国区のＧＭＳ、つまりイオン、ダイエー、イトーヨーカ堂などが売上減で低迷している。一方で地域に特化したスーパーなど、個性的な店は伸びている。

百貨店は売上減少の歯止めがかからない。富裕層や訪日外国人による高額品の増販効果があったものの、特に人口減が進む地方百貨店は下げ止まる気配がない。専門店も、衣料や家電量販店やドラッグストアの大手の間で、業績が二極化している。

ｅコマースの伸びが著しいが、カタログ通販など従来型の企業は売上が減少している。一方で、リアル店舗を持つ小売りチェーンがｅコマース売上を伸ばすケースが目立っているという。

最近の急激な円安は、小売業に打撃を与えている。価格競争がタイトである状況は変わらないが、そこに円安による商品仕入れの値上がりが加わり、消費者もいきおい防衛的になって値下げに拍車がかかっているのだ。スマホやパソコンで価格比較するのが日常的になった現代では、小売業は一体どうしたら勝ち残れるのだろうか？

ｅコマースの伸びは止まらない

経済産業省の最新の調査によれば、消費者向け電子商取引（ｅコマース、ＥＣ）の市場規模は２０１３年に、前年比17・４％増の11・２兆円まで拡大し、初めて10兆円を超えた。そしてその勢いは止まらないという。

全体の小売取引金額に占めるＥＣ（ＢｔｏＢ除く）の市場規模の割合（ＥＣ化率）は３・７％（前年比０・６ポイント増）となった。業種別に見ると、衣料・アクセサリーや医薬化粧品の小売業、宿泊・旅行業などサービス業で前年を20％超上回る高い伸びを示している。

また国際間の取引も増している。日本・アメリカ・中国の3か国の消費者が、自国を除く他の2か国からの越境ECで購入した金額は、中国が8000億円強で最大となった。アメリカが7000億円強。日本が2000億円だった。中国の消費者は越境ECに最も意欲的で、今後も増加が見込まれる。

中国のeコマースのすごさを象徴する事実がある。中国で11月11日は「独身の日」と呼ばれているが、中国電子商取引最大手アリババが2009年から仕掛けてきた値引きセールがインターネット通販業界で浸透し、2014年の取引額はアリババだけで571億元（約1兆円）を超えた。たった1日の売上（！）である。

アマゾンの記述の中でショールーミングの話をしたが、スマホで価格をチェックする時代に、莫大なコストをかけて店舗を構えるリアル小売業はどうしたらいいのか。eコマースとの価格競争に受けて立とうとすれば、ヤマダ電機のように利益を減らし続けるに違いない。

何といってもアマゾンのようなeコマースの事業者は情報システムや物流投資はともかく、コストのかかる店舗を持つ必要がないのだ。

ここではこれからリアル小売業が生き残るための政策として、下記の4つ戦略を提案したい。これらの政策を一気通貫するコンセプトは、またぞろ日本人の強さである「誠実な顧客志向と品質の作り込み」「地道な改善努力」、そして「内外のチームワーク」である。

①　ライブ戦略――ライブ感ある店づくり
②　ＰＢ戦略――半歩先のプライベート・ブランド
③　マルチ・チャネル戦略――ｅコマースを味方に
④　オープン・イノベーション戦略――メーカーとのＷｉｎ‐Ｗｉｎ関係

音楽や映画がネット空間で違法にコピーされる時代に、ポップスの女王マドンナは「ライブはダウンロードできない」とライブを活動の中心に置いた。一つ目の戦略は、それがヒントである。スマホやパソコンが提供してくれる世界は、所詮バーチャルである。その情報の広さや速さ、便利さではリアルは到底かなわない。リアルに残されているのは「臨場感」であり、「手触り感」であろう。

小売調査でも総合スーパーは不振だが、地方のスーパーや地域特化のスーパーなどは好調だという。大手総合スーパーの売り場はコスト削減のあおりで、従業員が減り、広大で無機質な売り場になっている面がある。一方、地方スーパーに行くと、威勢の良い従業員の声が飛び交う双方向のコミュニケーションの場になっている。だから地域の人々は、大手スーパーを避けて、地域の個性的な店に通うのだ。

観光地としての市場《いちば》の人気が高まっているが、これもネットにはない生きている人々が交流するライブ感が肌で感じられるのであろう。

プライベート・ブランドが勝敗の分かれ目

商品がコモディティ化すると、つまり消費者が特にブランドを気にせず購入する日用品になってしまうと、購入決定要因は価格と利便性だけになる。広く認知されたナショナル・ブランド商品も、どこの店で買っても同じなので、消費者の関心は価格とアクセスの利便性だけになる。

つまりどこでも買える商品は、「その店でなくていい」のだ。あるいは「近場で買う」ことになる。消費者の利便性について言うと、次の番号の順で下がっていく。

① 自宅の内側まで運んでくれるチャネル（アマゾンやヤマト運輸）

②　自宅から500メートル圏内の普段着で行ける店（コンビニや食品スーパー）
③　自宅から2〜4キロ圏内のわざわざ出かける安い店（総合スーパーやモール）
④　電車に乗って外出着で出かけるフォーマルな店（百貨店や高級専門店）

右のように並べると、価格に納得感があり、利便性が高い購入チャネルとしてeコマースが勝っているのは明らかである。ECは触ってチェックすることも、すぐに手にすることもできないが、すでによく知っている商品ならば即日配達で不便を感じることは少ない。まして最近の物流品質はどんどん高くなっている。

したがって「あの店にしかない」、あるいは「あの店の商品は違う」「あの店が一番おいしい」と消費者が感じれば、価格比較や利便性は二の次になるだろう。

その一つの方策が、オリジナルのプライベート・ブランドである。

今日、小売りでは二極化現象が起こっている。「独り勝ち」「一強」という、特定の企業が勢力をますます伸ばす現象である。円安による値上げや増税の影響もあって、消費者がモノの価値を見極める目はより厳しくなったといわれている。そんなとき、消費者は強い企業の商品を選ぶほうが安全なので、強い企業はますます強くなるのである。

「一強」とはコンビニならセブン‐イレブン、カジュアル衣料のファーストリテイリング、家具のニトリホールディングスなどのことである。彼らは独自のPB商品を企画していることが共通項だった。

といっても、二番手以下の企業もPB商品を努力して開発している。例えばコンビニならローソンもファミリーマートも、あるいはそれ以下の企業もPBを売っている。

ユニクロの高機能下着は、スーパーのファッション売り場に行けば似たような商品がゴマンと並んでいる。しかし業績に大きな格差がある。「一強」と二番手はどこが違うのだろうか。

それは消費者、特に若い世代に聞いてみればわかることである。二番手は「二番煎じ」と映るのだ。ファッション商品であれば、「二番煎じのコピー商品」を着ている自分を若い人が許せるだろうか。

コンビニで新発売された目先の新しい弁当やデザートに飛びついた若者が、他のコンビニで追随して出た物マネ商品を見て、何と思うか。「さもしい」と映るのである。

トップと相似形の後追い戦略を、「Ｍｅ‐Ｔｏｏ戦略」という。不足の時代は、例えばソニーが開発したウォークマンを、松下が後追いで高品質・低価格で売り出して成功することはありえた。ホンダがミニバンで成功した後、追いかけたトヨタが成功する事例もあった。しかし豊かな社会では、コピー商品はブランド価値が低く、消費者、特に若い消費者が嫌うことが多いのだ。

「The first is forever.」は、豊かな社会の若者の消費観でもある。

ローソンは当初、セブンのＭｅ－Ｔｏｏ戦略を取っていた。しかし消費者とのミスマッチに気づき、オリジナルの政策、例えば「健康」を前面に打ち出した新店舗の開発や異業種提携で独自性を打ち出してから、業績が上向いた。

イオンはトップバリュというＰＢ商品を展開している。安さでは確かに強いが、これをズラーッと並べた売り場は魅力的に見えない。セブンプレミアムが突出している中で、後追いは価値が低い。

したがって競合他社にないＰＢでなければ、魅力はない。ＰＢを扱う小売企業は日経ＭＪの調査によれば、３分の２に達するという。オリジナリティの重要性はわかっているのだろうが、ただの安さではなく、消費者の価値を高めるものでなければ、成功はおぼつかない。

マルチ・チャネルでeコマースを取り込む

eコマースの成長が止まらない市場環境の中で、リアル小売業各社もECに力を入れてきている。とはいっても、例えばユニクロの国内売上高に占めるネット通販の比率は現在4％未満、セブン＆アイは約2％である。

セブン＆アイは、「オムニチャネル戦略」を打ち出していると述べた。ネット経由の売上高を、2020年度には1兆円に引き上げる計画だという。

eコマースの問題の一つが、消費者宅の不在である。共働きや単身者が増える中、仕事帰りなどにコンビニで商品を受け取る需要は高まっており、セブン＆アイはすでに生活インフラになったコンビニの店舗網を生かして利便性を打ち出せば、ネット専業に対抗できるとみている。

メーカーもECを無視できず、むしろ取り込もうとしている企業がたくさん現れている。例えば花王は、かつてはネット通販企業に直接供給する商品を大容量品などに限定して取引していたが、今では商品を幅広く供給するようになった。こまごました低単価の日用品もネットで買う消費者が増えているためである。

そこで花王は2014年、アマゾンのサイトにメーカー自ら「花王ストア」を開いた。主要46ブランド、約1500品目を1か所で選べるといい、アマゾンの本格的なメーカー専用ストア第1号となった。

以前のメーカーは、取引先の小売店に配慮して直接小売りに乗り出すのを遠慮していた。しかし、すでに姿勢は変わった。資生堂も多様なブランドを扱う自前のネット通販を始めている。

高齢化もこうした流れを後押ししている。総務省の調査（2013年）では、ネット通販の消費額の前年比伸び率を世帯主の年代別で取ってみると、1位が50歳代の23％である。次は60歳代の21％、70歳代の18％と続き、中高年の伸び率が高い。高齢者が買い物難民になり、ECを利用するケースが増えているのだ。

ヤフーは、ECが2025年に60兆円になり、EC化率は小売全体の20％程度まで上昇すると予測している。現在の10兆円超のレベルから考えると、10年間で約50兆円の伸びしろがあることになる。

一方で、デバイスはスマホ経由がECの主流になりつつある。スマホは画面が小さいので、消費者が選べる選択肢が減る。消費者のコンビニ志向を見ても、コンビニ店約3000品目の商品の幅くらいが、「ものぐさ」な消費者の日常的選択の限界かもしれない。

となると、アマゾンが磨きをかけつつあるレコメンデーションのサポートが今後ますます必要になるだろう。米国では目利きのセンスで選別し、提示するキュレーションECが新たな潮流になっている。

あるいは今後一層、口コミの役割が大きくなると考えられる。広告宣伝量にかかわらず、交流サイトを通じた口コミで売れる流れも強まっている。良い商品の評判が伝達し、消費者によって拡散されていく。かつては商品の良し悪しより、力技の広告宣伝で売上が上がることもあったが、情報が透明化している今日、「良い商品」が改めて問われている。

リアル店舗もEC事業者も、小売業もメーカーも、商品開発を今後どうしていくのか。「顧客を見つめ、半歩先を行く」という基本を究めるしかないだろう。今日ではビッグデータの利用も可能になってきている。これをどう活用するかも含めて、マルチ・チャネルで消費者に真摯《しんし》に向き合っていくしかない。

東レと小売りのＷｉｎ‐Ｗｉｎ関係

昔の小売業は、メーカーが企画し、製造した商品を言われるままに左から右に流すだけだった。これでは受け取れる付加価値は限られる。小売業が欲しい商品を、メーカーが作ってくれるとは限らないからである。

だからセブンやユニクロ、ニトリは自社オリジナルを追求した。消費者と日々触れ合っている自分たちこそ、消費者が求める商品のスペックを決められるはずだ。そして自社企画商品であれば、さまざまなマーケティング上のトライアルができ、消費者の反応が良くなければ素早い改善や次の企画改良につなげることもできる。

自社企画品は、小売業社員のモチベーションも高めることができる。消費者を見つめ、仮説を立て、工夫して商品企画することは楽しく、ヤリガイが大きい。商品開発担当者の熱意が強ければ、売り場の人々にそれが伝搬する。売り場の人たちが消費者から感謝されれば、小売りの喜びが増す。その情報が開発サイドにフィードバックされれば、改良にもつながる。メーカーが開発した商品をそのまま売るのでは、こうはいかない。

とはいえ小売りがメーカーを力で抑えるやり方では、メーカーの協力は得られない。かつてのダイエーのように、メーカーを販売力でねじ伏せる敵対姿勢の強い時代があった。

しかしメーカーには、小売企業にはない開発技術やコスト削減の製造技術がある。彼らとＷｉｎ-Ｗｉｎの協力関係を構築できれば、小売りの競争力も高まる。セブン-イレブンの製販同盟は、まさにこの成功例だった。

ユニクロと東レの関係もこれに当たる。

東レは1926年に創業し、1950年代に米デュポンと技術提携して、国内で先駆けて合成繊維のナイロンを本格生産した企業である。1990年代以降は、国内の合繊メーカーが新興国企業の攻勢を受けて、相次いでポリエステルとナイロン、アクリルの「3大合繊」から撤退していった。しかし東レは残った。

「3大合繊」の生産を今も続け、2015年3月期の売上高約2兆円のうち約8600億円を繊維で売り上げた。営業利益1235億円のうち556億円を繊維で上げ、稼ぎ頭の事業となっている。

東レが面白いのは、今日幅広い製品を展開しているが、それらは繊維技術関連の産物ということだ。例えば東レの製品には、フィルムや水処理膜、半導体材料などがある。また航空機の部材などに使われる世界シェア首位の炭素繊維もある。DNAチップや医薬品など医療分野にも力を入れている。しかしフィルムも膜も炭素繊維も、繊維またはその派生物なのだ。

東レが繊維の開発にこだわり続けてくれたおかげで、ユニクロは強さの源泉の一つを手に入れた。

東レは他の企業とのコラボでも、有望な商品を開発しつつある。例えばNTTと共同開発

〈図表3-13〉東レ PLと売上利益内訳

（2015年3月期　PLは営業利益まで表示）

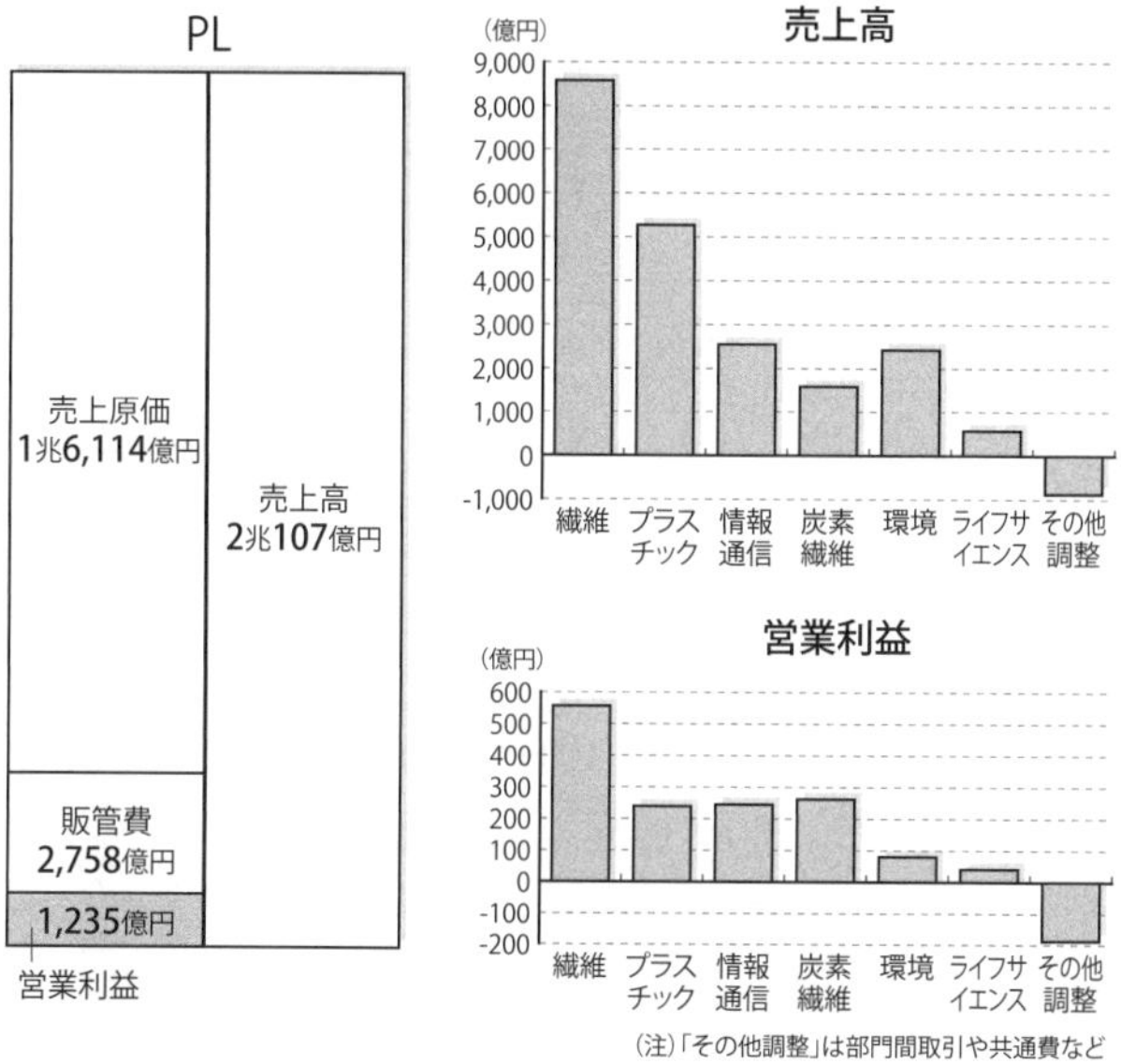
PL
売上原価
1兆6,114億円
販管費
2,758億円
1,235億円
営業利益
売上高
2兆107億円
売上高
（億円）
9,000
8,000
7,000
6,000
5,000
4,000
3,000
2,000
1,000
0
-1,000
繊維
プラスチック
情報通信
炭素繊維
環境
ライフサイエンス
その他調整
営業利益
（億円）
600
500
400
300
200
100
0
-100
-200
繊維
プラスチック
情報通信
炭素繊維
環境
ライフサイエンス
その他調整

（注）「その他調整」は部門間取引や共通費など

した、心拍数を計測できる機能性生地「hitoe（ヒトエ）」がある。ヒトエは直径700ナノ（ナノは10億分の1）メートルの極細繊維の生地に、電気を通しやすい高分子ポリマーを入れ、電極にしたものだ。シャツの胸部に貼り付ければ、衣服表面に付く専用の発信器からスマホなどに心電波形を転送できるという。

実用化の第1弾としてNTTドコモがすでにヒトエを使った健康管理サービスを開始している。ゴールドウインもヒトエを採用したフィットネスウエアを発売する予定である。

〈図表3－13〉は東レのPLと売上高や営業利益の内訳グラフである。営業利益率は6・1%で、決して高収益体質のPLではないが、繊維で利益を上げ続ける東レの地道さが伝わってくるようだ。

ちなみにファーストリテイリングとの取引額は開示されていないが、1000億円を超えると報道されている。この1000億円に繊維事業セグメントの利益率6・5%を掛けると65億円にしかならないが、トータルで1300億円稼ぐユニクロから100億円以内の利益しか受け取っていないとすれば、消費者を抑えたプレイヤー・ユニクロの圧勝ということになろうか。

東レがアマゾンに「東レ・ストア」を開く日は、いずれ来るかもしれない。

第4章 製薬業界編

サントリー
武田薬品工業
田辺製薬
オーダーメイド医療
ジェネリック
アサヒ
大塚製薬
グーグル
キリン
ナイコメッド
アステラス製薬

〈図表4-1〉武田薬品工業

比例縮尺財務諸表(2015年3月期)
※PLは営業損失まで表示

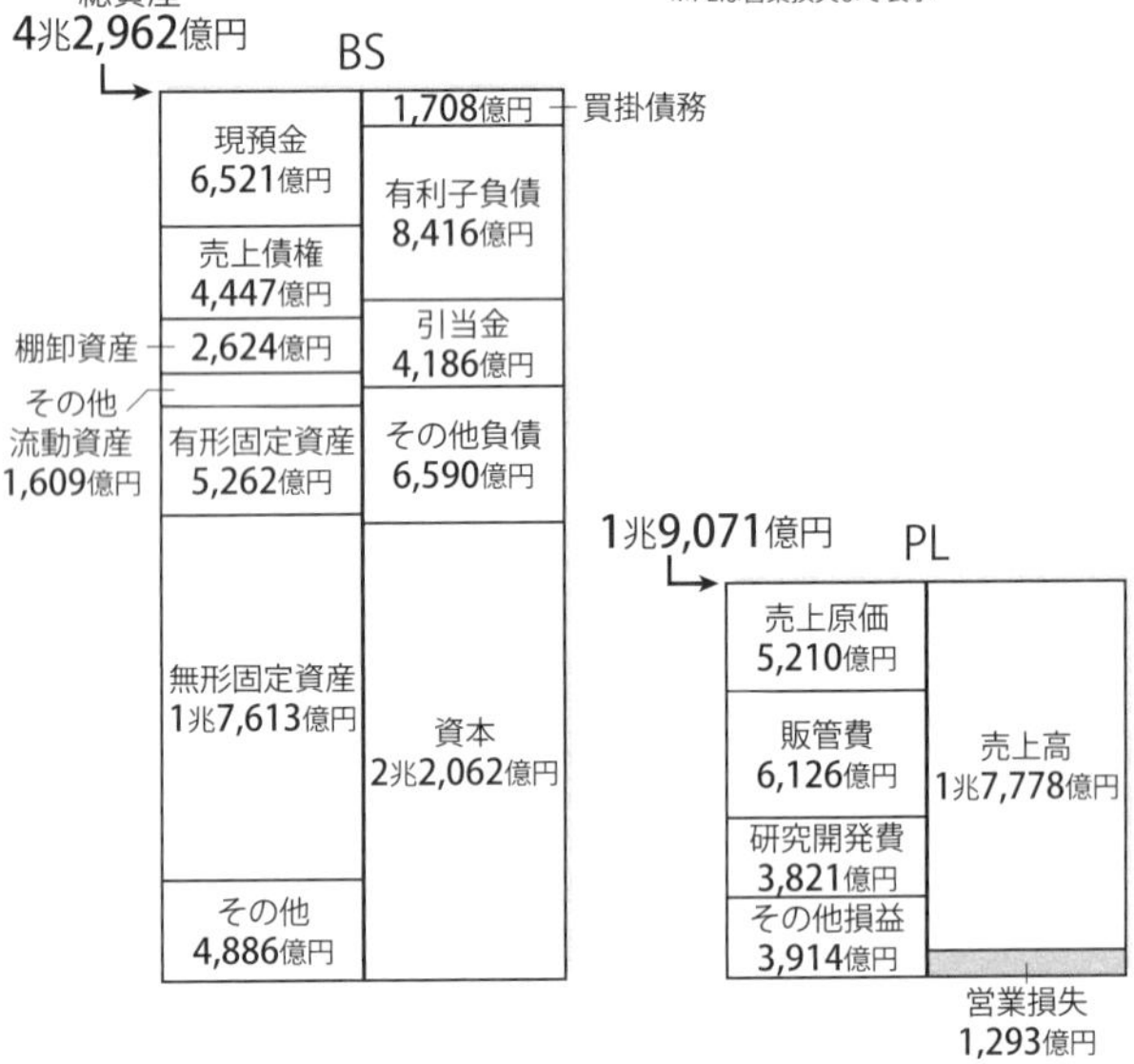
総資産
4兆2,962億円
BS
現預金
6,521億円
売上債権
4,447億円
棚卸資産
2,624億円
その他
流動資産
1,609億円
有形固定資産
5,262億円
無形固定資産
1兆7,613億円
その他
4,886億円
1,708億円
買掛債務
有利子負債
8,416億円
引当金
4,186億円
その他負債
6,590億円
資本
2兆2,062億円
1兆9,071億円
PL
売上原価
5,210億円
販管費
6,126億円
研究開発費
3,821億円
その他損益
3,914億円
売上高
1兆7,778億円
営業損失
1,293億円

利益が急降下した武田薬品

今まで、業績が揺さぶられ明暗を分ける企業を取り上げてきた。

マクロ環境が変化すると、消費者の行動が変わり、市場のあり方が変わってくる。ライバルもそれに合わせて戦術を変えてくる。その結果、競争のあり方が変わり、それに有効な手立てを打てない企業は衰え、新しい勝利者が出現してくる。企業業績が安定せず激しくうねるのは、企業を取り巻く経営環境がどんどん変わるためであり、業績数

売上高・当期利益推移

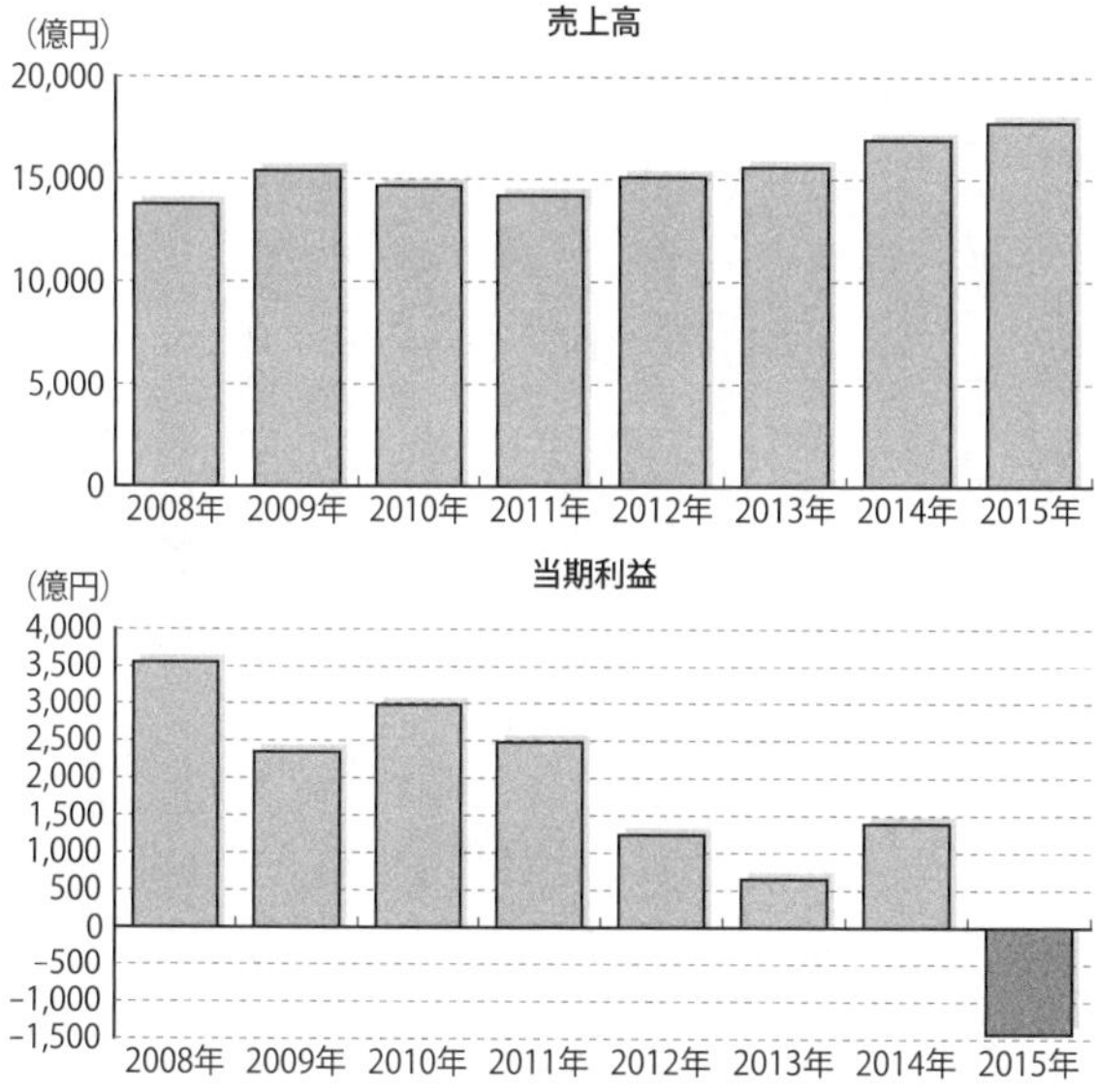

値の変化は、そのまま現代のあり様を映す鏡でもある。

米ノースウェスタン大学ケロッグビジネススクール教授のF・コトラーは、マクロ環境を「PEST」の4つの視点から分析する枠組みを提唱した。4つとはPolitics（政治）、Economy（経済）、Society（社会）、Technology（技術）である。まさにこの4つが変化し、かつて「超」のついた優良企業を動揺させているのが製薬業界である。

〈図表4-1〉は、武田薬品工

業の財務諸表と売上高・当期利益推移グラフである。

武田薬品は2008年頃まで優良企業の代名詞のような存在だった。推移グラフを見ると、売上は上っているものの当期利益が急降下していて、直近には赤字に転落している。

武田の2015年3月期は、売上高が前期比5％増の1兆7778億円、営業損失は▲1293億円、当期利益段階で▲1457億円の損失となった。

赤字の直接的な要因は、同社のブロックバスター（大ヒット薬品のこと）だった糖尿病治療薬「アクトス」をめぐって、米国で副作用に関する訴訟が起こされ、原告側との和解に向けて約3200億円の賠償の引当金を計上したためである。

訴訟対応の費用を引き当てたことで、来期は負担がなくなる。したがって2016年3月期は営業利益1050億円に黒字転換し、最終利益も680億円を見込んでいる。しかし最終黒字額は、アナリストの事前予想平均の1200億円弱を大幅に下回り、期待を裏切るものとなった。

武田にとって、最終赤字は上場以来初めてである。それどころか創業以来初めてだそうだ。武田薬品工業㈱の第1期は1925年のことで、この年は武田家当主5代目の武田長兵衛が、個人商店を株式会社に作り替えた年である。社史によると、戦中や戦後の混乱期も含め最終黒字を確保し続けてきたそうで、その歴史が第１３８期で途絶える。まさに武田にとって青天の霹靂《へきれき》である。

一過性の突発的な訴訟によるリスクなら、平常運航に戻れば立ち直るはずである。しかし武田で深刻なのは、ホームマーケットの国内で減収傾向にあることである。

最大資産は「のれん」など無形固定資産

武田が主力とする医療用医薬品の売上高の増減を地域別で見ると、度重なる企業買収のおかげで米国や欧州、そして新興国でも売上を伸ばしている。一方で日本は４％の売上減となった。武田はグローバル化を進めているが、しかし最大市場は依然として日本なのだ。

国内不振の一つの要因には、薬価（政府が決める薬の公定価格）の引き下げがある。だがそれだけではない。武田のクリストフ・ウェバー社長兼最高経営責任者（ＣＥＯ）が言うように、「日本市場で後発医薬品が劇的に増加している」からである。

後発薬とは特許が切れた薬を別のメーカーが製造販売するもので、ジェネリックともいう。特許が切れると、他社の製造が可能になり価格も安くなるので、新薬メーカーの売上が後発薬メーカーに浸食され大打撃を受けるのだ。

なぜ薬価が引き下げられ、後発薬が増えるのか。それはＰＥＳＴのＰ、つまり政治の最大課題の一つだからである。医療費は国が支出する費目の中で、最大費目である。約40兆円に達し、そのうち約7兆円が薬剤費である。日本の財政は支出超過の状態を続けており、財政赤字の最大要因が、医療費を含む社会保障費だ。この赤字が累積して、国の債務（国債・地方債の合計）が２０１４年度末に１０００兆円を超えた。つまり、医療費削減は国家財政上の最重要課題であり、政府のコストダウン策なのである。

なぜ日本の社会保障費が膨らんだかといえば、それはＰＥＳＴのＳ（社会的要因）、つまり人口動態上で高齢化が進んでいるからである。そしてそれが日本のE、つまり経済にまで悪影響を及ぼしている。国の社会保障費は、家計や企業の負担にいずれ回ってくるからである。

日本では今まで、特許が切れても後発薬に切り替わることが少なかった。医師は使い慣れた先発薬のほうが安心で、なかなか処方しようとしない。薬局も価格の高い先発薬を売ったほうが儲かるので、扱いたがらなかったからである。しかし国は、これらにブレーキをかける政策を本気で打ち出している。安い後発薬を普及させる政策は、先進国共通の財政上の処方箋である。

薬の製造原価は極めて低い。「花八層倍、薬九層倍、坊主丸儲け」とは江戸時代から伝わる言葉だが、薬が原価の９倍で売られるというのは、実は真実に近い。武田のＰＬを見ても売上原価率は29％であり、以前は20％前後だった。他社導入品などが増えて原価率は上がったが、自社開発のブロックバスター品ともなると、原価率１～２％という製品も珍しくない。新薬はこんなに儲かるので、製薬メーカーは新薬を中心に事業展開したくなる。そのために武田は研究開発費に、売上の22％もの巨費を投じているのである。

新薬が当たれば突然、会社は高収益になり、支出に甘くなってコスト高になりがちである。だから後発薬のような安い薬では、高コスト体質の企業を維持することはできなくなる。いきおい「九層倍」、あるいは「百層倍」のヒット新薬探しに必死になるのだ。

武田のＢＳを見ると、最大の資産は無形固定資産で約１・８兆円に及ぶ。この中には「のれん」や「特許権」「販売権」といった項目が含まれている。これらは要するに「のれん」と「のれん由来のもの」である。

前にも述べたように、のれんは買収プレミアムのこと。被買収企業の実体資産である純資産を上回る買収価格を付けたとき、その上回る部分がのれんである。のれんには実体がない。買収が競争入札になったときなど、高値買いになれば、ますます資産としての説得力が弱い。ただ、買収目的が明確な技術など競争優位要素を狙ったものであるとき、それを切り出して表示してよろしい、というルールになっている。

武田の場合、被買収会社が新薬開発プロジェクトを進めていて、それを「特許権」として切り出した。また他企業と開発に相乗りして、成功の暁に販売権を獲得する契約を結ぶことがあるが、それを「販売権」とした。

ただこれらの権利ものれんと同様、成功の保証はない。開発に失敗すれば減損、つまりパーになってしまう。買収自体の成功確率が低いという話は前にしたが、つまり無形固定資産はリスキーな資産そのものなのである。武田には、それが1・8兆円もある。

ちなみにリーマンショックの前まで、武田は総資産2・8兆円のうち約2兆円近い余剰資金を持っていた。無借金の飛び抜けた金満会社だったのだ。しかし武田はその2兆円を2件の大きな買収案件に投じた。それが2008年のミレニアム（米国、約9000億円で買収）と2011年のナイコメッド（スイス、同約1・1兆円）である。

武田はなぜ、手持ち資金をすべて吐き出し、一気呵成に買収に走ったのか。そしてその後も買収を次々と進め、現在のような有利子負債8400億円を抱える借金会社になってしまったのか。実は、その理由がPESTのT、技術的要因である。それは「斜め読み」のコーナーに譲る。

大塚HDも買収に走る

武田は2兆円を買収に投じたおかげで、減益が続くとはいえ何とか売上を維持することができた。大型買収を決断したのは、フランス人のウェバー氏にCEOを譲った長谷川閑史・現会長である。

2008年に買収した米ミレニアム（2013年に武田に統合）は当時、売上高500億円強のバイオベンチャーにすぎなかった。つぎ込んだ約9000億円に「割高」との批判が絶えなかった。しかしその後ミレニアムが開発した血液がん薬「ベルケイド」は売上高が年間1500億円を超え、稼ぎ頭に育っている。その後に年間売上1000億〜2000億円稼ぐのでは、と期待される新薬も続いている。

一方で武田本体からは大型新薬が生まれていない。研究開発費を最も使う武田の研究所では、薬効の低さや副作用などから開発中止に追い込まれる事態が相次いでいる。「ミレニアムがなければ新薬は枯渇していた」という幹部の声が、その苦境を表している。

一方でもう一つのナイコメッドは、後発薬が中心の企業だった。武田が手薄だった欧州や新興国に強く、世界約70か国に営業網を持っていた。ミレニアムの開発薬をナイコメッドの

〈図表4-2〉大塚ホールディングス

比例縮尺財務諸表（2014年12月期）

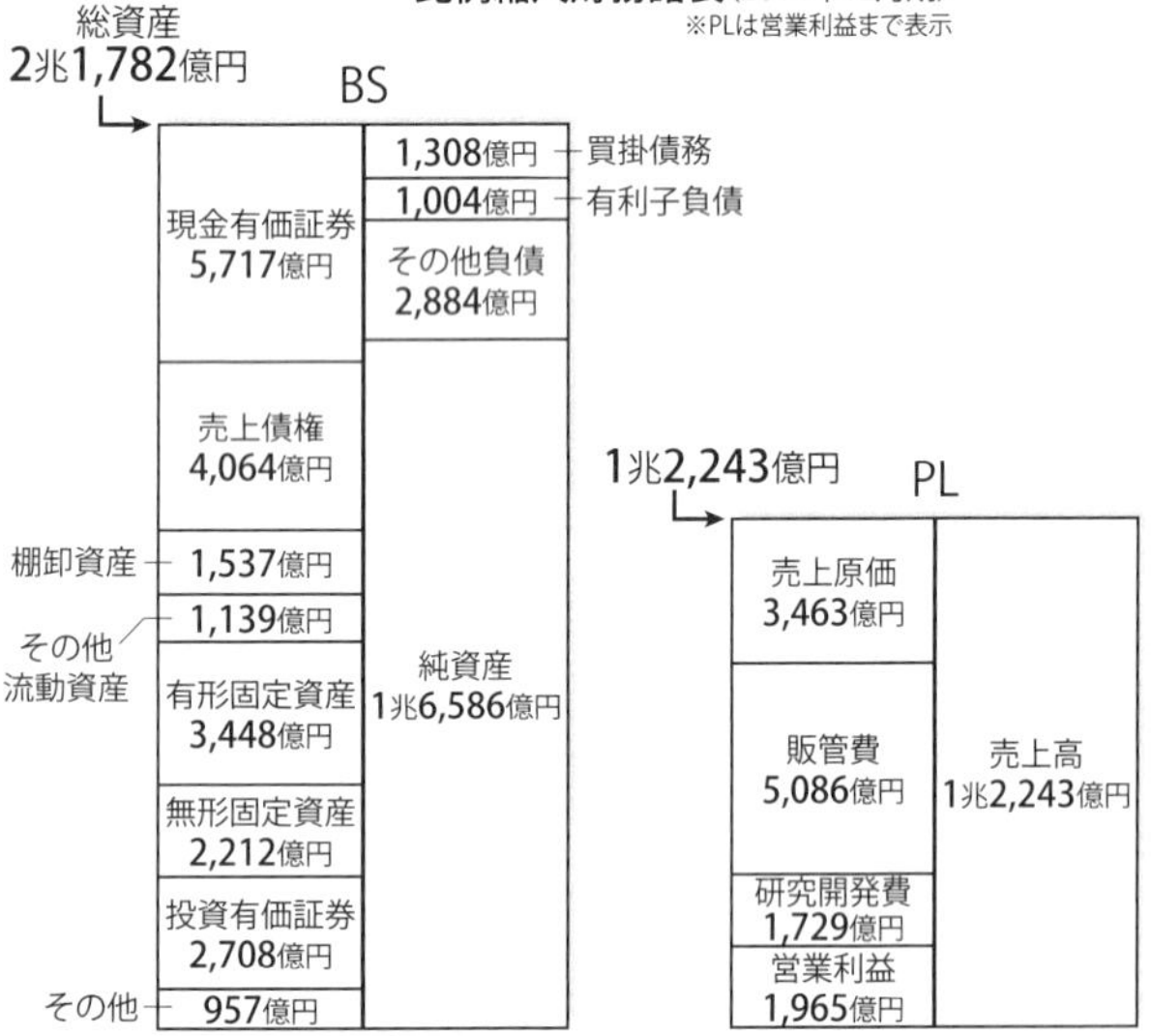
※PLは営業利益まで表示
総資産
2兆1,782億円
BS
現金有価証券
5,717億円
売上債権
4,064億円
棚卸資産
1,537億円
その他
流動資産
1,139億円
有形固定資産
3,448億円
無形固定資産
2,212億円
投資有価証券
2,708億円
その他
957億円
1,308億円
買掛債務
1,004億円
有利子負債
その他負債
2,884億円
純資産
1兆6,586億円
1兆2,243億円
PL
売上原価
3,463億円
販管費
5,086億円
研究開発費
1,729億円
営業利益
1,965億円
売上高
1兆2,243億円

販路で世界に売る。成長するかはまだ未知数だが、武田は新しいモデルとなるキッカケをとりあえずつかんだ。

特許切れのリスクは同業他社も同じである。そしてそれを回避するために買収に走らざるを得ない、という事情も同じである。２０１３年度に日本の製薬メーカーとして利益額トップに立った、大塚ホールディングスも同じ悩みから買収に乗り出した。〈図表４‐２〉は大塚ＨＤの財務諸表と推移である。

大塚ＨＤでは、主力の医薬品

売上高・営業利益推移

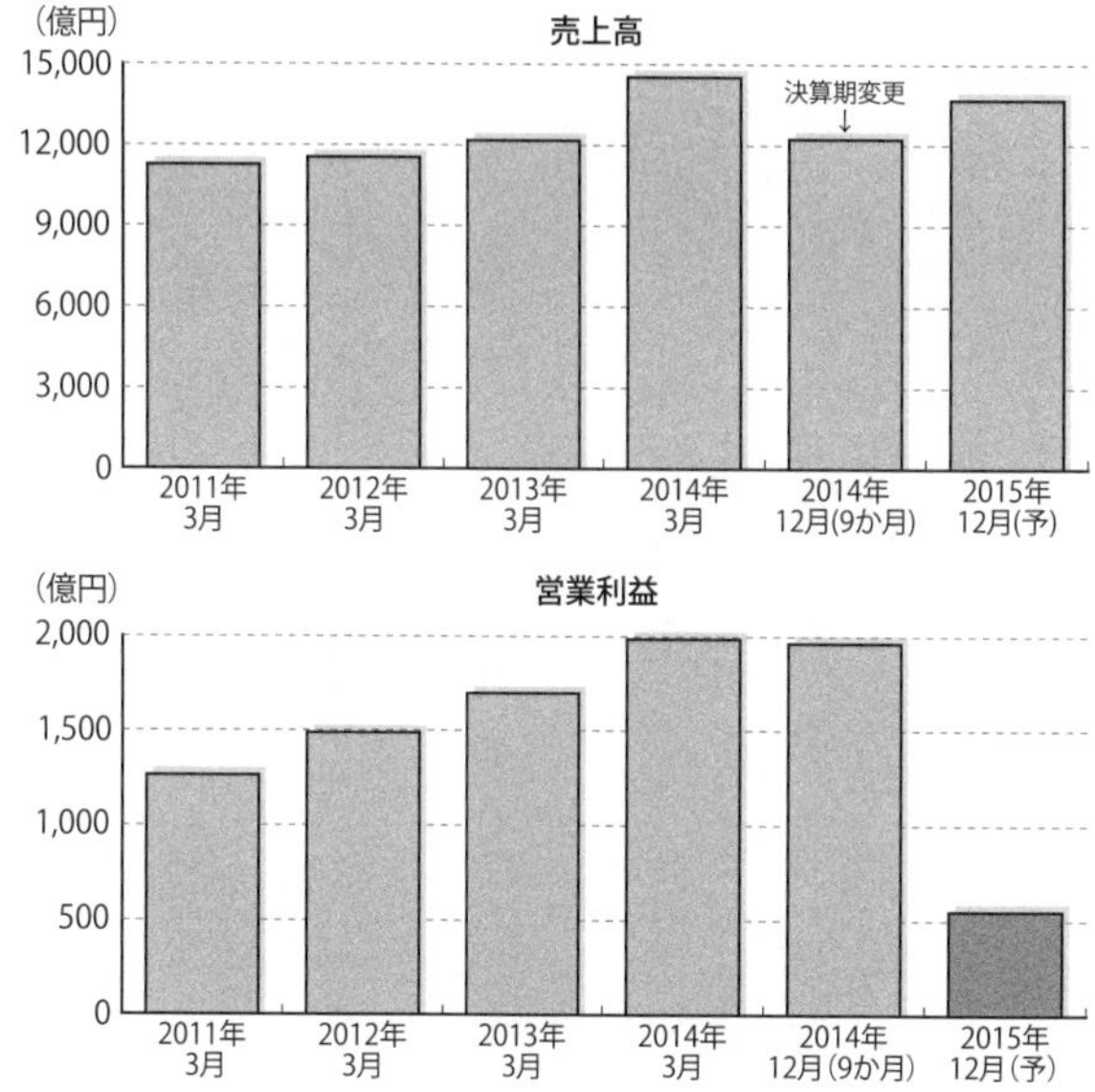

（億円）
売上高
15,000
12,000
9,000
6,000
3,000
0
決算期変更
2011年3月
2012年3月
2013年3月
2014年3月
2014年12月(9か月)
2015年12月(予)
（億円）
営業利益
2,000
1,500
1,000
500
0
2011年3月
2012年3月
2013年3月
2014年3月
2014年12月(9か月)
2015年12月(予)

売上の４割超を稼いできた大型薬「エビリファイ」の米国での特許が２０１５年４月に切れた。

エビリファイは２００２年に統合失調症の治療薬として販売が始まり、うつ病などにも適応を広げ、処方対象の患者を増やしてきたおかげでブロックバスターに育った。しかし特許切れで、エビリファイの売上高は２０１４年12月期（決算期変更で９か月）の５０７４億円から、２０１５年12月期は約２８００億円へと約６割減少する見込みだ。というのも、米国での売上高は特許が４月まで残る１〜６月は約１６００億円と予想されるが、７〜12月はその10分の１へと激減する見通しだからだ。通年で特許が切れる２０１６年以降は、エビリファイの売上高はほぼ後発薬に取って代わられる予想という。

米国ではこれほど新薬が後発薬に取って代わられるスピードが速い。というより、新薬は特許が切れたらほぼ終わりというのが実情である。製薬業界では、これを「特許の崖（パテント・クリフ）」と呼んでいる。

パテント・クリフが要因で、大塚ＨＤの２０１５年12月期の連結営業利益は、前期のほぼ４分の１になる見通しだ。エビリファイのようなホームラン級の新薬を創出するのは容易でない。しかし同社の樋口達夫社長は「落ち込みは新薬でカバーする」と表明している。

そのために買収に意欲的である。直近では２０１３年に米創薬ベンチャーのアステックスを約９００億円で買収したほか、２０１５年１月には約４２００億円を投じて米アバニアを買収したばかりだ。大塚ＨＤのＢＳを見ると、武田ほど無形固定資産は大きくない。だが短長期の現預金有価証券や投資有価証券を合わせると、８０００億円超の資金があるので、買収はこれから本格的に進むだろう。ただし良い買い物があれば、の話だが。

利益トップ・アステラスも特許切れ近づく

製薬業の買収や研究開発はリスクが大きい。現代の医薬品業は、賭け札１枚５００億～１０００億円の巨額ギャンブルといわれているほどだ。

大塚製薬といえば、もともとポカリスエットやカロリーメイト、ソイジョイといったユニークな商品で有名である。子会社の大塚食品にはレトルトカレーの先駆けとなったボンカレーもある。しかし、医薬と並ぶ事業の柱である健康食品関連は、最近低迷している。ポカリスエットやソイジョイの近年の国内出荷は、ピーク時の３分の１～３分の２程度に落ち込んでいるという。

大塚の創業者は「ものまねをしない」が口癖で、商品を粘り強く売り続け、ロングセラー商品に育てるのが大塚の持ち味だった。ポカリスエットやカロリーメイトの往年のファンの一人としては、大口のギャンブルに熱中する間に地道な努力の積み重ねを忘れてはいないか、心配になる。

現在の日本の製薬メーカーとして利益トップ企業は、大塚に代わってアステラス製薬である。アステラスの業績は現在のところ好調である。２０１６年３月期の連結営業利益も、前期を約３割上回る見込みで、本体で開発した新薬だけでなく、開発販売権を買収した新薬が大きく貢献している。

しかしこれらの「孝行息子」たちが、２０１８〜２０２０年にかけてパテント・クリフを迎える。このためにアステラスも企業買収や、開発・販売権の買収に努めてきた。それらが今のところ功を奏しているが、問題は本体の研究所から新薬が出ないという、他社と同じ事情だ。

実は自前の研究所がなかなか新薬を生まない現象は、世界の製薬メーカー共通の悩みである。アステラスの中期計画でも売上高の17%に相当する金額を研究開発に投じるとしているが、勝率の低いギャンブルにいつまで賭けていくのだろうか。

新薬の特許は出願の日から20年である。特許期間中は出願者の権利が守られる。ちなみに先進国では20年が多いが、新興国の中には、例えばインドでは14年、マレーシアでは15年のように短い国がある。

新薬は出願の日に発売されるわけではない。臨床試験中に特許になりそうと判断した時点で出願するので、実際の発売は数年遅れる。したがって新薬は発売から15年程度、短い場合は10年くらいの期間で投資回収しなければならない。エビリファイの場合はそれが13年ほどだった。特許が切れれば売上は急降下するので、ヒット薬の開発に成功しても販売を急ぐ必要があり、忙しい思いをしなければならない。流行歌ではないが、薬のヒットもはかない命ということになる。

多角化企業キリンは製薬会社を目指す？

製薬業が長く高収益だったこともあって、「製薬業は儲かる」という見方は広まっていた。加えて「健康で長生き」は人間の究極願望である。「21世紀に最も期待されるリーディング・インダストリー」と見なされるのは、むしろ当然である。

この「黄金郷」を目指して、異業種が次々と参入してきた。三菱化学や住友化学など化学会社は技術的に隣接分野であり、食品会社も「医食同源」で近い位置にいる。これにたばこ会社やフイルム会社、繊維会社、化粧品会社、そして機械メーカーに至るまで、今やありとあらゆる業種が製薬業に熱い視線を送っている。

ビール会社もその一つである。ビールや飲料、その他の酒などは、極めて競争の激しい消耗戦市場である。ビールやお茶は、消費者から広く認知されると量産量販効果が大きいので、新製品開発や大掛かりなマーケティング投資に大金をつぎ込む。これに価格競争もついてくる。したがって儲かりにくい構造になってしまった。だからビールや飲料の会社は多角化戦

〈図表4-3〉キリンホールディングス

比例縮尺財務諸表（2014年12月期）

※PLは営業利益まで表示
総資産
2兆9,659億円
BS
現預金
496億円
売上債権
4,087億円
棚卸資産
2,463億円
その他
流動資産
972億円
有形固定資産
7,984億円
無形固定資産
8,494億円
投資有価証券
4,035億円
その他
1,128億円
1,601億円
買掛債務
有利子負債
8,034億円
未払酒税
834億円
その他負債
5,833億円
純資産
13,357億円
2兆1,958億円
PL
売上原価
1兆2,523億円
販管費
8,290億円
1,145億円
営業利益
売上高
2兆1,958億円

略が欠かせないと考えているのだ。

かつてビールのガリバーだったキリン（現在はキリンホールディングス）は、２０１４年に国内食品首位の座をサントリーに明け渡した。〈図表４－３〉はキリンＨＤの財務諸表とセグメント別売上・利益グラフである。

事業セグメント別は、酒類と飲料を総合飲料としてまとめ、国内と海外に分けて開示されている。国内総合飲料の売上が約１・２兆円、営業利益４８２億

セグメント別売上高・営業利益内訳

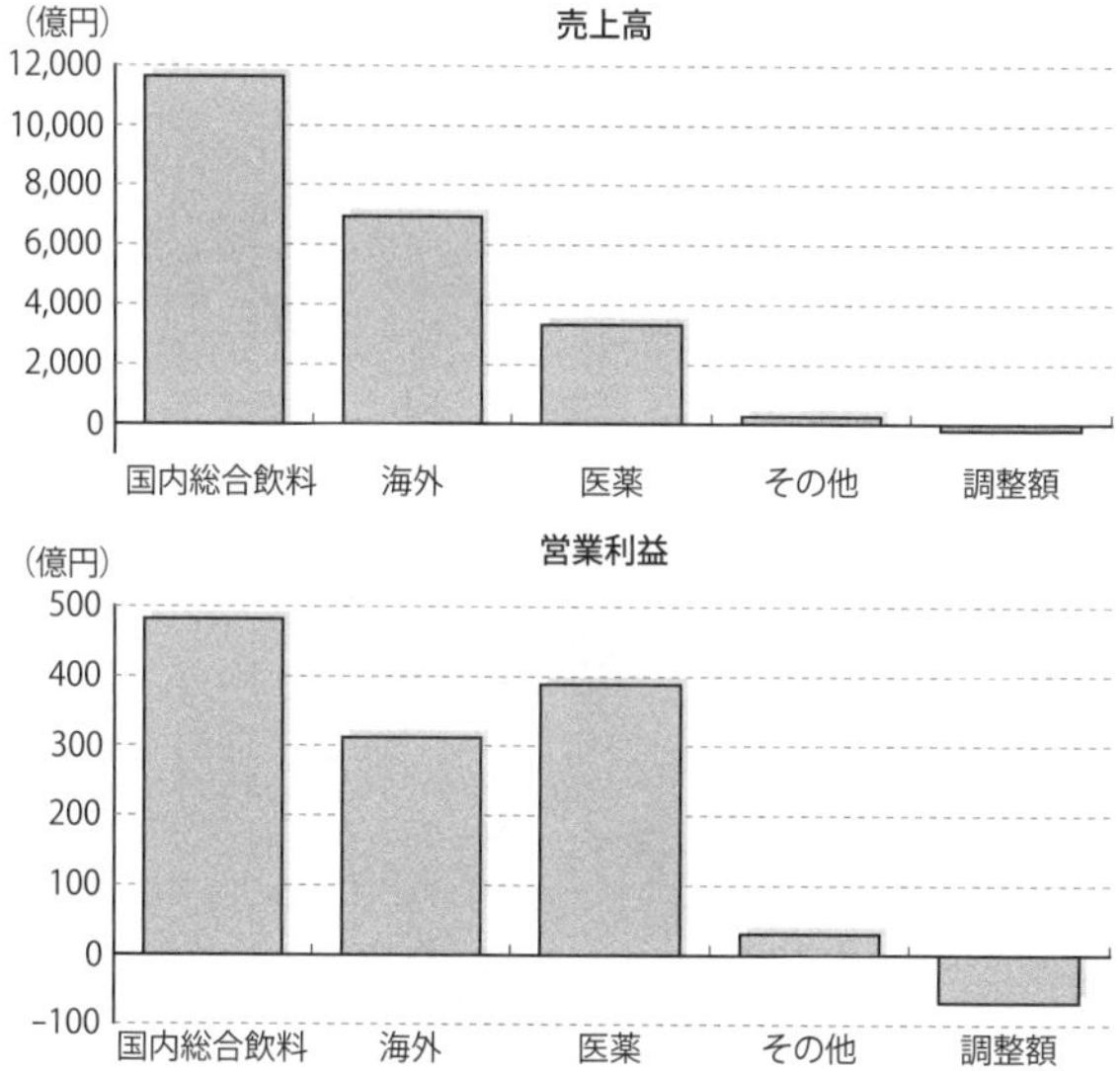
売上高
(億円)
12,000
10,000
8,000
6,000
4,000
2,000
0
国内総合飲料
海外
医薬
その他
調整額
営業利益
(億円)
500
400
300
200
100
0
-100
国内総合飲料
海外
医薬
その他
調整額

(注)「調整額」は部門間取引や共通費など

円と比べて、医薬・バイオケミカル事業は売上高3300億円で390億円稼ぎ、比較的高収益なのがわかる。しかし前期と比べると、国内総合飲料が23%の営業減益、医薬は29%減といずれも不振である。

　キリンの医薬品事業にはもともとキリンファーマがあったが、2008年に協和発酵と統合することで「協和発酵キリン」となり、キリンHDが同社の50%超の株式を保有して傘下に収めた。かつてのキリンは国内事業の強固なブランド力でキャッシュを稼ぎ、その資金をM&Aにつぎ込んで海外市場を開拓してきた。当時、先進的ともてはやされたが、その中で医薬品もM&Aによって強化したのである。

しかし2014年に国内の食品メーカートップの座をサントリーに奪われてしまった背景には、国内が手薄になったことがある。アサヒビールやサントリーが攻勢をかける中で、国内の消耗戦を嫌って海外進出に力を入れたおかげで、国内の取り組みが弱くなってしまった。さらに売上やシェアより利益を優先させて、国内営業の販売促進費などを絞り込んだ結果、主力のビール事業で小売店での棚取りや外食店の新規開拓で後れを取り、国内ビールのトップ・アサヒにすら差を広げられる結果となった。

これに海外事業の不振が表面化し、買収積極策は裏目に出ている。2011年のブラジル・ビール大手スキンカリオール（現ブラジルキリン）を買収した直後、2012年12月期は、営業最高益を達成して好調だった。しかしその後、ブラジル経済の低迷もあって暗転する。

今のところブラジルキリンはブラジル国内シェアが15%程度で、トップの世界最大手アンハイザー・ブッシュ・インベブ社の65%にまったく太刀打ちできず、赤字の状態という。結果として一転、高値づかみと批判されることになった。キリンの無形固定資産の中で、ブラジルキリン分は約1400億円と報道されているが、これは減損の可能性大ともみられている。

飲料会社サントリーとビール会社アサヒもM&Aへ

220～221ページ〈図表4‐4〉はサントリーホールディングスの財務諸表である。サントリーHDの大きいバランスシートで圧倒されるのは、2・5兆円という巨額の無形固定資産と2兆円強の有利子負債である。純資産は1・2兆円とキリンより少ない。実体資産の裏付けのない無形固定資産が純資産の2倍強と異例の大きさで、ソフトバンクを彷彿とさせる。サントリーが思い切り背伸びをしていることがわかる。

これらはもちろん大型の連続買収によるものである。2009年の仏オランジーナ・シュウェップス（約3000億円）、2013年のグラクソ・スミスクラインからの事業買収（約2200億円）、そして2014年に約1兆6000億円で手に入れた米バーボン・ウイスキー大手ビームと、買収が続いた。さらに2015年には、HD傘下のサントリー食品インターナショナル（上場会社）が日本たばこ産業（JT）の飲料自販機事業を1500億円で買収している。

「それにしても高い買い物だ」

〈図表4-4〉サントリーホールディングス

比例縮尺財務諸表（2014年12月期）

※PLは営業利益まで表示

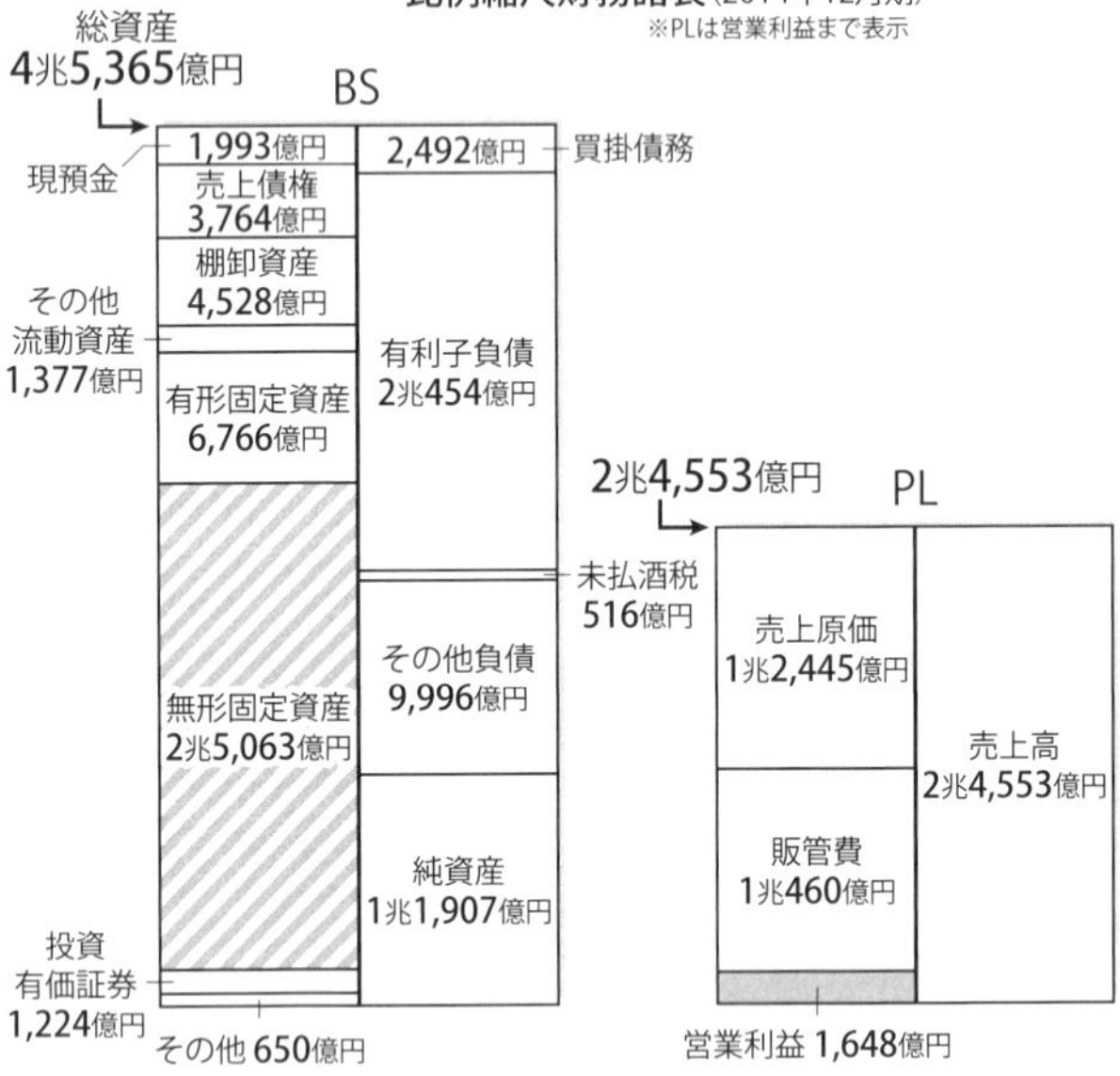

総資産
4兆5,365億円
BS
1,993億円
現預金
売上債権
3,764億円
棚卸資産
4,528億円
その他
流動資産
1,377億円
有形固定資産
6,766億円
無形固定資産
2兆5,063億円
投資
有価証券
1,224億円
その他 650億円
2,492億円
買掛債務
有利子負債
2兆454億円
未払酒税
516億円
その他負債
9,996億円
純資産
1兆1,907億円
2兆4,553億円
PL
売上原価
1兆2,445億円
販管費
1兆460億円
営業利益 1,648億円
売上高
2兆4,553億円

ビームのときもそうだったが、このときもこんな声が関係者から上がった。

自販機はかつて効率的なチャネルで、コンビニエンスストア1店分の販売力があると言われたことがある。しかし今では消費者から「スーパーで買うより高価」と受け取られて、節約志向から低迷している。しかも近年は設置規制が厳しく、拡大の余地は乏しい。

こうした声をものともせず、サントリーはシェアを優先して力業で進もうとしているかのよ

セグメント別売上高・営業利益内訳

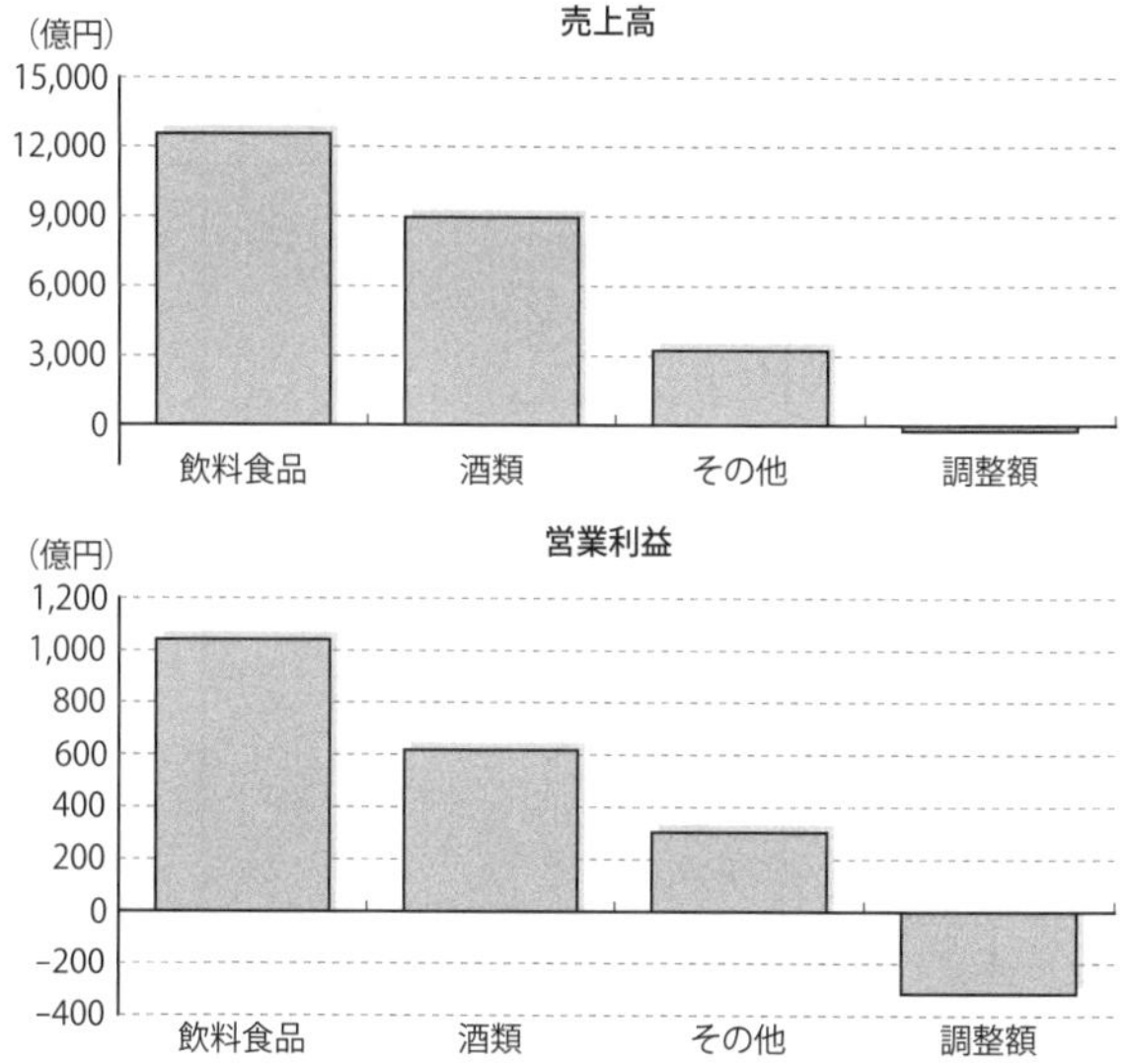

(注)「調整額」は部門間取引や共通費など

うだ。M&Aをすれば、瞬間的に被買収企業の売上や利益が加算されるので、数字的な急成長を演出できる。結果としてサントリーはキリンを抜き、国内食品メーカーの首位に立った。だがサントリーが成果を出すのはこれからだ。もし2・5兆円ののれんが文字通りタダの布切れと認識されるようなことがあれば、サントリーの1600億円レベルの利益はすぐに吹き飛んでしまう。

　サントリーHDの新浪剛史社長は、全体売上の36%を占める

〈図表4-5〉アサヒホールディングス

比例縮尺財務諸表（2014年12月期）

※PLは営業利益まで表示

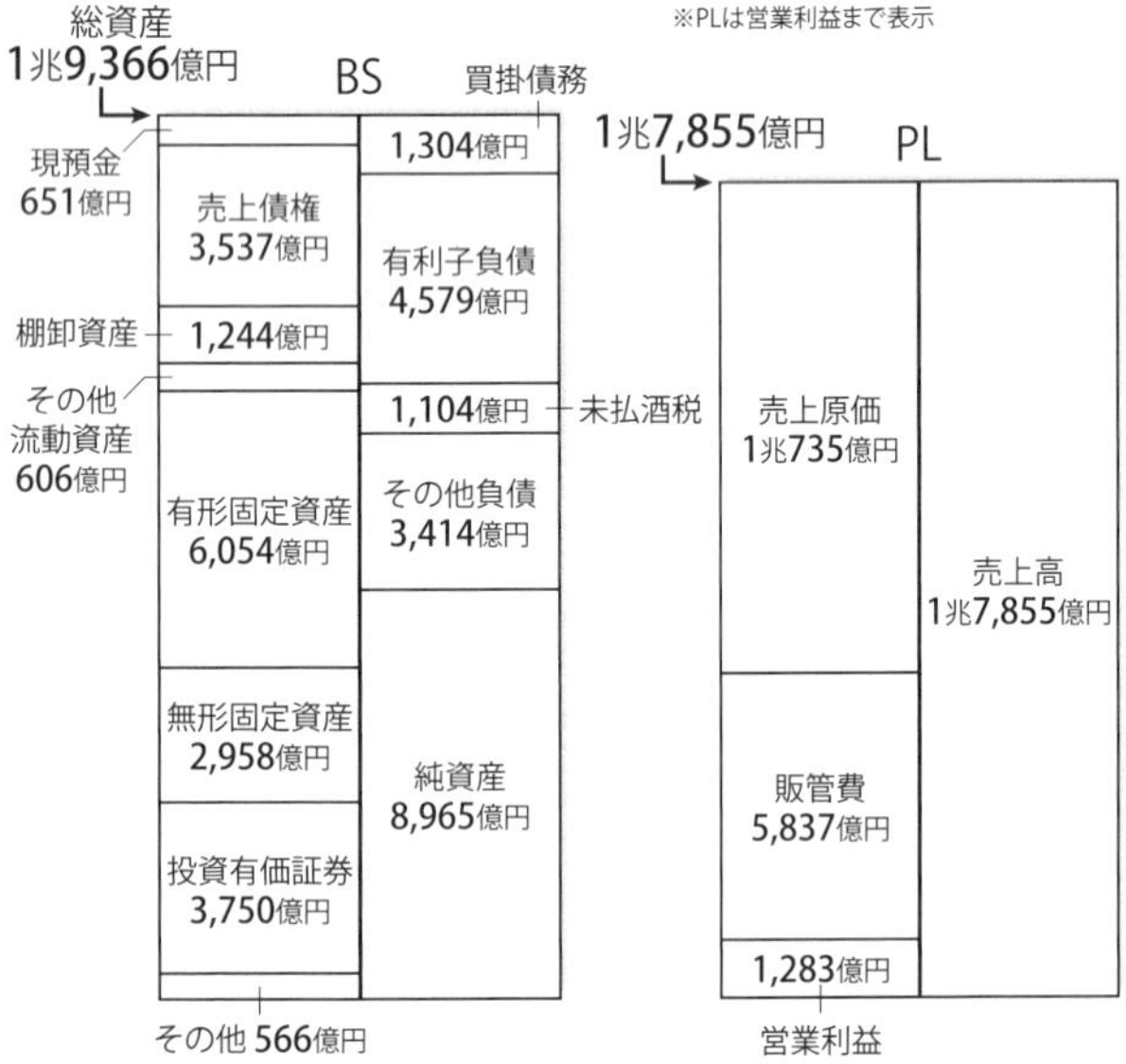
総資産
1兆9,366億円
BS
買掛債務
1,304億円
現預金
651億円
売上債権
3,537億円
有利子負債
4,579億円
棚卸資産
1,244億円
その他
流動資産
606億円
1,104億円
未払酒税
有形固定資産
6,054億円
その他負債
3,414億円
無形固定資産
2,958億円
純資産
8,965億円
投資有価証券
3,750億円
その他 566億円
1兆7,855億円
PL
売上原価
1兆735億円
売上高
1兆7,855億円
販管費
5,837億円
1,283億円
営業利益

海外事業をさらに拡大させる方針でこう語っている。

「世界には米コカ・コーラや英ディアジオなどまだまだ上がいる。キリンはビールで世界に挑もうとしている。しかし日本企業がビールで世界のリーダーになるのは難しいと思う。われわれは20年までにウイスキーで世界一を目指す」

アサヒHDの財務諸表も見ておこう。〈図表4‐5〉がそれである。営業利益の高さでは、サントリー、アサヒ、キリンの順番になる。

セグメント別売上高・営業利益内訳

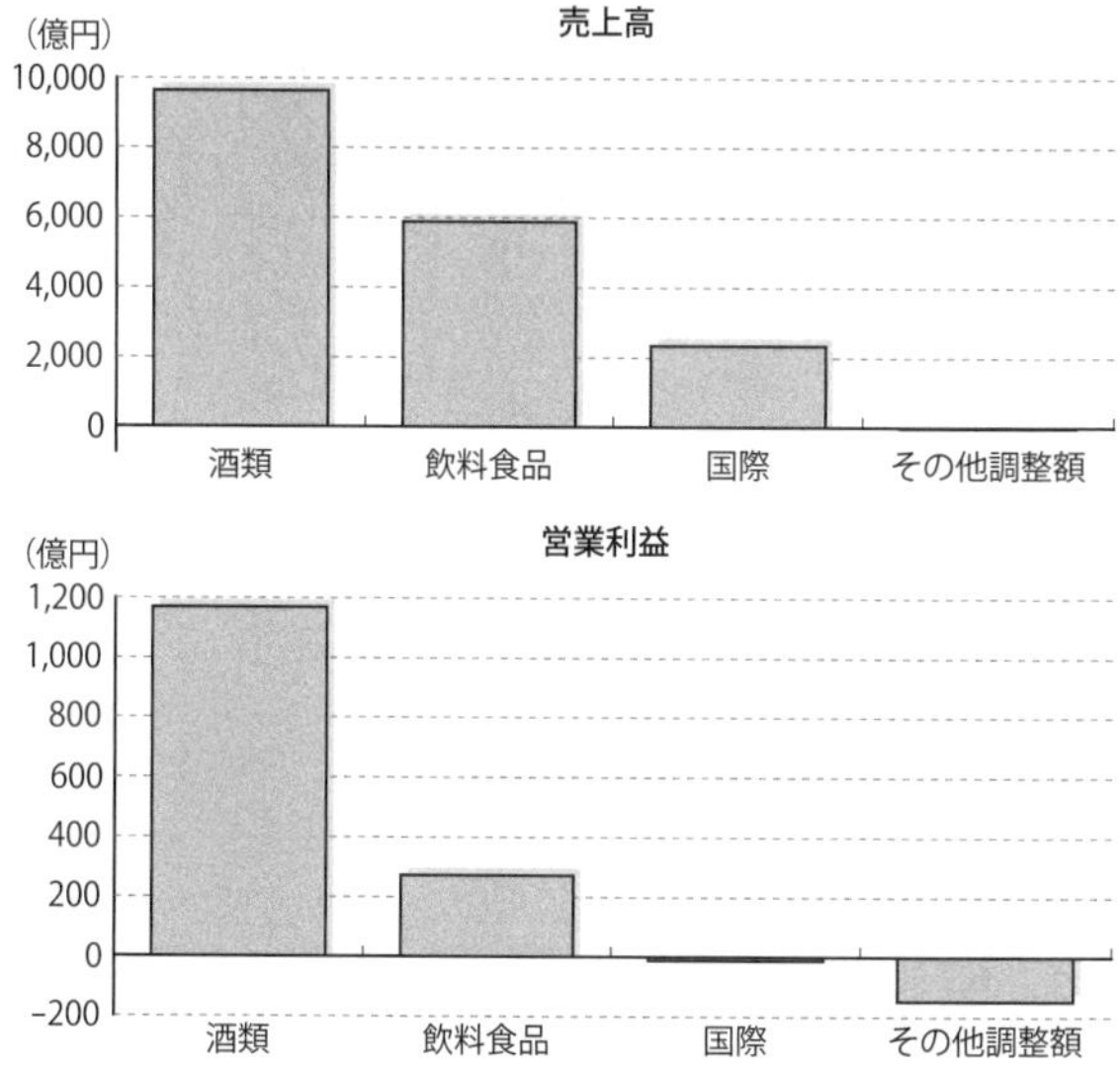

（注）「その他調整額」は部門間取引や共通費など

アサヒの財務諸表からは、キリンやサントリーのような投資の果敢さは読み取れない。かつてアサヒはバブル期にＭ＆Ａや不動産投資、財テクなどに過剰投資して痛手を被った経験があるが、それがトラウマになっているのだろうか。

そしてセグメント別営業利益から見る限り、「アサヒはビールなど酒類の会社」「サントリーは飲料食品から世界の酒類へ伸びようとする会社」、そして「キリンは医薬など多角化（分散投資?）の会社」と見える。

それぞれ個性のある各社の次の展開はどうなるのか。命運や、いかに。

【製薬業界斜め読み】

日本の医療制度を作った（？）豪傑

なぜ医薬は高収益で、成長産業と見られるのか。医薬品を含む医療産業は、国の政策が深く関与する典型的規制産業である。したがって政策的に高収益産業として設計されたと言ったほうが早い。では誰が今日の日本の制度設計をしたのだろうか。

もちろんそれは国であり、厚生省（現・厚生労働省）である。しかし現在の日本の財政赤字を積み上げるほど、歪んだ利益構造に誘導したのは誰なのか。日本の優秀な官僚がなぜ、そんな将来に問題を多く残すような制度設計をしてしまったのだろうか。歴史をたどってみると、その先に武見太郎という人物の存在が浮かび上がる。

武見は１９５７年から25年間の長きにわたって、日本医師会会長を務めた人物である。武見は医師という職業をこの世で最も崇高なものと考えた人で、医師の中でも特に開業医の利益を代弁した。

戦後、政治政党の政権基盤は農村票に依存していた。特に自民党は農村を票田とし、地方で人々から崇拝される開業医の力を必要とした。日本医師会の集票力は強力で、やがて最強の圧力団体となる。この力をバックに武見は自民党や厚生省に働きかけ、開業医の利益を拡大させた。戦後の医療行政に厚生官僚との対決も辞さず、「ケンカ太郎」と呼ばれるほど強い影響力を発揮した。武見が官僚を半ば恫喝し実現したものには、例えば次のようなものがある。

・会長在任中、毎年2割近く医療費を拡大させた
・池田勇人首相との対決で、医師優遇税制を認めさせた
・診療報酬アップを渋る佐藤内閣時代に、医師7万人以上を巻き込んで保険医総辞退を主導し（つまり一種のストライキ）、値上げを認めさせた

日本は第二次大戦で灰燼《かいじん》に帰し、戦後日本の医療水準は最低レベルだった。そこに近代国家を目指し、国民皆保険制度による医療体制を築くにあたり、莫大な国庫を投じて国立病院

を多数建設するほどの資金力が日本にはなかった。したがっていわゆる民活を利用し、開業医に利益誘導を施し、民間の病医院をあまねく普及させる政策が進められた。その利益誘導の一つが、「薬価制度」である。

戦後間もない頃のほとんどの町医者は、江戸時代の「赤ひげ」とあまり変わらず、自宅で細々と開業する零細事業者だった。それゆえ銀行の信用も受けられず、病医院の開業は資金的にも困難だった。

そんなとき、薬価制度が医師に多額のインセンティブをもたらしてくれた。診療報酬と違って、薬ならば患者に大量に処方すれば、多額の収益が稼げるからである。しかも薬の公定価格（薬価）と仕入価格には、大きな「薬価差」があり、病医院はこれで大きな利益を得ることができる。これをサポートしたのは医薬品卸業であり、その卸業をバックアップしたのが製薬会社である。

また開業資金のない医師に対して、薬代金の支払いでは異常なほど長い支払い延期が卸業から認められた。つまり資金的にもバックアップしてもらえ、回収サイトが2～3年という例も珍しくなかった。診療報酬は保険の支払基金から3か月サイトで入金するのに対して、医薬品の支払いは2～3年先となれば、乏しい開業資金でも病医院を何とか立ち上げることができたのである。

もちろん資金をバックアップする医薬品メーカーが存続可能なように、潤沢な利益と資金を得られる薬価差の仕組みが作られた。つまり国が製薬メーカーを利益面で支援したので、医療産業全体が潤ったのである。武見の診療報酬や薬価引き上げのゴリ押しがあり、今日に続く制度設計が出来上がっていった。

この仕組みは、国民の多くが若い働き手である時代には矛盾が見えない。若い労働者が税金や保険料を支払う一方で、病気には縁遠いからである。しかし現代のような高齢社会になると、矛盾が一気に噴き出す。それが現状の姿である。

面白いのは、銀座にあった武見自身の診療所である。武見は保険診療を行わず自由診療のみで、しかも治療費は決めなかった。富裕な人たちが袋に「気持ち」の現金を包んで置いていくことがあり、それを受け取っても中身は見なかったという。お金次第で診療姿勢が変わることはない、というメッセージだったようだ。

武見診療所には、華族や文化人、学者など有力者が集まり、そんな人は高い治療費は当然と実際に相当のお金を包んだのだろう。しかし一方で周辺に住む庶民もまたこの診療所に通い、その人たちはわずかな現金で治療を受けていたという。

武見本人には高邁な理想があった。しかし武見がリードした日本の医療環境はどう変わったか。今や40兆円にも達する国民医療費、長い待ち時間と短い診療、薬漬け医療、患者の人間性への配慮には程遠い延命医療や終末医療、医師の医療技術の格差拡大や予防医療の軽視等々、多くの矛盾が現代に残されている。

実は、武見自身はこんな言葉を残している。

「(医師は) 3分の1は学問的にも倫理的にも極めて高い集団、3分の1はまったくのノンポリ、そして残りの3分の1は、欲張り村の村長さんだ」

なぜ自前の研究所が新薬を生まなくなったか?

さて、こんな儲かる医薬品業の中で、武田薬品はトップ高収益会社になったわけだ。しかし最近の様変わりはなぜなのだろうか。

自前の研究所から、大型新薬が生まれず、買収に走る姿について紹介したが、なぜこうなってしまったのか。その事情は大塚やアステラスでも、あるいはファイザーやノバルティスのような世界の製薬メーカーでも同じなのだ。

2010年くらいまでの20年近い間、武田に巨額の利益をもたらしたブロックバスターは

４つあった。製造原価率は極めて低いので、売上はほぼそのまま粗利となった。この４つの大型薬の特許が相次いで切れたのが、２０１０年前後である。

新薬の特許は出願の日から20年である。ということは、武田の大型薬は１９９０年前後に特許出願されたことになる。特許が20年後に切れることは、最初からわかっていた。したがって武田は次の20年間に稼いでくれる新薬を開発するべく、１９９０年以降の20数年間に合計４兆～５兆円もの研究開発費を投じてきたのである。しかしその投資は実を結ばなかったのだ。

筆者がインタビューしたある業界関係者は、「武田は研究開発で数兆円スッた」という表現をした。ギャンブルでお金をスッたかのような言い方だったが、残念なことにそれが本質を端的に表現している。武田に限らず、製薬会社はギャンブルに一時勝ち、そして負けたのだ。

なぜそうなるのか。筆者は２０００年前後に同僚の研究仲間とチームを組んで、新世代のバイオテクノロジーと医療業界について、研究プロジェクトを組成したが、そこから得た結論は「情報の透明化が進むＩＴ革命ゆえのこと」だった。

どういうことか、シンプルに説明しよう。薬がなぜ人体に有効か、実はそのメカニズムはまだ完全に解明されていない。昔からあるアスピリンのような薬でも、なぜ人体に効くのか、よくわかっていない。

しかし効果のメカニズムがわからないと、つまり情報が不透明だとこんなことが起きる。かつては新薬が開発されると、国もどんどん承認を出し、発売された。新薬は同じ症状の患者たちに処方される。つまりバラ撒かれる。しかし一部の患者には効いても、一部の人には副作用が生じ、多くの人には何の効果も表れない、などという現象が起こる。医師はなぜそうなるのかがわからず、効果の表れない患者に対して「薬を変えてみましょう」と言って、別の薬を処方する。つまり効果のメカニズムがわからないと、薬のバラマキが起こる。大量にバラ撒かれると、製薬メーカーは大量に売ることができ、ブロックバスターになる。つまり量販して儲かるのである。

しかし新世代のバイオテクノロジーによって、少しずつだがメカニズムがわかるようになってきた。遺伝子やたんぱく質の解析が徐々に進むにつれて、こんなことがわかるようになり始めている。例えばある薬は、特定の遺伝子を持った1割の患者には効能があるが、1割の人には副作用が発現し、8割の人には何の効果もない、というようなことが。

つまり新薬の開発に成功して発売にこぎつけたとしても、特定症例の1割の患者にしか処方できないことになる。

　一方で、国の財政負担減の政策が進められると、国も新薬の承認の窓口を狭めようとする。既存薬より明らかに薬効の高い新薬ならば、承認する意味はあるが、同程度の効果しかない新薬ならば承認して薬価を付ける意味がない。したがって新薬承認のドロップ率が高くなる。

　従来は、構造式さえ違えば、同程度の薬効の薬でもどんどん新薬として認められた。今は特効薬が求められるわけだが、特効薬は開発に成功しても製薬会社にとって困る性質を持っている。病気に一発で効くと、売上が上がらないのだ。

　以前、ロシュのタミフルがインフルエンザの特効薬と言われて導入されたとき、ある医薬品卸のトップが漏らした本音を聞いて、失笑した経験がある。タミフルは罹患してから48時間以内に飲むと、1回で直ってしまうと言われた。そうなると、今までの市販のインフルエンザ薬が売れないことになる。「ゾッとした」と、その卸トップが漏らしたのだ。風邪薬は飲んでもなかなか治らないからこそ、大きな市場性がある。1回で治ってしまったら……？

　薬の効くメカニズムがよくわからないまま販売されると、臨床試験中には発見できなかった副作用が新薬発売後に一部の患者に表れたりする。武田のアクトスのように。いきおいリスクを最小化するために、臨床試験もますます重く課されるようになる。開発費がますます増える一方で、以前なら見過ごされた副作用も、厳しくチェックされ、開発案件のドロップ率がさらに上がる。

そして苦労して承認をパスしても、市場は既存薬の10分の1となるような事態が起こるに至って、従来の「儲けのメカニズム」がもはや効かなくなったのだ。

「人体という小宇宙」を解き明かす情報技術

低分子化合物の限界という面もある。従来は世の中には存在しない組成の低分子化合物をたくさん作って、それを細胞やタンパク質と絡めて、何がしかの反応が確認できたものの中から最適化して薬を開発してきた。この低分子化合物が開発され尽くしたことも、新薬を生まない一因になっている。

現代では、抗体医薬や核酸医薬など高分子のバイオ医薬が開発され始めている。新世代のバイオテクノロジーが成熟するまでには、あと何十年も要するだろう。しかしそれは一面、「人体や生物という小宇宙」をデジタル的に解き明かそうとする情報技術体系なのだ。Information Technology、つまり、ＩＴ革命がここでも進行しているのだ。

近代経済学は、不完全競争下では超過利潤が生まれる、と教える。不完全競争のもとでは情報が不完全で、例えば隣の店で同じ品物が半額の値段で売られているという情報を消費者が知らなければ、その店は超過利潤が得られるのだ。しかしＩＴが進化して、情報が透明になると超過利潤は得にくい。医薬品も同じである。今までは「効き目がわからない＝情報が不透明」のおかげで、製薬会社に超過利潤が発生していた。しかし情報が透明になりつつある今、それが消え始めたのだ。

日本はｉＰＳ細胞を生み出し、医療のあり方は将来、根本から変わりそうである。その未来の姿が、個別化医療に向かうことは間違いないようである。個別化医療とは、患者の遺伝子情報や生理状態を考慮して、一人ひとりに最適な治療方法を設定することである。診断薬で患者の状況を調べ、確実に効果が見込める薬を処方するオーダーメイド医療がこれからの医療の姿になる。

個別化とは、一般のメーカー品でいえば受注生産、ないしは多品種少量の生産販売に当たる。それはコストが上がる半面、量産量販のような儲けが出にくい。つまり市場は縮小に向かうことになる。

医薬業界は以前とはまったく違って、困難な市場になりつつある。ＰＥＳＴの４つの要素すべてが、構造的に変化しているからである。

こんな環境の下で、日本の製薬メーカーはどうしたらいいのだろうか。

もはやホームランや大ヒットを狙う戦略自体が、流れにそぐわないのではないだろうか、と筆者は考えている。日本の製薬業はすでに大きな所帯になった。これだけの大所帯を大ヒット狙いで維持し続けるのは、難しいのではないか。

「ギャンブルで蔵を建てた人はいない」とは、あるギャンブラーの台詞《せりふ》である。医薬品開発がギャンブルになっている今日、いつまでもギャンブルではなかろう。

筆者の個人的提言になるが、第一に新薬メーカーは後発薬をやるべきではなかろうか。

企業とは、社会の生産手段であり、効率的な経営を行うことで社会に余剰を生み出し、消費者に高品質で合理的な価格の商品を提供するのが第一義である。ならば、高品質で低価格の後発薬を提供すべきである。先発薬メーカーが特許切れの自社品を生産し続ける場合、その薬をオーソライズド・ジェネリックという。その薬を知り尽くし、品質も安定しているので、社会はオーソライズド・ジェネリックを歓迎するはずである。

ただし従来のように高価格で売れるわけではないので、企業体質をスリムな効率体質に作り変える必要があるのは言うまでもない。

第二に、新世代の医療機関を模索するべきではないか。

これからはオーダーメイド医療になる。人体の診断はウェアラブル端末で常時モニタリングされ、診断と診療は日常の健康管理とつながり、栄養指導から運動、治療後の生活指導に至るまでトータル・システム化されていくはずである。そんな予防や診断、治療や指導に至る壮大なシステムを、医師が経営する病医院に依存するのは心もとない。

今の規制では無理だが、やがて企業の参入が認められるはずである。というより、先進的で効率的な企業こそ、トータルのオーダーメイド医療の担い手になれるのではなかろうか。今からその体制づくりの準備をすべきではないか。いつまでも単発のホームランを狙うのではなく、地道なシステム・サービスを追い求めるべきである。

「再生医療の商業化に向け、日本は世界で最も速い軌道にある」

これは米ナスダックに上場しているイスラエルのバイオ企業ＣＥＯの発言だが（日本経済新聞２０１４年12月12日、17面）、世界から日本はこう見られているのだ。

実は武田薬品は、ノーベル賞受賞者・山中伸弥京大教授が率いる京都大学ｉＰＳ細胞研究所と大規模な共同研究を進めると発表している。武田は今後10年間で２００億円の研究費提供を含め、総額３２０億円もの費用負担をし、京大とコラボで細胞治療や創薬研究などを手がける。こうした実業界と学界のチームワークから生まれる知見こそ、世界が最も期待を寄せるものだろう。

グーグルが参入を計画する人体へのアプローチ

2013年にハリウッド女優アンジェリーナ・ジョリーが自分の遺伝子検査の結果、乳がんのリスクが高いことを知り、前もって乳房の切除手術を受けたというニュースがショッキングに伝えられた。

その遺伝子検査サービスで注目されたのが、23andMeというベンチャーである。実は23andMe社の共同創設者、アン・ウォイッキは、グーグルの共同創設者セルゲイ・ブリンの奥さんである。2006年の創業から、ブリンらから資金提供も受けながら、7年間の間に全世界で100万人近い遺伝子検査を手がけた。

しかし2013年に米食品医薬品局（FDA）から、一部の医療行為に当たるサービスにはストップがかかった。現在は遺伝子情報そのままの提供や、祖先に関する情報提供などに限定したサービスを続けている。

グーグルのブリンも、自身にパーキンソン病に関わる遺伝子の突然変異があったと公表している。将来、20〜80%の確率で発症するという。確率の予測幅がかなり広い気がするが、しかし彼はその発症を予防する対策（例えば運動など）を今から取れることに感謝している、と述べている。

グーグルは超長期的に、人類全員の遺伝子情報をクラウドに乗せてサービス提供するくらいの構想を描いている。こうした構想は、法律上も倫理上もハードルは高かろう。しかしグーグルのウェアラブル端末で常時モニタリングされた自分の生体情報がクラウド上にあり、いつでも必要なときにグーグルから情報を引きだして有効利用することができるとすれば、それは夢のサービスになるかもしれない。

とはいえ、ロボット化が進もうとも、診療や生活改善に人的サービスが不要になることはないだろう。しかも医療が人の一生涯に関わる壮大なシステム・サービスだとしたら、やはり日本に勝機がある可能性が高い。

繰り返しになるが、企業経営の王道は「最大の顧客満足を求めて、高品質かつ合理的価格の商品・サービスを社会に提供すること」のはずである。医療という壮大なシステム・サービスこそ、我が日本人の特性である「誠実な顧客志向と品質の作り込み」「地道な改善努力」、そして「内外のチームワーク」という強さを生かせるフィールドであろう。そして日本企業が世界に貢献できる道であろう。

第5章　住宅・インフラ業界編

金融業と不動産業が儲かる現代

どんな企業が今、儲かっているのか？　また儲からないのか？　それを知る手っ取り早い方法が、利益のランキングを見ることである。

第1章で掲げた〈図表1－8〉（47ページ）は、利益の実額ランキングだった。これは利益の規模感を表している。利益を見る場合、もう一つの見方がある。利益率である。利益率は世の中からどれだけ原価を上回るプラス価値を認められ、評価されているかを示す。プラス価値の高い企業は、余裕で儲ける企業である。

〈図表5－1〉は、経常利益率の上位10社ランキングである。これも〈図表1－8〉と同様、2015年度の予想利益を予想売上で割った、予想利益率の順位である。上位10社のうち金融業が、1～4位、そして6位と、5社入っている。ここでも金融業が絶好調なのがわかる。第1章でも述べたが、各国が金融緩和を競う時代に、金融の儲けが実業のそれを超えるのである。

企業の事業内容を見ると、1位全国保証と4位アサックスは、住宅ないし不動産ローンが中心である。また積水ハウスと森ビルのリートがあるが、これは不動産投資事業である。5位宮越HDは「中国で不動産開発も」とあるので、これも不動産業にカウントすると、上位

〈図表5-1〉2015年度経常利益率（予想）ランキング

順位	上場市場	会社名	経常利益率	売上高	経常利益	業種	事業内容
1	東証1部	全国保証	78.5%	308億円	242億円	その他金融業	独立系信用保証大手。住宅ローン向けが柱
2	東証1部	FPG	66.5%	143億円	95億円	証券・商品	船舶やコンテナのオペレーティングリース事業が柱
3	東証1部	松井証券	64.3%	350億円	225億円	証券・商品	ネット証券専業大手。信用取引に強み
4	東証1部	アサックス	64.2%	57億円	36億円	その他金融業	不動産担保ローン専業
5	東証1部	宮越HD	63.0%	12億円	7億円	電気機器	仲介貿易。欧州などで中国製テレビ販売。中国で不動産開発も
6	東証1部	ジャフコ	62.2%	450億円	280億円	証券・商品	野村証券系ベンチャーキャピタル・トップ
7	東証1部	積水ハウスリート	56.9%	34億円	19億円	不動産業	オフィスビル、商業施設、ホテルなどに投資
8	東証1部	森ヒルズリート	56.9%	65億円	37億円	不動産業	森ビルが運営。オフィス中心に商業施設・住居に投資
9	東証1部	キーエンス	55.2%	870億円	480億円	電気機器	検出・計測制御機器を直販。生産の大半を外注
10	マザーズ	ペプチドリーム	54.9%	25億円	13億円	医薬品	特殊ペプチドによる新薬開発

※各社決算短信の次期業績予想をランキングしたもの
※業績予想を発表していない企業は直近の実績
※stockboard.jpランキングより作成

10社中5社が不動産業に関わっていることになる。リートは資金調達手法という意味で金融業であり、不動産業は金融業と親戚関係なのだ。

こう見てくると、いわゆる実業と呼べるのは9位キーエンスと10位ペプチドリームだけになる。実は利益率上位100社のランキングを取ってみたところ、約70社が金融業、不動産業（関連含む）、不動産投資ファンド、その他投資ファンドだった。現代の錬金術は、金融ないし不動産業なのだ。

実業は業界ごとの環境変化に揺さぶられて、有為転変が激しい。しかし金融業と不動産業は、全体としての日本の価値を映す鏡である。実業分野ごとの浮き沈みはあっ

〈図表5-2〉三菱地所 vs. 三井不動産 比例縮尺財務諸表

（2015年3月期　PLは経常利益まで表示）

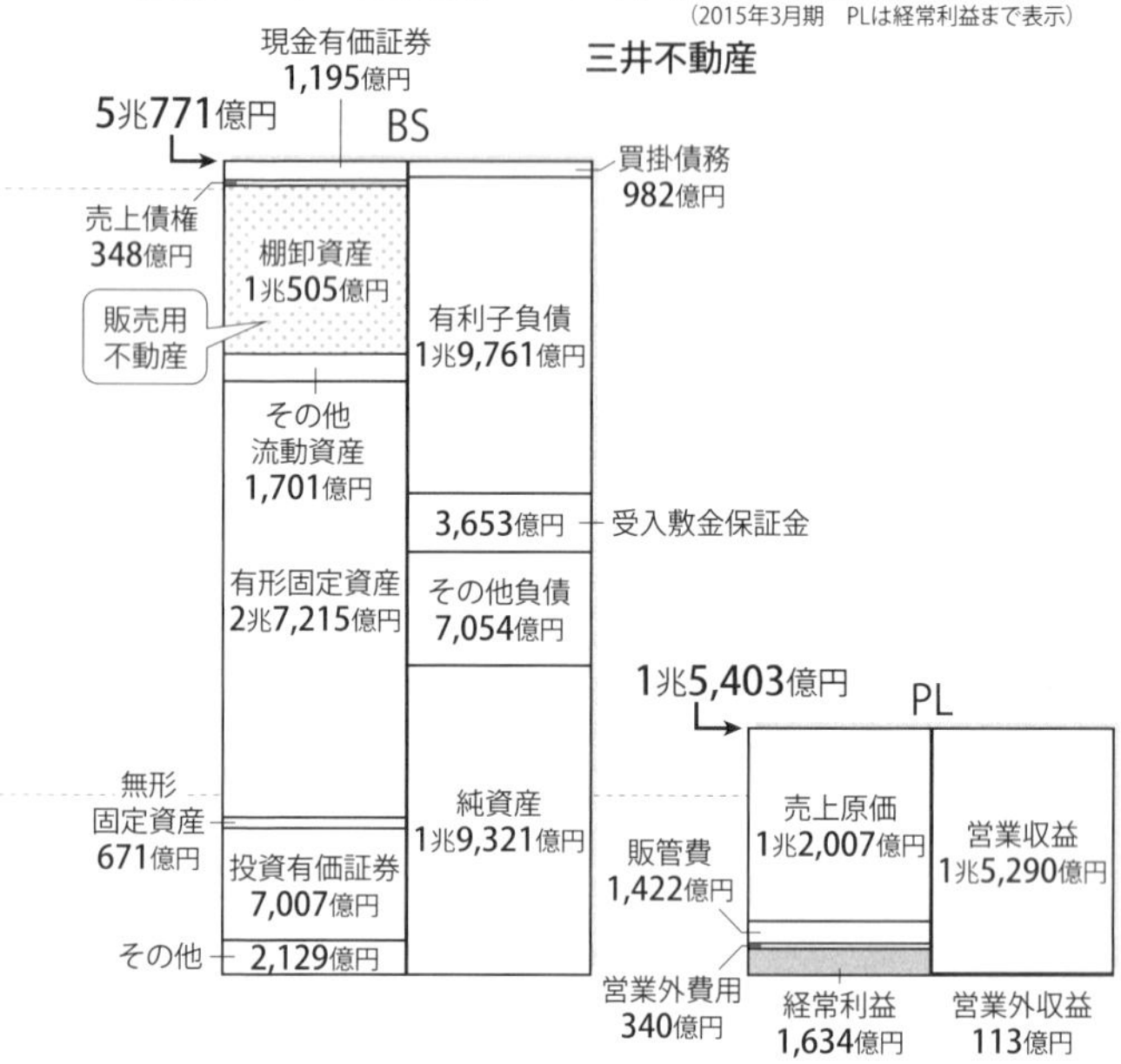

三井不動産
BS
5兆771億円
現金有価証券
1,195億円
売上債権
348億円
棚卸資産
1兆505億円
販売用
不動産
その他
流動資産
1,701億円
有形固定資産
2兆7,215億円
無形
固定資産
671億円
投資有価証券
7,007億円
その他
2,129億円
買掛債務
982億円
有利子負債
1兆9,761億円
3,653億円
受入敷金保証金
その他負債
7,054億円
純資産
1兆9,321億円
PL
1兆5,403億円
売上原価
1兆2,007億円
販管費
1,422億円
営業外費用
340億円
経常利益
1,634億円
営業収益
1兆5,290億円
営業外収益
113億円

ても、新しい産業が勃興し成長すれば、日本の金融や不動産は安泰である。値上がり値下がりは当然あるものの、リード役の産業が変わっても日本全体の産業ポートフォリオの価値が落ちなければ、金融と不動産は儲かり続ける。

わが国で第二次大戦敗戦時から今日まで、超長期的にどんなものに投資していたら一番儲かったかという研究があって、その結論が銀行株と不動産だったという話を聞いたことがあるが、とてもわかる。

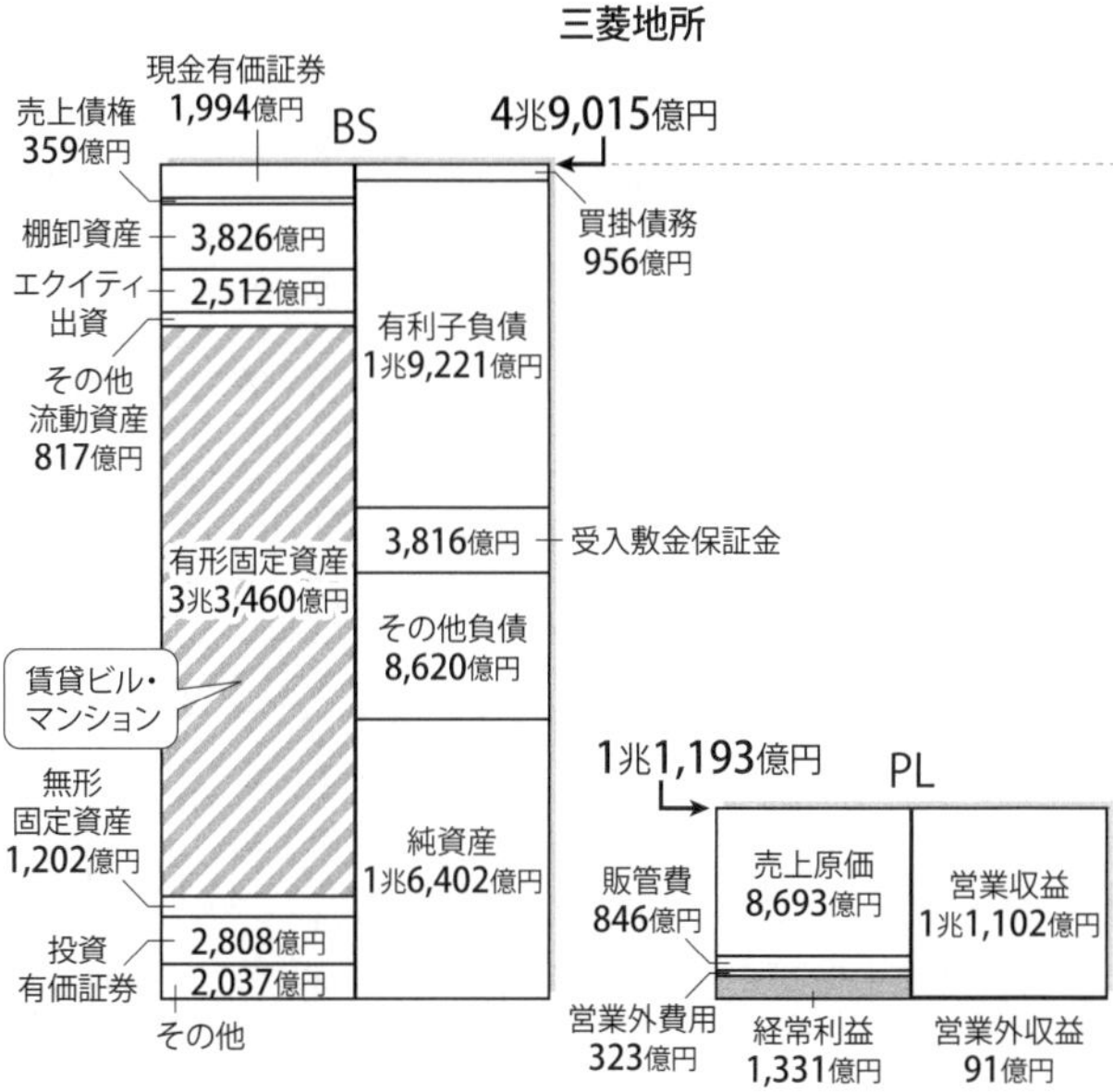
三菱地所
BS
4兆9,015億円
現金有価証券
1,994億円
売上債権
359億円
棚卸資産
3,826億円
エクイティ出資
2,512億円
その他流動資産
817億円
有形固定資産
3兆3,460億円
賃貸ビル・マンション
無形固定資産
1,202億円
投資有価証券
2,808億円
その他
2,037億円
買掛債務
956億円
有利子負債
1兆9,221億円
3,816億円
受入敷金保証金
その他負債
8,620億円
純資産
1兆6,402億円
PL
1兆1,193億円
販管費
846億円
売上原価
8,693億円
営業外費用
323億円
経常利益
1,331億円
営業収益
1兆1,102億円
営業外収益
91億円

利益額ランキングでも、トップはトヨタだったが、その後ろに銀行株がズラーッと並び、銀行が価値を支えたのが担保としての不動産だったことを考えれば、うなずける話である。

三菱地所と三井不動産のすごい含み益

不動産会社といえば、日本一の家主、三菱地所と三井不動産の財務諸表をチェックしてみよう。

〈図表5－2〉は三菱地所と三井不動産の財務諸表を同一縮尺

で並べたものである。財務諸表の大きさは両社とも近い。三井不動産が収益や利益でリードしているが、BSはほぼ同じサイズである。両社は株式時価総額の不動産業界首位をめぐって、シーソーゲームをしている。時代環境によって、評価が入れ替わるのだ。

それは両社の事業内容が違っているからである。BSの中身を見ると、三菱地所は有形固定資産が大きく、棚卸資産が少ない。三井不動産は逆に有形固定資産がやや少なく、棚卸資産が多い。不動産業の棚卸資産（在庫）とは、販売用不動産のことであり、販売用に手当てした土地や、建設中の分譲住宅やマンション、販売目的の投資物件などが含まれている。

三井不動産の在庫が多いということは、デベロッパー業務のウェイトが高いということになる。逆に三菱地所は固定的に保有する有形固定資産が多く、つまり賃貸ビルやマンションなどの事業が厚いということになる。

246〜247ページ〈図表5 - 3〉は両社のセグメント別売上高・営業利益のグラフである。両社のセグメント別の切り口が異なるので、厳密な比較はできないが、三菱地所のビル事業は賃貸が多く、住宅は分譲が多いと考えると、賃貸が6000億円近くと突出している。

一方、三井不動産は分譲事業と、住宅建設や分譲を手掛ける子会社・三井ホームを合わせると、不動産販売事業が多いことがわかる。三井不動産は投資マネジメント事業が売上高3

８００億円ほどあり、開発物件を投資家に売却する事業が強みである。現在は不動産市況が追い風で、不動産投資ファンドが利益率ランキングにたくさん登場していることからもわかるように、ビルの分譲事業やマネジメント業務は絶好調だ。ここが三菱地所に利益で差をつけているポイントでもある。

対する三菱地所は「丸の内の大家さん」であり、東京・丸の内のオフィスビル群で賃貸収益の約８割を稼ぐといわれ、収益の柱にしている。最近は既存ビルの空室率が下がってきているという。ビル賃貸は手堅いが、賃貸料は景気にやや遅れて回復してくるので、来年以降に期待が持てることになる。三井不動産も日本橋や日比谷などの再開発などに積極的で、三菱地所を追いかけている。

欧米が積極的に金融緩和する中で、日本銀行も異次元の金融緩和を続けている。海外も含めてこの投資マネーが、またぞろ日本の都市部の不動産に流れ込んできている。

不動産業の評価で忘れてならないのは、バランスシートの裏側に潜んでいる不動産の「含み益」である。この情報は有価証券報告書の注記に出ているのだが、それによると保有賃貸用不動産の含み益は、２０１５年３月末で三井不動産の１兆５６００億円（前年比28％増）に対し、三菱地所は約２兆１８００億円（前年比４％増）に達する。

〈図表5-3〉三菱地所 vs. 三井不動産セグメント別情報

(2015年3月期)

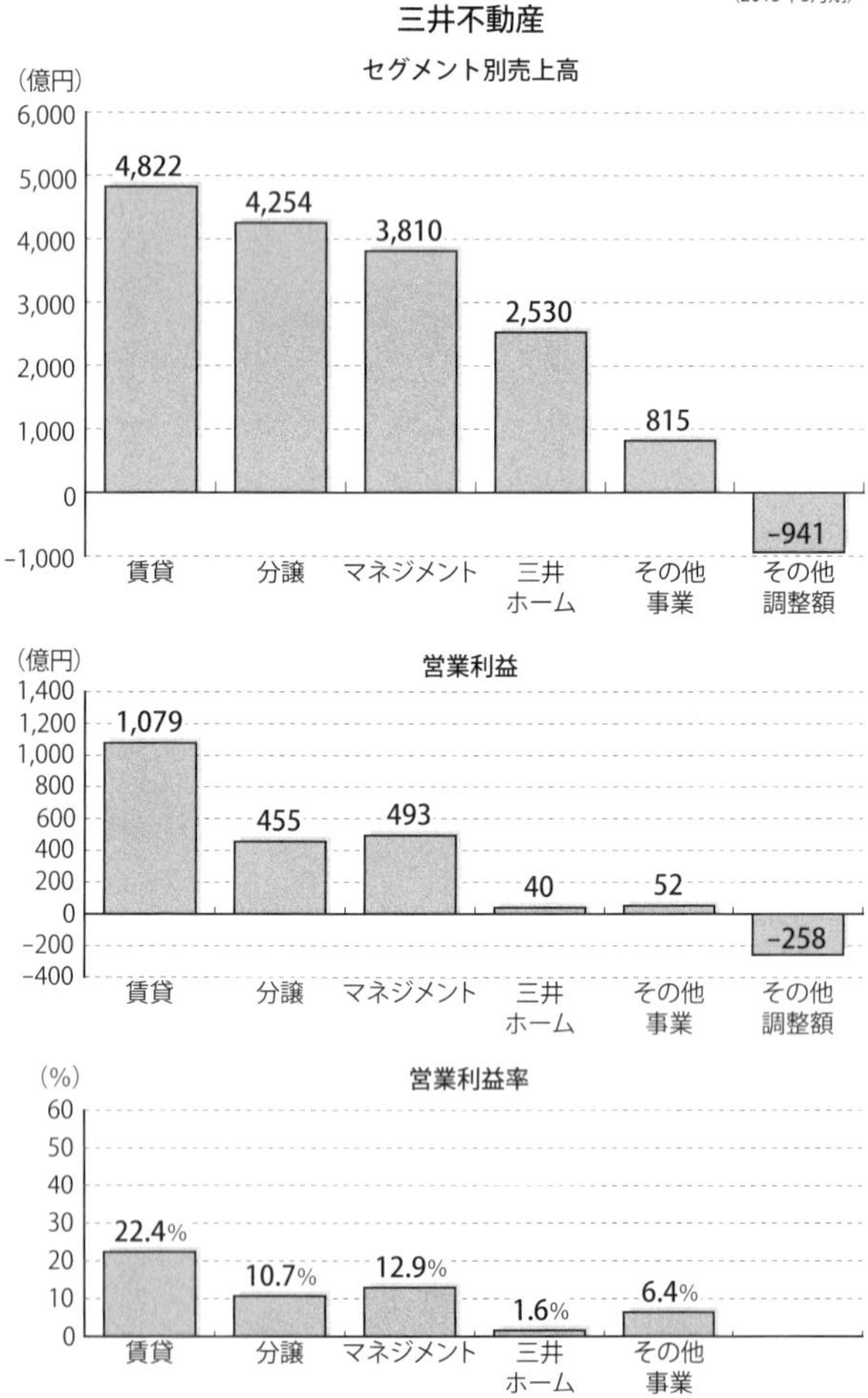

(注)「その他調整額」は部門間取引や共通費など

三菱地所

セグメント別売上高

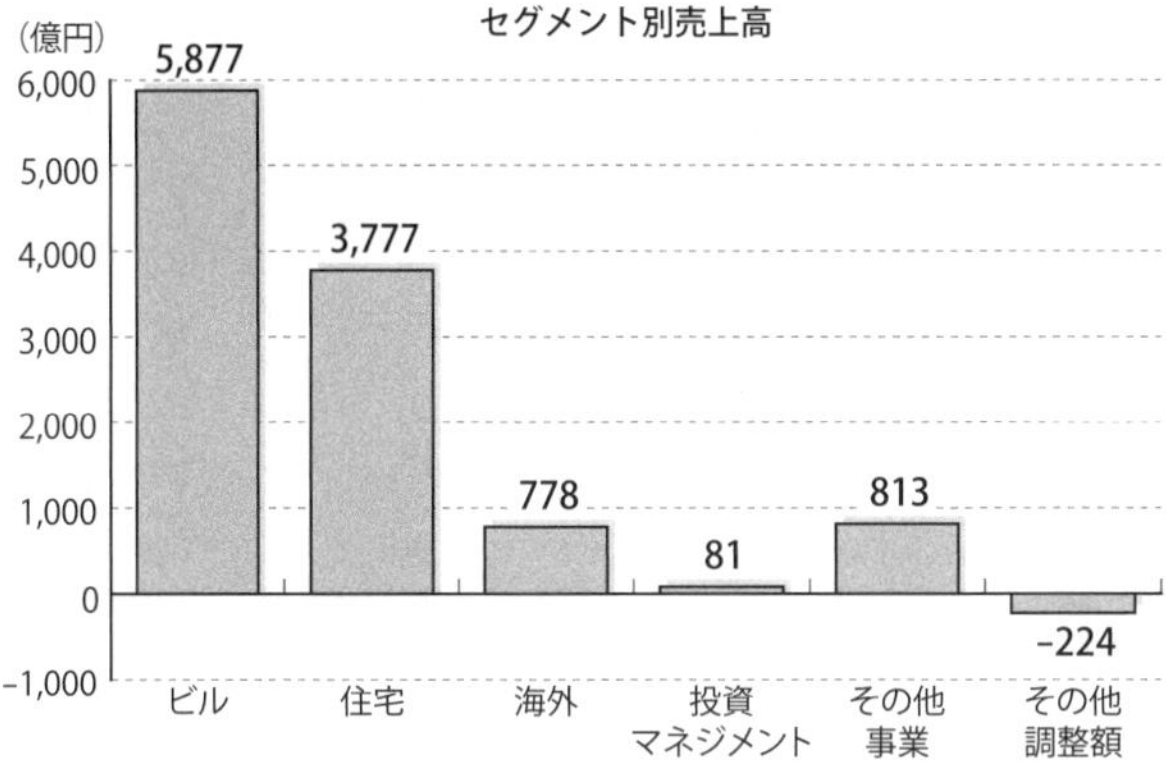
(億円)
5,877
3,777
778
81
813
-224
6,000
5,000
4,000
3,000
2,000
1,000
0
-1,000
ビル
住宅
海外
投資マネジメント
その他事業
その他調整額

営業利益

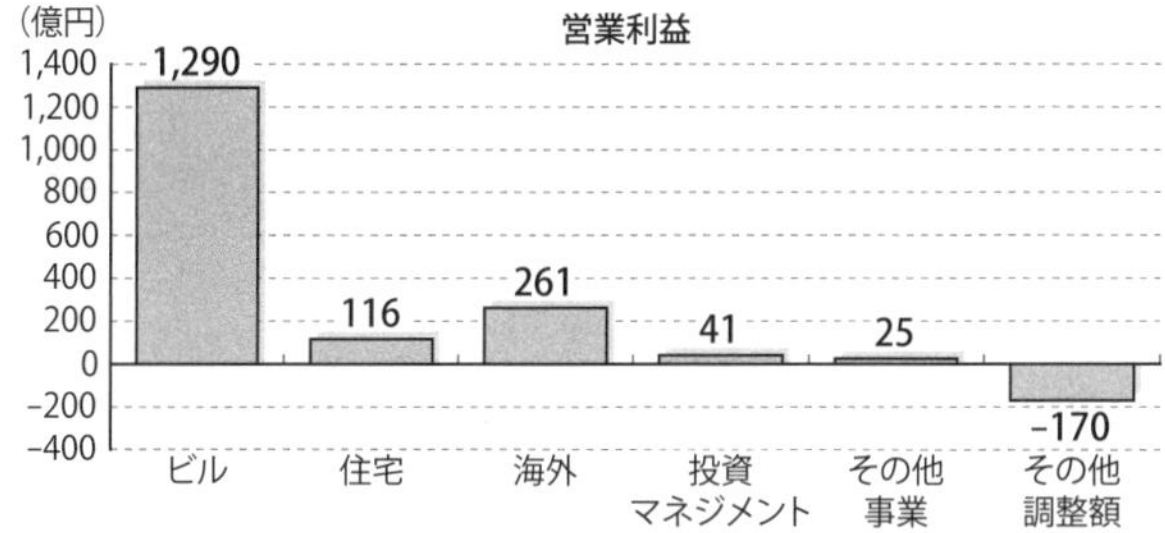
(億円)
1,290
116
261
41
25
-170
1,400
1,200
1,000
800
600
400
200
0
-200
-400
ビル
住宅
海外
投資マネジメント
その他事業
その他調整額

営業利益率

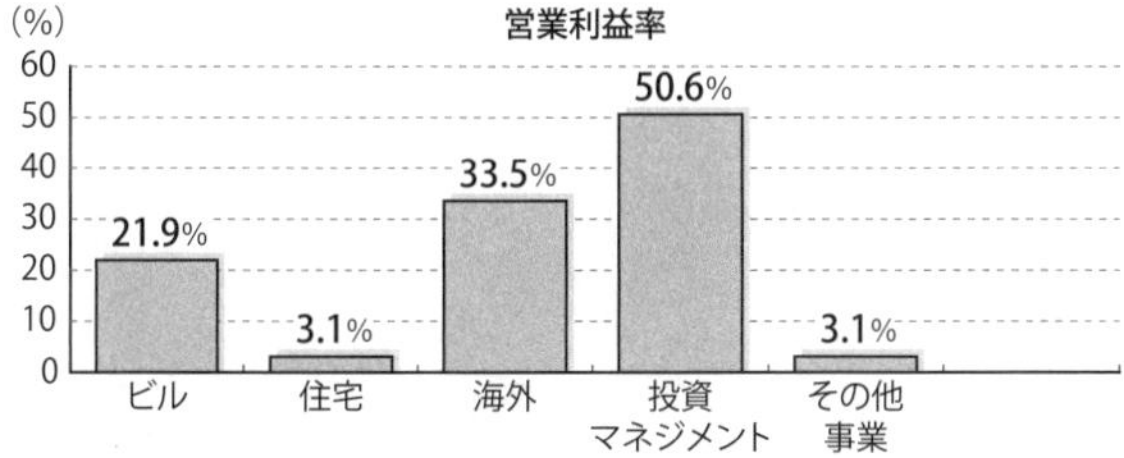
(%)
21.9%
3.1%
33.5%
50.6%
3.1%
60
50
40
30
20
10
0
ビル
住宅
海外
投資マネジメント
その他事業

何と三菱は純資産の金額を上回る（！）含み益を、別に持っていることになる。

三菱地所が三井不動産より収益性で劣るものの、株価時価総額でシーソーゲームを演じているのは、この含み益が株価を下支えしているためである。ＰＢＲ（株価純資産倍率）では三菱地所が三井不動産を常に上回っている。だが三井も急激に含み益を増やしているので、近い将来、株価勝負に決着がつくかもしれない。

両社のセグメント別営業利益率を見て、もう一つ指摘したい点がある。それは三菱の住宅事業の営業利益率が３・１％、三井の三井ホーム事業の営業利益率が１・６％と、他事業と比べると極めて低いことだ。住宅は儲からないのだろうか？

投資熱が押し上げる積水ハウスの業績

今度は、住宅トップメーカーの財務諸表を見てみよう。２５０〜２５１ページ〈図表５-４〉は積水ハウスの財務情報である。

積水ハウスは２０１５年１月期決算で、売上高は前期比６％増の１兆９１２７億円、営業利益は11％増の１４６６億円と好調だった。２０１６年１月期の営業利益は３％増の１５３０億円を見込み、３期連続で最高益を更新する見通しを発表している。

セグメント別売上や利益を見ると、「戸建住宅」「賃貸住宅」「不動産フィー」、そして「都市再開発」が好調である。結論から先に言うと、これらの業績が良いのは、投資目的のマネーが流入しているからである。理由は３つあって、一つ目は、何度も述べたように金融緩和による投資マネーの流入がある。

最近売り出された東京・南青山の高級マンションは、１戸当たり１億５０００万～７億７０００万円という「億ション」だが、そこに定数の10倍近い申し込みが殺到したという。株高で国内の富裕層が投資や節税目的でタワーマンションなどを購入し、ここにアジアなどの海外投資家の投資熱も加わり、高値取引に拍車をかけている。

二つ目は相続税の増税である。２０１５年１月に相続税が上がった。建物を建てると土地の評価額が下がるので、富裕層の節税を目的とした住宅建設が増えている。積水ハウスの「戸建住宅事業」は建築単価の高い注文住宅であり、「賃貸住宅事業」も都心部を中心に単価の高い３～４階建て賃貸マンションが伸びていて、これらは多分に税の効果が効いているのである。

３つ目は、相続税アップと関連した贈与税の改定である。親から子へ住宅資金を贈与できる枠が、最大１０００万円から１５００万円に拡大された。これも富裕層の購買につながっ

〈図表5-4〉積水ハウス
（2015年1月期　PLは営業利益まで表示）
比例縮尺財務諸表

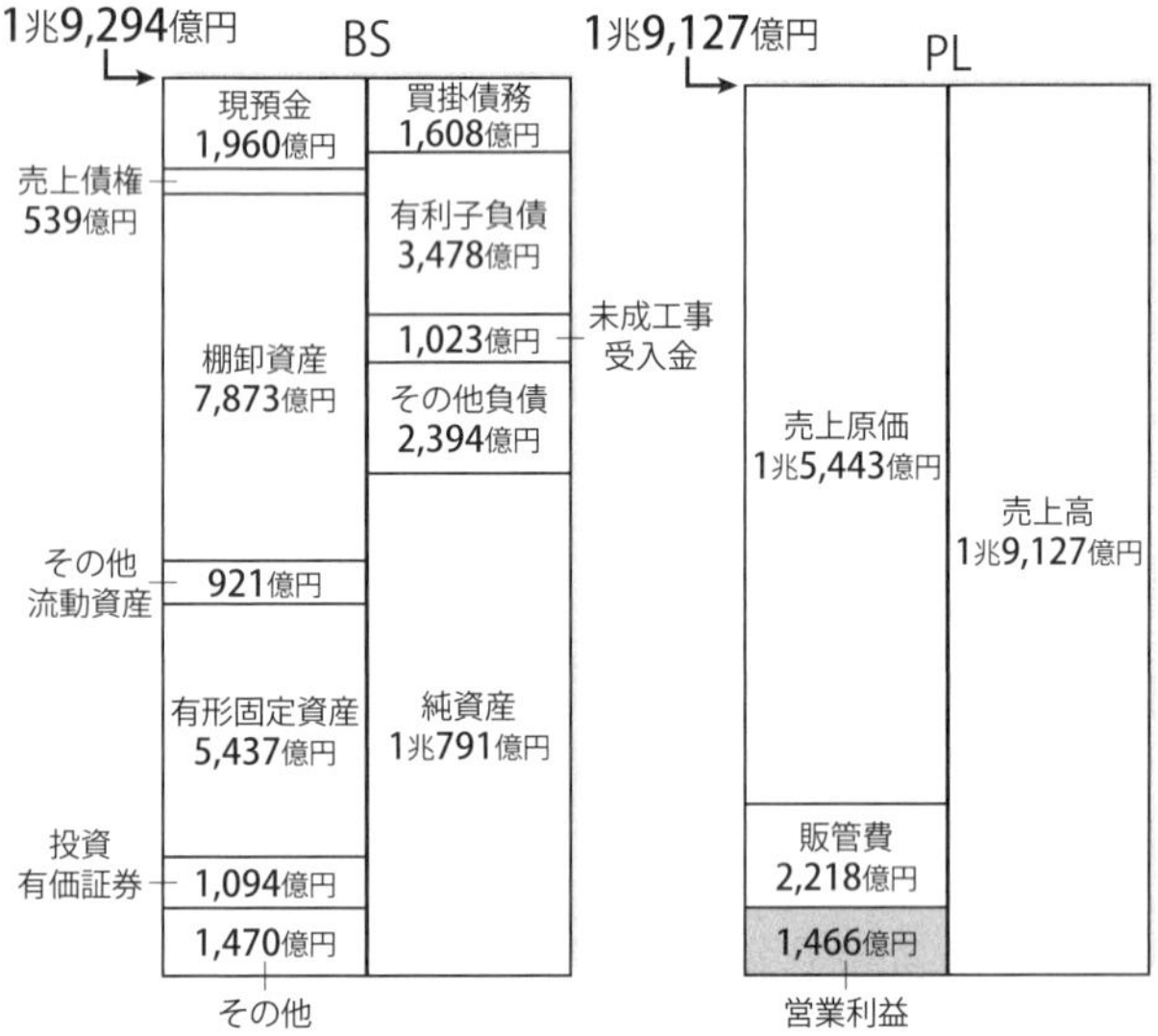

1兆9,294億円
BS
現預金 1,960億円
売上債権 539億円
棚卸資産 7,873億円
その他流動資産 921億円
有形固定資産 5,437億円
投資有価証券 1,094億円
1,470億円
その他
買掛債務 1,608億円
有利子負債 3,478億円
1,023億円
未成工事受入金
その他負債 2,394億円
純資産 1兆791億円
1兆9,127億円
PL
売上原価 1兆5,443億円
販管費 2,218億円
1,466億円
営業利益
売上高 1兆9,127億円

た。２０１７年４月に消費税の増税が予定されているので、これも将来的に駆け込み需要を生むかもしれない。

投資目的で住宅やマンションが買い漁られると、不動産は高騰してくる。

「マンションを初めて買う人が手を出しにくい水準にまで、価格が上がってしまっている」（三井不動産・岩沙弘道会長）

実際に20～30代の購入意欲を冷やしたようで、利便性と資産性が高い都心近くの好立地物件は比較的売れているものの、郊外の住宅

セグメント別売上高・営業利益内訳

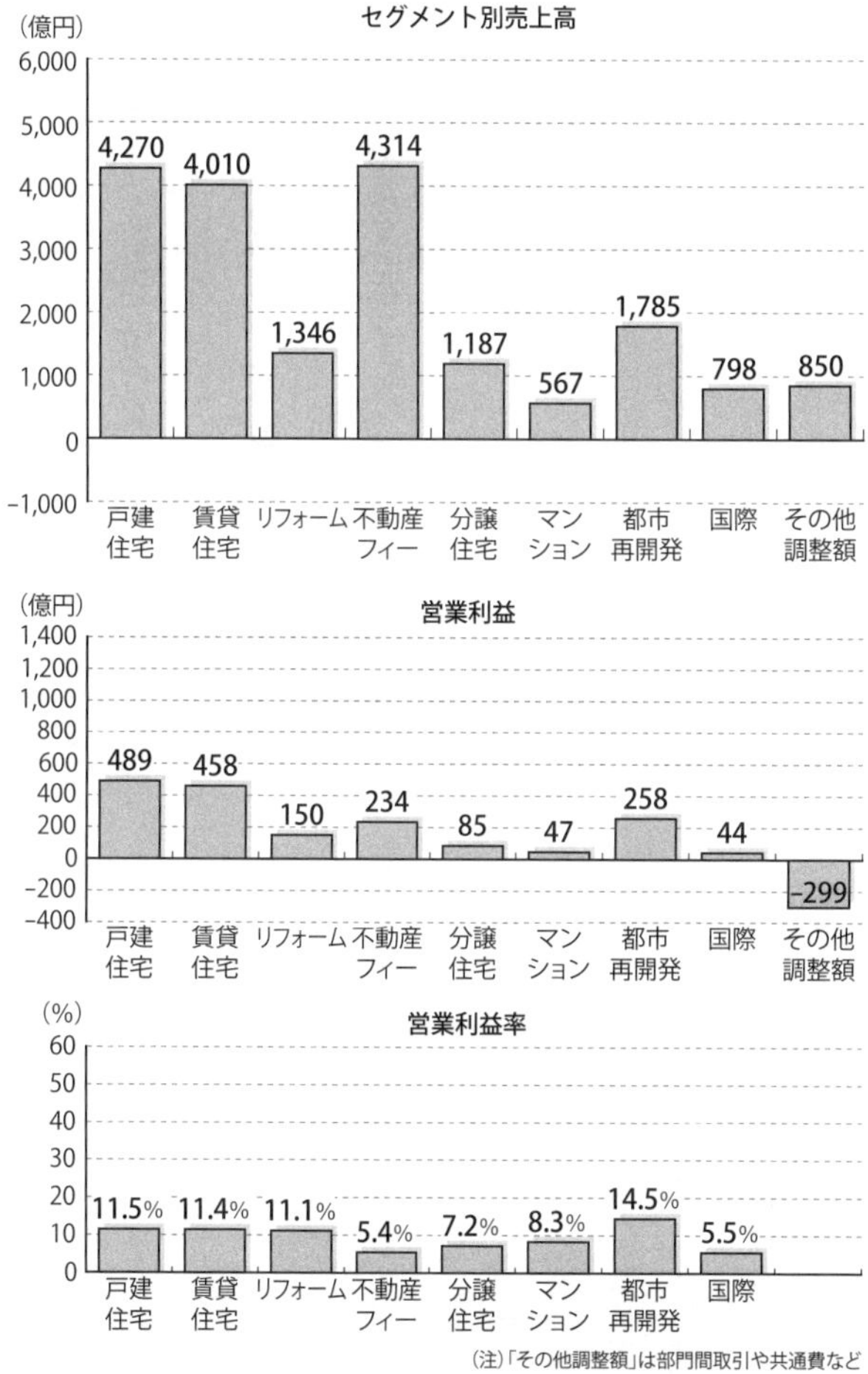
セグメント別売上高
(億円)
6,000
5,000
4,000
3,000
2,000
1,000
0
−1,000
4,270
4,010
1,346
4,314
1,187
567
1,785
798
850
戸建住宅
賃貸住宅
リフォーム
不動産フィー
分譲住宅
マンション
都市再開発
国際
その他調整額
営業利益
(億円)
1,400
1,200
1,000
800
600
400
200
0
−200
−400
489
458
150
234
85
47
258
44
−299
戸建住宅
賃貸住宅
リフォーム
不動産フィー
分譲住宅
マンション
都市再開発
国際
その他調整額
営業利益率
(%)
60
50
40
30
20
10
0
11.5%
11.4%
11.1%
5.4%
7.2%
8.3%
14.5%
5.5%
戸建住宅
賃貸住宅
リフォーム
不動産フィー
分譲住宅
マンション
都市再開発
国際

(注)「その他調整額」は部門間取引や共通費など

やマンションは人気がなく不調だという。それは積水ハウスの「分譲住宅事業」の不振に表れている。分譲住宅は広い宅地を開発して、量産型の住宅を販売する中間層向けの案件が多い。この売上は他の事業と比べて少なく、利益率も低い。

日本の住宅はなぜ「高い、狭い、遠い」？

振り返って冷静に考えてみると、日本の住宅は高くないだろうか。

身内の例で恐縮だが、米カリフォルニア・サンノゼ郊外に住む筆者の息子が、2013年秋に中古の戸建住宅をローンで買った。4300万円ほどの住宅は3ベッドルーム（+倉庫室+ガレージ）の米国では標準的な家である。門から両側に鉄柵が伸びて家を囲み、納屋付きの庭はまあまあ広く、ガレージは内外に車4台置くことが可能である。備え付けの家財は古かったので、リフォームを依頼し、一部は息子が自分でホームセンターからトイレやバス、暖炉を買って付け替えた。プラス500万円ほどかかったようだが、決して豪華というわけにはいかないものの、なかなか見栄えのする家になった。

息子宅を初めて訪問したとき、カリフォルニア・ブルーの空の下、彼我の差を実感したものだ。

なぜ、日本の住宅は高いのだろうか。衣食住の中で、日本の衣と食は世界最高水準である。日本の低価格衣料やコンビニ弁当ですら、マズイものは一つもない気がする。そんなものを出せば、消費者から見放されてビジネスは続かない。しかし家は、失格と言っていい気がする。外国から「うさぎ小屋」などと揶揄《やゆ》されて、「高い、狭い、遠い」と日本最大の消費者不満足の種になっている。

日本の家が高い理由の一つは、土地が高いことである。土地の値段は需給関係で決まるが、土地を安くするのは簡単である。日本は土地が少ないといわれてきたが、そんなことはない。建蔽率や容積率を大幅に緩和すれば、すぐ安くなる。しかしこれは国の経済政策的にマイナス面の影響も大きく、厳しい規制が敷かれてコントロールされている。

最近では税も関わっている。不動産購入は取得税などもろもろかかるが、消費税増税が加わった。増税の反動で戸建住宅は減収傾向にある。

「特に郊外で、着工を見合わせる動きが出ている」という。郊外のファミリー向け物件は販売価格に占める建物部分の割合が大きいためだ。住宅を買う場合、消費税は土地にはかからず、建物部分にだけかかる。逆に地価の高い都心のマンションは土地代の割合が高く、郊外の戸建てなどに比べ消費税の負担感が軽い例が多い。都心では建物部分の価格が3割程度というマンションもある。

日本の住宅が高いもう一つの理由は、やはりコスト高だからである。戸建住宅が落ち込んでいる理由に、マンションとの業界構造の違いがある。大手の寡占が比較的進むマンションに対して、戸建ては大手でも市場シェアは数％しかない。中小工務店や零細サブコントラクターがひしめき合っている市場なのだ。したがって業界全体で合理化が進んでいない。

これに最近の円安によって資材高が進み、また人手不足に伴う労務費上昇が加わってますます高くなっている。地価が安い郊外は価格に占める建築費の割合が大きく、資材高などの影響を受けやすい。だから郊外でも良い住宅を手に入れることがなかなかできないのだ。

住宅各社も努力していないわけではない。積水ハウスは鉄骨住宅で部材を約４割減らしたり、施工の容易な工法を開発したりしている。あるいは、工場にロボットを導入して建築部材の生産効率を改善している。しかしそれでもコスト高騰にコストダウンが追いつかない。だから良い住宅はますます消費者の手から遠ざかっている。

そこで住宅業界が需要喚起のテコ入れとして、期待を寄せるのが国の支援策だ。住宅が高く消費者が買えないなら、国に援助してもらおうというわけだ。国土交通省は、これに応えて省エネ住宅ポイント制度を作り、あるいは住宅ローン減税の延長や拡充を検討している。

こうした政策に乗せて、住宅各社はさまざまな政策支援や低金利借り入れをPRして、「今が買い時だ」とアピールするが、何か筋違いの気がしないでもない。

実は不動産業界では「2020年問題」が懸念されている。2020年頃には首都圏の世帯数が減り、住宅需要そのものが縮小に転じる。そうでなくても日本の空家率はすでに13・5％（2013年、総務省データ）に達し、しかも増え続けている。一番空家率が高い県は山梨県の17・2％だが、下から6位の東京都でも10・9％もある。それら空家の7割は放置されたままだという。

日本の住宅政策や住宅業界は何かおかしくないだろうか。企業によるイノベーションが期待できないのだろうか。

住の総合サービス企業LIXILのチャレンジ

住宅業界は裾野の広い規制業界なので、1社のチャレンジでイノベーションが起きるような簡単な業界ではない。しかしそれを構想している企業の一つに、住設メーカー・LIXILグループがある。

〈図表5-5〉LIXILグループ vs. TOTO 比例縮尺財務諸表

（2015年3月期　PLは営業利益まで表示）

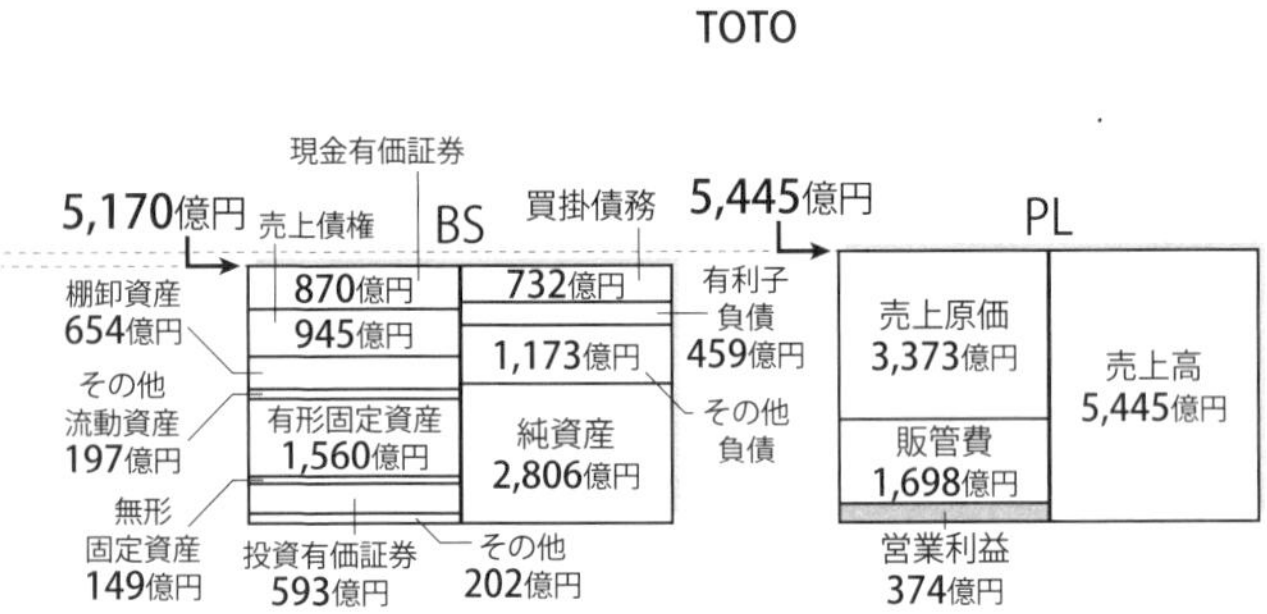
TOTO
現金有価証券
5,170億円
売上債権
BS
買掛債務
5,445億円
PL
棚卸資産
654億円
870億円
945億円
732億円
有利子負債
459億円
1,173億円
その他流動資産
197億円
有形固定資産
1,560億円
純資産
2,806億円
その他負債
無形固定資産
149億円
投資有価証券
593億円
その他
202億円
売上原価
3,373億円
販管費
1,698億円
売上高
5,445億円
営業利益
374億円

ＬＩＸＩＬグループは、サッシのトステムや衛生陶器のＩＮＡＸなど中核5社が大同合併して生まれた会社である。その後次々と買収を繰り返して製品やサービスの幅を広げ、今や住宅設備機器を網羅する珍しい業態となった。

「これだけの住宅設備機器を網羅できるメーカーは、世界的に見てもＬＩＸＩＬグループだけ」（某証券アナリストの発言）

ＬＩＸＩＬという社名は「住＝ＬＩＶＩＮＧ」と「生活＝ＬＩＦＥ」にある二つの「ＬＩ」

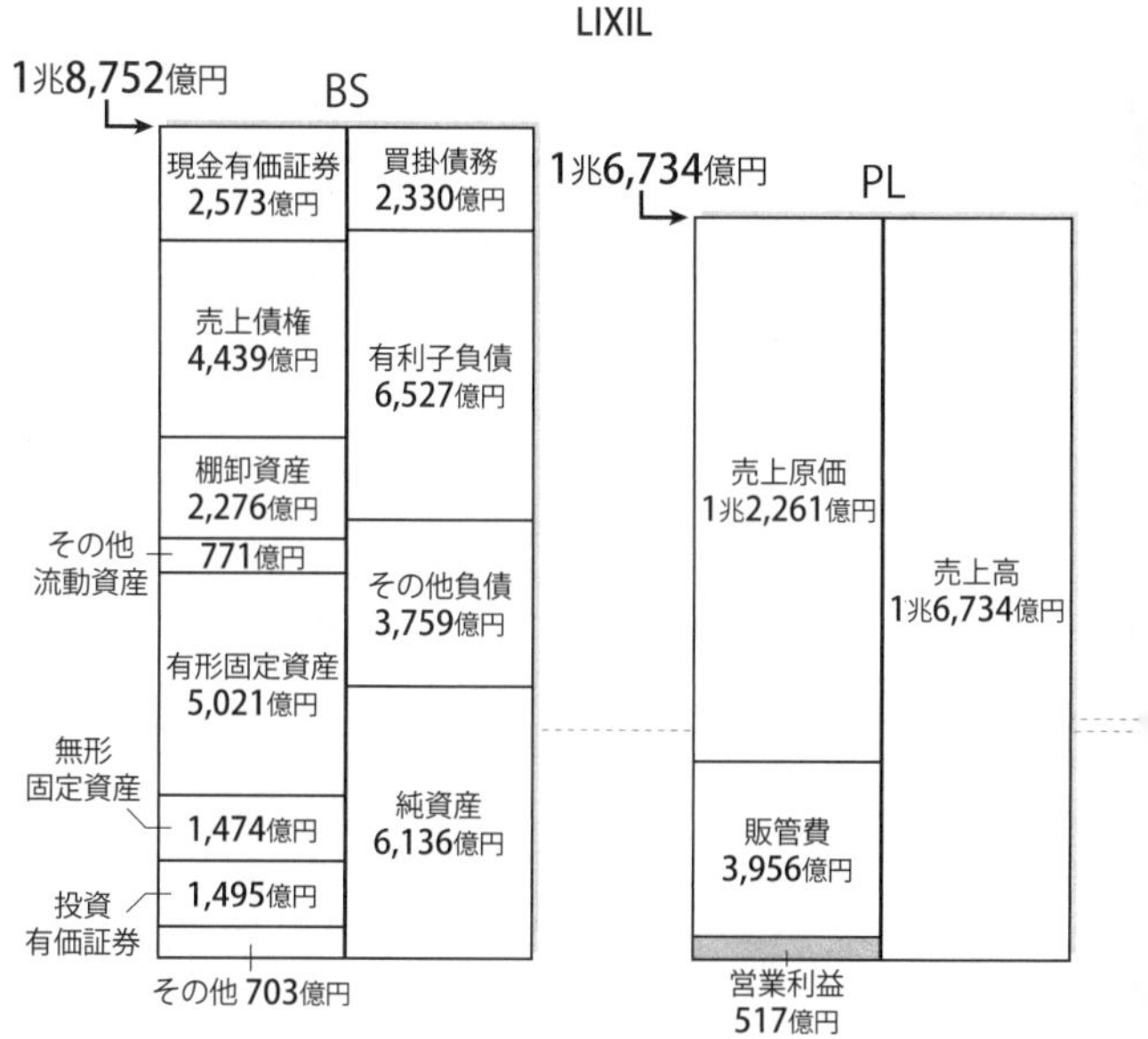
LIXIL
1兆8,752億円
BS
現金有価証券 2,573億円
売上債権 4,439億円
棚卸資産 2,276億円
その他流動資産
771億円
有形固定資産 5,021億円
無形固定資産
1,474億円
投資有価証券
1,495億円
その他 703億円
買掛債務 2,330億円
有利子負債 6,527億円
その他負債 3,759億円
純資産 6,136億円
1兆6,734億円
PL
売上原価 1兆2,261億円
販管費 3,956億円
営業利益 517億円
売上高 1兆6,734億円

を掛け合わせたもので、事業領域である「住生活」そのものを表している。ＬＩＸＩＬの理想は「住宅に関する消費者のすべての要望に答えを出せるサービス企業」である。

〈図表５‐５〉はＬＩＸＩＬグループと、かつてのライバルＴＯＴＯのＢＳ、ＰＬである。同一の比例縮尺を使って比較している。

この比較図を一瞥《いちべつ》してわかるのが、ＬＩＸＩＬとＴＯＴＯの規模の違いである。ＬＩＸＩＬが３倍強の大きさでＴＯＴＯを圧倒している。しかしＬＩＸＩＬの経常利益額はＴＯＴＯの１・４倍弱であり、資本効率や売上効率ではＴＯＴＯが勝る。

どちらの経営を選ぶかは意見が分かれる。効率重視ならＴＯＴＯだが、成長性はＬＩＸＩＬに分がある。Ｍ＆Ａによって大きさを追求してきたので、当たり前である。効率が悪いのも、まだ買収企業を積み重ねただけで、効率化はこれからということだろう。

こうしたＬＩＸＩＬの積極的成長策と対照をなしているのが、ＴＯＴＯである。ＬＩＸＩＬが「狩猟型」なのに対して、ＴＯＴＯは「時間をかけてブランドを確立する」（張本邦雄・ＴＯＴＯ会長）といい、自前主義の「農耕型」と株式市場では評価されている。

ＬＩＸＩＬはなぜアクティブな買収に走ってきたのか？

買収のメリットは二つと考えられている。一つは統合によって「規模の経済性」が働き、コスト削減が可能になることである。二つ目は「交渉力」である。競争相手を減らし、市場コントロール力が強くなるメリットである。この他にも事例によって、買収は「範囲の経済性」「時間の経済性」という効果がありうる。

日本の住宅がプアーな割に価格が高い理由はさまざまあるが、一つの要因は住宅提供のサプライチェーンが昔ながらのままで、不効率だからである。

〈図表5-6〉住宅および住設業界のバリューチェーン

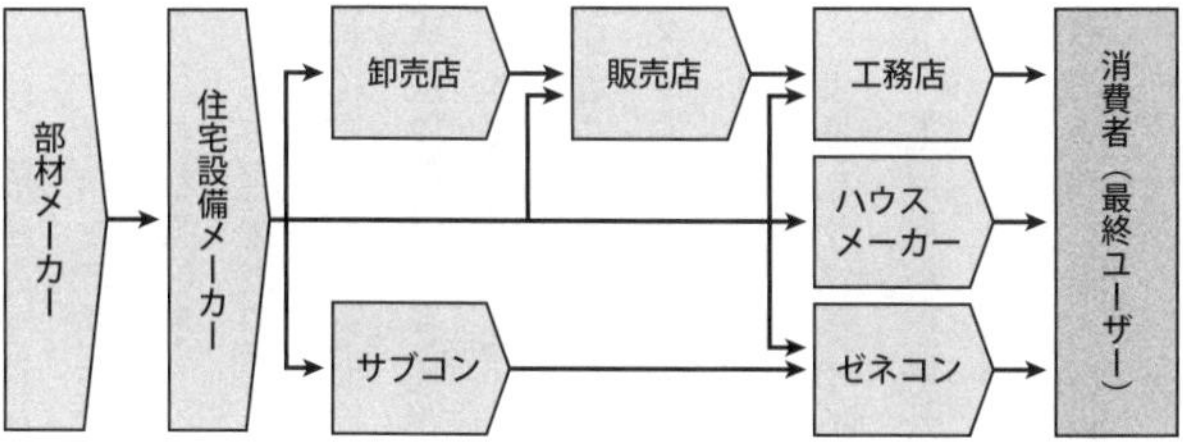

（出所）東洋経済新報社『会社四季報 業界地図2014年版』をもとに作成

〈図表5－6〉は住宅設備メーカーをめぐるバリューチェーンを表している。住宅建設は消費者から工務店が受注すると、下請けに仕事が配分される。建設現場には下請け業者となる鳶工事店、材木店、水道工事店、左官店、畳店、電気店など35ものサブコントラクターが、入り乱れて作業する。別々のトラックで運ばれ、それぞれの職人が工事を進め、それが終わると次の工事業者に入れ替わるというスタイルである。

住宅は高額商品で、消費者は金額を何とか抑えたい。工務店もそれに応えようと、下請け業者にシビアな値段を提示する。サブコンは価格競争に対して、生き残りに必死で叩き合いに応えようとする。しかもあくまで独力で生き残ろうとし、経営統合を嫌がる。結果として、業界全体で夥しい数のプレイヤーたちが激しく叩き合い競争する、レッド・オーシャン市場になっている。そして競争が激しい割にサプライチェーン全体が不効率のままで、価格も高止まりしているのである。

例えば、施主と工務店との間では3D・CADを使って設計が完了するが、それを部品展開してサブコンに発注するときは、紙ベースに落としてFAXで注文書を送る、などということが行われている。

もし工事現場にその日必要な異なる種類の資材を1台のトラックにすべて過不足なく積んで届けることができれば、また職人が多様な設備を一人で取りつけられれば、住宅のコストが最大30%削減できるようになるという。

「東日本大震災の後、エネルギーが国家的な課題になりました。技術的には建築の坪単価を30%引き上げると、ゼロ電力住宅ができる。自分で発電する電気だけで暮らせます。我々がトータルのジャスト・イン・タイムの納品をやれば2〜3割はコストが落ちる。ゼロ電力住宅を、コストを上げずに実現できます」(LIXILグループ・潮田洋一郎会長)

このようなサプライチェーンを革新する戦略構想のもとに、多様な業態を統合するために、LIXILは積極果敢な買収攻勢を進めてきたのである。

LIXILの構想が現実のものになるかは、わからない。しかしこうした住をめぐるチャレンジに成功してもらわないと、日本の住宅はいつまでも窮屈なままとなる。革新が待たれる。

東京電力から見る世界一高いインフラコスト

福島の原発事故以来、およそ2割上がった電気料金の計算書を見て溜息をついている人が多いことだろう。事故以前から「日本のインフラコストは世界一高い」と言われ続けてきた。前提条件に為替や税なども関わるので単純な比較は難しいが、先進国の中では火力発電比率の高いイタリアなどを除けば、世界最高水準の料金であることに間違いはない。

ちなみにまたもや筆者の卑近な例で恐縮だが、東京の筆者宅と米カリフォルニアに住む息子家族宅を平均的に比較すると、ドル高の今日でも東京のほうが電気料金でおよそ2倍近く、ガス代ではそれ以上離れている。我が家は二人家族のマンション、息子宅は四人家族の戸建であり、歴然とした差を実感している。

今年の東京電力の決算を見てみよう。〈図表５－７〉の２０１５年３月期ＰＬを見ると、営業収益が６兆８０２５億円（前期比2％増）、経常利益は２０８０億円（同１０５％増）、当期純利益は４５１６億円（同３％増）となっている。数字だけ見ると超優良企業のようであり、申し分のない収益力を示しているかのようである。

当期純利益が経常利益の2倍強になっているのは、特別利益が大きいことによる。その中

〈図表5-7〉東京電力 比例縮尺財務諸表
（2015年3月期　PLは当期純利益まで表示）

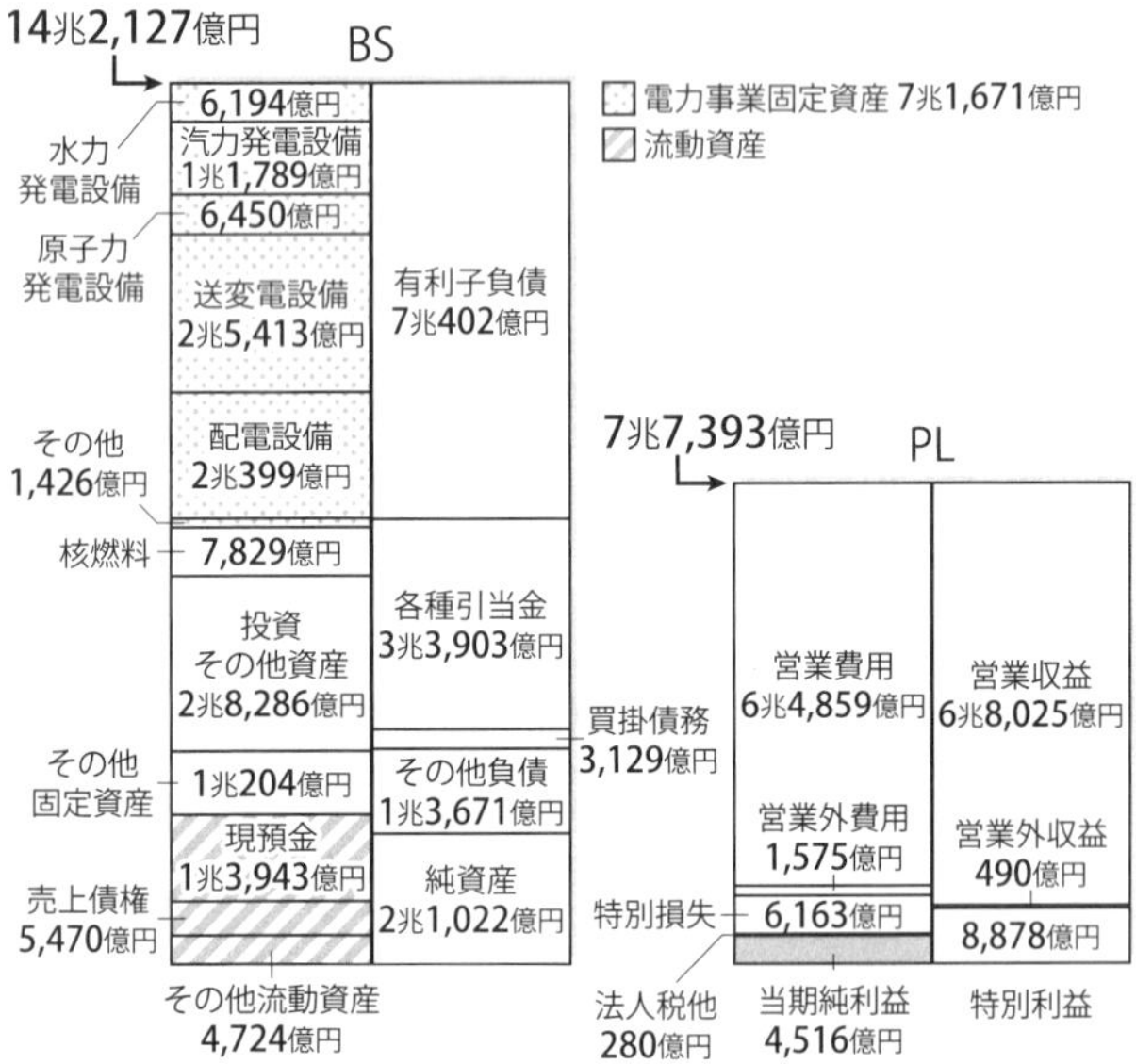
14兆2,127億円
BS
電力事業固定資産 7兆1,671億円
流動資産
6,194億円
水力発電設備
汽力発電設備 1兆1,789億円
6,450億円
原子力発電設備
送変電設備 2兆5,413億円
配電設備 2兆399億円
その他 1,426億円
核燃料 7,829億円
投資 その他資産 2兆8,286億円
その他固定資産 1兆204億円
現預金 1兆3,943億円
売上債権 5,470億円
その他流動資産 4,724億円
有利子負債 7兆402億円
各種引当金 3兆3,903億円
買掛債務 3,129億円
その他負債 1兆3,671億円
純資産 2兆1,022億円
7兆7,393億円
PL
営業費用 6兆4,859億円
営業外費用 1,575億円
特別損失 6,163億円
法人税他 280億円
当期純利益 4,516億円
営業収益 6兆8,025億円
営業外収益 490億円
8,878億円
特別利益

身は「原賠・廃炉等支援機構資金交付金」である。東京電力が実質的に国家管理下にあり、原子力損害賠償支援機構から交付金が支給され、実際に支払った損害賠償金などとの差額が純利益に加算され、膨らんでいるのだ。

ＢＳを見てみよう。固定資産が上に、流動資産が下にひっくり返っているのは、「固定性配列法」による。インフラ企業等では、固定資産のほうが重要性は高いので、通常の企業とは逆の配列になる。電力事業固定資産が計７・２兆円と、最大の資産なのがわかる。

現在の東京電力のＢＳの最大の特徴は、有利子負債と各種引当金が大きいことである。各種引当金とは、「使用済核燃料再処理等引当金」や「災害損失引当金」「原子力損害賠償引当金」、そして「資産除去債務」を筆者がまとめたものだ。

東電はこれから将来にわたって、核燃料の処理や災害損失の修復、そして損害賠償などの費用を負担していかなければならない。それらが合理的に見積もられる場合、負債として引き当て計上し、将来に備えている。ただし見積もりができない場合は、予測できる時点で計上することになっているので、この引当金で済むかどうかはまだわからない。

こんな危機の極致にいる東電が、しかし健全企業のような経常利益が出るのはなぜなのか。事故以来、われわれが広く知ることになったが、それは10電力会社に「確実に儲かる仕組み」が認められてきたからである。

その仕組みとは「発・送・配電の一体事業」「地域独占」、そして「総括原価方式による料金設定」の三位一体制である。

この制度のおかげで、各電力会社は国家的な全体最適とはほぼ関係なく、「地域最適」の経営を進めてきたといわれている。お互い干渉せずに競争することもなく、高い自由度の下で料金を決め、その収益を元にして積極的に設備投資を行うことができた。その結果、世界最高品質の電力を豊富に提供し、日本の高度成長を強力にバックアップすることができた。

送変電設備に巨額投資の関西電力や中部電力

日本の停電時間は1軒当たりに平均すると年間20分に満たず、諸外国と比べて品質は最高レベルである。そしてこの高品質もあって、電気代も最高水準となったのである。

東京電力のBS最大の資産は「電力事業固定資産」だった。大規模装置型インフラ・サービス業なので当然である。しかしさらにその内訳を見ていくと、2014年度末で「発電設備2・4兆円」「送変電設備2・5兆円」「配電設備2兆円」となっていて、最大の資産は実は「送変電設備」であることがわかる。

〈図表5‐8〉は福島の事故が起こる直前期2010年3月末の電力事業固定資産を、東電だけでなく、中部電力、関西電力と共に並べたものである。

図の右側のグラフは3社分を合計した比例縮尺図である。3社合計で、「発電設備4・6兆円」「送変電5・9兆円」「配電3・9兆円」となっていて、送変電設備がやはり電力会社の最大資産であることが読み取れる。なぜ送変電にこれほどの投資がかかるのか？　発電設備に投資額が偏るならば、まだ理解できる気がするが、なぜ送変電への投資額が最も多いの

〈図表5-8〉3電力会社の電力事業固定資産の内訳

（2010年3月末時点。各社2010年3月期決算短信より抜粋表示）

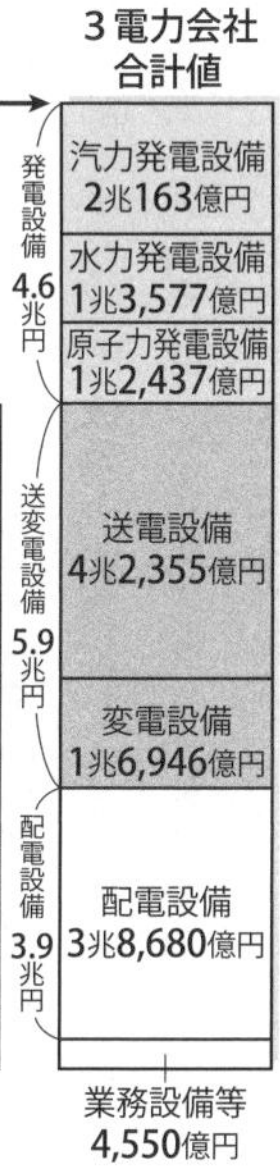

	東京電力	中部電力	関西電力	3社合計
汽力発電設備	1兆308億円	5,621億円	4,234億円	2兆163億円
水力発電設備	7,256億円	2,805億円	3,516億円	1兆3,577億円
原子力発電設備	6,679億円	2,417億円	3,341億円	1兆2,437億円
発電設備小計	2兆4,243億円	1兆843億円	1兆1,091億円	4兆6,177億円
送電設備	2兆1,681億円	9,291億円	1兆1,383億円	4兆2,355億円
変電設備	8,604億円	4,087億円	4,255億円	1兆6,946億円
送変電設備小計	3兆285億円	1兆3,378億円	1兆5,638億円	5兆9,301億円
配電設備	2兆1,850億円	8,074億円	8,756億円	3兆8,680億円
業務設備等	1,765億円	1,301億円	1,484億円	4,550億円
電力事業固定資産合計	7兆8,143億円	3兆3,596億円	3兆6,969億円	14兆8,708億円

か。投資が大きければ、それだけ維持コストもかかるはずである。

　最も大きな理由は、発電所が遠隔地にあるからである。例えば東電の原発は福島や新潟にあり、関電は福井にあり、中電は静岡にある。どの会社も最大の電力需要地である東京、大阪、名古屋から遠く離れているのだ。しかも東電と関電の原発は、他の電力会社のテリトリーに立地している。

　長い距離を送電すれば、電力ロスが多く発生する。したがって理想をいえば、需要地の近隣に発電所があるほうが望ましい。しかし遠く離れて他社エリアに発電所が立地し、その結果送変電に莫大な投資額がかかり、しかもそれが各社の相互融通の少ない重複投資だとしたら、国家的に莫大なムダが生まれていることになる。投資関連コストが総括原価の高さにつながり、料金に反映されているのはいうまでもない。

ここでは挙げないが、事故後に「電力ムラ」のコスト意識の低さを象徴する事実が次々と明るみに出た。電力会社の高コスト体質は、こんなところからも読み取れるのだ。

【住宅・インフラ業界斜め読み】

日本の電力システムを作った松永安左エ門

経団連が批判する「日本の五重苦」は、高いインフラコストや法人税率、厳しい環境規制や労働規制、そして開放政策の遅れだった（少し前まで、これに円高を加えて「六重苦」）。インフラコストの高さは日本企業の制約条件になっているのだ。なぜこんなムダの多い電力インフラができてしまったのだろうか。

現在の電力の基本となる三位一体制の仕組みを作ったのは、「電力の鬼」と呼ばれ、東京電力の基礎も作った松永安左エ門である。

昭和初期の日本では、小規模な電力を供給する電力事業者が800社も乱立し、入り乱れて競争していた。松永もその経営者の一人だった。しかし戦時体制の下、軍部はエネルギーを国家の統制下に置くため、電力会社の資産を強制買収して国有化を進める。こうして発送電事業が一本化され、日本最大の資本金を持つ国策会社として日本発送電㈱が誕生した。

さらに1941年には、夥《おびただ》しい数の配電業者も国家主導で全国9社にまとめられることになり（一発送電・九配電体制）、電力の経営はすべて政府のコントロール下に置かれる。

松永は「民の力なくして民主主義は根付かない」「官僚は人間のクズ」と言って憚《はばか》らない官を毛嫌いする人物だったが、激しい抵抗むなしく隠居に追い込まれた。

しかし日本が戦争に負けると、松永はリベンジを果たすことになる。戦後、GHQは日本の民主化政策を進めるに当たって、あらゆる産業分野で独占は認めない方針だった。日本発送電の解体はもちろん、発電と送電を分離した上で、発電をブロックごとに分け、送電は一体運営する考えだった。

そこに切り込んだのが松永で、松永は発送電を全国9社に分割民営化し、それに配電も一体化させる地域独占案を提案した。「国家を介入させない」という強い一念で、私企業が高い自由度で経営できるようにしたかったのである。

当時の世論は、総じて松永案に否定的だった。例えば、ある新聞は次のように批判していた。

「9ブロックに分かれて民営の発送配電会社が運営される姿は……、ブロック間の電力の融通がどれほど困難になるか誰にも想像できるであろう」(佐高信著『電力と国家』集英社新書より)。つまり地域独占による重複とムダ、不均衡が生じると懸念したのである。それはまさに、現在起こっている構図である。

しかし冷戦の勃発とGHQの政策転換によって、松永案が承認された。1951年5月電力の国家管理が終わり、現在の9電力会社体制(沖縄除く)がスタートした。松永はすぐに設備投資資金を得るために、大幅な値上げを画策する。松永は9電力トップを集め、「適正原価に基づく採算可能な電気料金」の算定を命じた。減価償却費も定率法を採用して目一杯算入し、こうして集まった値上げ率の案は当初、平均76%にも及んだという。

世論は松永のやり方に非難ゴウゴウだったが、松永はこう言い放った。

「電力再編成で9匹の乳牛が生まれた。適正な料金を払うというのは餌を与えることだ。飼料を与えず、3度のものを2度にするというのでは、国民を養ってくれるお乳が出ない。子供がかわいいのであれば、飼料代をけちるのは間違いである」

松永の薫陶を受けた東京電力トップは、その後も何かと国家管理を強めようとする通産省（現・経産省）と対立する。国と電力会社との間には緊張関係が続き、電力会社同士もお互いに料金や経営の効率化をめぐってパフォーマンス競争があったといわれている。

しかしこの緊張が一気に緩んだのが、1973年の石油ショックである。田中角栄首相（当時）は石油供給の先細り懸念から、「原発が必要であることは議論するまでもない」として、いわゆる電源三法を制定し、国家主導で原発建設に乗り出す。これに呼応して自治体は原発誘致に積極的になる。電力会社も発電所建設が困難になりつつあり、これを歓迎した。こうして電力会社と国、自治体は利害が一致し、擦り寄る結果となった。

当時、東京目白の田中邸には「電力会社の社長を紹介してほしい」と、原発を誘致したい自治体の長が列をなしたという。石油ショック前に稼働していた原発は5基。その後20年間に東電柏崎刈羽原発（新潟県）など40基が運転開始した。新潟は田中首相の選挙区だった。

こうして電力会社は利権に安住する役所のような存在になり、私企業としてのリスク感覚も失われた。その姿が松永安左エ門の理想と真逆だったのは、まさに歴史の皮肉といえようか。

65年を経て電力改革が始まる

わが国の電力体制は65年の歴史を経て、やっと変わろうとしている。電力事業法の改正によって、来年から電気の小売り自由化が始まる。また2020年には電力会社の発電部門と送配電部門が分離されることになっている。料金規制も撤廃される予定である。

2015年4月時点で、経産省に新規参入を届け出た事業者は600を超えた。これから昭和初期のような、入り乱れた競争が始まろうとしている。現実にeコマース関連のネット企業は、電力料金を即座に価格比較できるサービス開始を計画しているし、通信やガスとのセット販売、ポイント加算、また再生エネルギーだけの会社を選べるサービスなど、消費者の選択肢は飛躍的に増えそうだ。

さらに2020年に送配電部門が分離されて統合が進めば、送電線や電柱が共同利用されて、従来のような重複投資が解消し、効率化が急速に進む可能性がある。日本には北から南まで実質的に約1・5時間の時差がある。例えば夏場の電気消費量のピークは午後2〜3時だが、発電会社が蓄電も含めて融通し合うことができると省エネに大いに貢献できるという。

日本の電力供給サイドをエコにする一方で、需要側もエコを進めなければならない。日本の電力消費は、３割強が家庭用、３割弱が工場用、そして４割がオフィス用などとなっている。資源エネルギー庁のデータによると、過去40年間で最も消費が伸びたのはオフィス用で、家庭用がそれに続く。工場用はむしろ下降傾向にある。家庭やオフィスビルは省エネの余地がたくさん残されているということになる。

今日、省エネのために日本企業も努力を重ねている。例えば三井不動産「柏の葉スマートシティ」プロジェクトでは、オフィスビルや商業施設、マンションなど街全体で電気を融通し合い、ピーク時の電力調達を3割近く減らした実績などを残している。

パナソニックも「家丸ごとパナソニック」を掲げて、ハイテクかつエコの住宅を開発している。２０１４年11月、藤沢の工場跡地に１０００戸のスマートシティを始動させた。各戸には太陽光発電と蓄電池が配置され、ネットワーク化されているので売電・融通などだけでなく、電気自動車、電気自転車のシェアサービスを展開する。さらにセキュリティや健康管理、高齢者支援など、さまざまな見守りサービスも提供する。そしていずれ「フジサワモデル」を世界に輸出したいとしている。

日立は鉄道を突破口にするという。「スマートシティの計画は必ず鉄道が含まれる。鉄道から、ビッグデータなど高度なＩＴとインフラを組み合わせ、ビジネスを拡大していきたい」（日立・中西宏明会長）と言い、日立が持つ発電システム、空調やエレベータ、医療機器、情報システムなどの事業を組み合わせ、効率的な社会インフラ全体の構築にビジネスを広げようとしている。

この種の戦略を描いて事業開発を進めているのは、それぞれ道筋は異なるがパナソニックや日立、東芝など電機や住宅設備のメーカーだけでなく、大和ハウスや積水ハウスなどデベロッパー、あるいはトヨタやホンダのような車メーカーに至るさまざまな企業である。

そして実はあのソニー、グーグル、アップル、そしてテスラも狙っている。

日本の家を革新するか、ソニーが始めた不動産事業

ソニーの２年連続の最終赤字という苦しい決算発表の中で地味に伝えられたのが、新規事業「ソニー不動産」の設立（２０１４年４月）である。「ソニーが不動産？　エレキで失敗して血迷ったか？」といった受け止め方が一部にはあったようだが、筆者はすぐに「これは成功する！」と直感した。

なぜかといえば、「生保や銀行と同じように、ソニーの不動産事業なら成功する」と考え

たからである。筆者はソニー生命やソニー銀行が設立されて間もない頃、インタビュー訪問して事例研究をまとめたことがあり、そう感じたのだ。

〈図表１‐７〉のソニーのセグメント別情報をもう一度見てもらうと、一番の稼ぎ頭は金融事業（１９３３億円）で、二番目がエンタテインメント事業（ゲーム＋映画＋音楽合計で１６７２億円）である。金融事業は来期に減収減益予想となっているが、実は「２０１４年実績に含まれている株式運用益などの変動要因を予想に織り込んでいない。それを除けば増収増益基調は変わらない」という説明書きがあり、金融がソニーの業績をリードしている事情は依然続いているのだ。

なぜソニーは、エレキとは畑違いの金融事業が強いのか。金融利益の８割を稼ぐソニー生命を例に、かいつまんで説明してみたい。

もともと創業者の盛田昭夫氏は１９５０年頃に渡米した折、ニューヨークやシカゴの摩天楼を見て、それらが金融会社などの本社と知ると、「いつかそんな事業を起こしたい」と考えていた。盛田氏は「プロ経営者」を自認し、「自分が手がければ誰よりもうまくやってみせる」という自信をもっていた。ソニーはもともとエレキ会社で完結するつもりはなかったのだ。

日本で金融自由化が始まると、ソニーはすぐに米国の保険会社と合弁で生保事業に進出する（当時、銀行や証券業への進出は大蔵省が許可しなかった）。後に合弁を解消してソニー生命となる。

生命保険を含む金融業は、国が深く政策関与する規制産業である。戦後、日本の金融業を育成するために、収入（受取保険料や貸付金利）は比較的高く設定する一方、コスト（預金金利など）は低く誘導した。安定的に利ザヤが稼げる〝護送船団〟構造である。したがって日本国民は、世界でも高い保険料を支払っているといわれてきた。

一方で、規制産業ゆえに「顧客満足」は二の次だった。戦争未亡人が「生保のオバチャン」となって、地縁血縁を頼りに懸命にセールスすると、同情も手伝って生保は瞬く間に普及した。しかし顧客は誰も、保険の中身について問いただすことがなかった。人口構成がピラミッド型で、若い頃の国民にとって死は遠い出来事であり、中身は知らなくてよかったのである。

しかし高齢社会化が進み、所得の伸びが期待できない時代になると、人々は保険の中身を知りたがるようになる。だがオバチャンに聞いても、「情実営業」しか知らない彼女たちはろくな説明ができなかった。このとき、ソニーはLP（ライフプランナー）と名付けたセールスパーソンを配置し、ハイタッチの「論理営業」を展開したのである。そしてそれを実現するために、さまざまな業種の企業で経験を積んだ洗練された人材を大量にリクルートした。

実は筆者も、当時試しにソニー生命のセールストークを受けてみたことがある。現れたLPは、一流ホテルから転職したという人物だった。彼は筆者の人生設計を根気よく聞いてくれ、再度訪問してきたときには、パソコンを使いながら筆者の年代ごとに想定されるリスクとその対応案を、現状の保険のミスマッチと共に説明してくれた。筆者が投げかける疑問にもテキパキと応えてくれた。筆者が保険のすべてを彼に委ねたのは言うまでもない。

ソニー生命vs.ライフネット生命

規制業界は制度的に利益が安定確保される一方で、経営は旧態依然とし、消費者満足も差しおかれる。そこに合理的なビジネスセンスを持ち込み、顧客価値を追求すれば勝てるのは当然である。当時ソニー生命社長が「現在の生保は白黒テレビが普及した状態。ここにカラーテレビを売れば必ず売れる」と言ったが、まさにそれを地で行く成長を後に遂げたのだ。

とはいっても今日ではネット生保が登場し、生保事業もネットビジネスとの競争になっている。現在のソニー生命は大丈夫だろうか。

２０１４年Ｊ・Ｄ・パワー調査によると、生命保険の顧客満足度調査で第1位になったのは、同率でソニー生命とライフネット生命だった。ライフネット生命はネット生保のトップランナーで、「格安」や「シンプル」のキーワードで若年層からの支持を集めてきた企業である。

しかし、２０１５年3月期の決算短信によれば、最近成熟傾向にあることがわかる。開業後7年が経過し、売上高は87億円、16億円の純損失という結果である。創業間もないので赤字は割り引いて評価するとしても、保険契約件数の伸びが鈍化しつつある（〈図表5－9〉）。生命保険業界の売上高は40兆円を超えるので、市場シェアもわずか０・０２％だ。

ライフネット生命がなぜ早くも成熟し始めたかというと、その理由は東日本大震災とスマホの普及だという。大震災のとき、安否確認や保険金支払いなどで生保のセールスパーソンが活躍し、「セールスパーソンがいたほうが安心」という消費者心理が根付いたらしい。

もう一つは、申し込み手続きがパソコンを前提にしてきたことが災いしている。申し込みに当たって、既往症など履歴をインプットする必要があるが（記入漏れがあると保険金は支払われない）、その作業はパソコンでも複雑なのに、スマホが普及してスマホ経由で加入する人が増え、面倒のあまり途中で投げ出す人が急増した。

〈図表5-9〉ライフネット生命保険契約件数推移
（創業以来7年間の四半期ごと推移。同社2015年決算短信より）

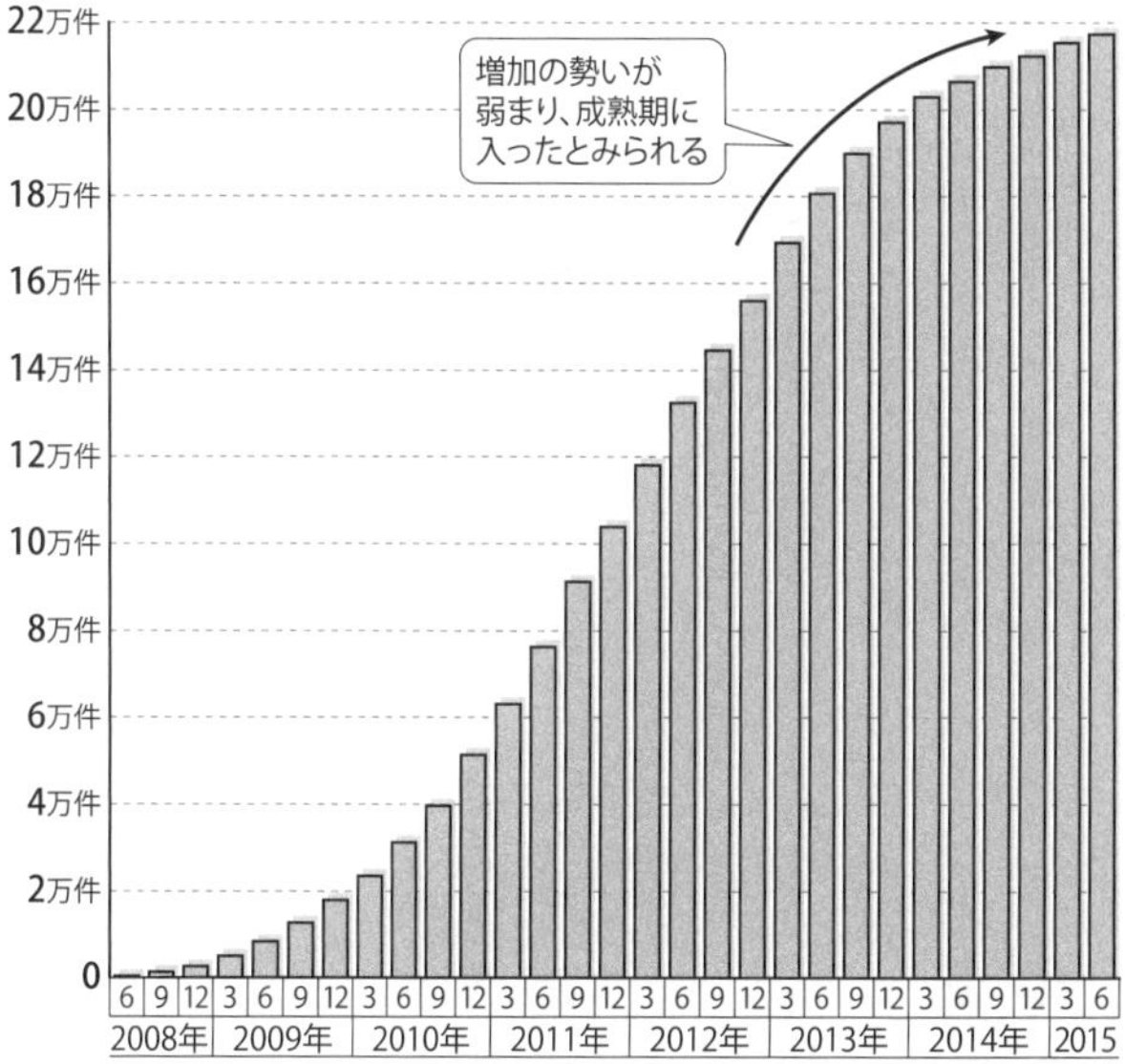

22万件
20万件
18万件
16万件
14万件
12万件
10万件
8万件
6万件
4万件
2万件
0
増加の勢いが
弱まり、成熟期に
入ったとみられる
6 9 12 3 6 9 12 3 6 9 12 3 6 9 12 3 6 9 12 3 6 9 12 3 6 9 12 3 6
2008年 2009年 2010年 2011年 2012年 2013年 2014年 2015

顧客満足度1位のソニー生命は、ネット生命に対しても健闘しているといえるだろう。ここに情報革命がもたらした競争対応のヒントが見えると、筆者は考えている。それは顧客の「面倒」、そして消費者不利益を解消する「ハイタッチなサービス」ということである。

「手間のかかるサービス」でネットに勝つ？

「ネットvs.人的サービス」に関して、筆者が16年前にシリコンバレーに住んだ頃、面白い経験をした。住居が決まるまで2週間ほどホームステイをしたが、ステイ先の家は一等地にある高い塀で囲まれたプール付きの豪邸だった。その家の主に職業を聞いたところ「plumber（水道工事人）」だと言った。意外に思って「水道工事は儲かるのか」と聞くと、シリコンバレーではなり手が少なく工事料金も高いので儲かる、と彼は教えてくれた。

その後、スタンフォード大学の構内に家を借りたが、ある日友人がくれた洗濯機が壊れた。早速、修理人を探し、修理代を聞いてみるとえらく高いことをいう。ホームセンターで新品の洗濯機の値段を調べてみると、修理代は新品価格の2倍ほどだった。

シリコンバレーは情報革命の最先端である。そこでは情報関連のサービスなら豊富で安いわけだが、「人力に頼るサービス」は希少で高価だった。人力を要する場面では、情報は非力だ。そのことを思い知らされた経験だった。

情報革命によって競争の壁が壊される事態は、手離れの良い売り切りの製品やサービスで起こるようだ。「手間のかかる人的サービス」が介在すると、競争の圧力は途端に弱まる。

例えばソニーの事業セグメントでいうと、映画もDVDやネット配信によれば、情報革命の影響を大きく受ける。違法コピーも手伝って、現実に市場はどんどん縮小している。しかし、映画でかろうじて健闘しているのは、例えばシネコンなど映画館やテーマパークである。

例えば最近大ヒットしたディズニーの『アナと雪の女王』では、映画館は親子が主題歌を大声で合唱する場になった。また『アナ雪』が東京ディズニーランドのパレードに登場すると、入場者数が大幅に増えた。

ライブか、ライブに近いサービスになると、お客はわざわざ決められた場所と時間に出向かなければならず面倒極まりない。しかしお客に他の選択肢はない。売り手にとっても手間と暇と資金のかかるサービスになるが、しかしライバルはコピーできず、お客を横取りしにくいのだ。

音楽も今やネットで無料配信してＰＲし、ライブのコンサートで稼ぐ時代になった。有名アーティストのコンサート・チケットは高騰し、筆者世代のアイドルだったポール・マッカートニーのチケット代はＳＳ席で10万円、最低のＢ席で４万円（日本武道館の公演）だった。

ポップスの女王マドンナの言葉、「ライブはダウンロードできない」を前に紹介したが、まさに至言である。ライブのように売り手・買い手の双方にとって「面倒、かつ手間のかかるサービス」は、情報革命の下でも競争に強いキー・コンセプトとなりうる。

サービス品質最高の日本

そして手間のかかるサービスに強いのが我が日本、といえるだろう。

例えば、世界最高のディズニー・パークは東京ディズニー・リゾートである。現実に世界に新設予定のパークのスタッフ教育を担うのは東京であり、本家も認める最高のサービス品質なのだ。筆者は世界のディズニーを歩いているが、箒の先に水を付けて、地面にミッキーマウスをサラサラと書くなどという芸当のできるスイーパー（しかもアルバイト！）は、東京にしかいない。

米国UPSからヒントを得て宅配便を創業したヤマト運輸は、物流サービスを世界最高品質に磨き上げた今日でも、なおカイゼンの手を緩めていない。また米国からライセンスを得てスタートしながら、まったく別物のフランチャイズ・システムに磨き込んだのはセブン－イレブン・ジャパンである。ジャパンは世界のセブンを革新しつつある。

スターバックスやブルーボトルコーヒーのCEOが「日本で磨かれれば世界で勝てる」と言うのは、お世辞ではなかろう。なぜ日本のサービス品質が高いのか。それは次の3つゆえだと思う。

①「お客様は神様」という勤勉な〝気配り文化〟
②スタッフやサプライヤーを巻き込む内外の〝チームワーク〟
③それを支える人材の平均的に〝高い教育水準〟

これらの要素は、熾烈な競争の場では日本の弱みの源泉だった。気配り文化や集団主義が、企業のコストカットやリストラを阻み、構造改革が進まない要因だった。加えて教育水準が平均的だから、一握りの革新的な異端児が生まれるのを阻害した。競争社会では経営革新のためには、時に冷徹で尖ったリーダーが求められるのである。

しかし面倒な手間のかかるサービスが必要とされるビジネスでは、逆に日本に世界での勝機が生まれうる。3つの要素を必要とするサービスは他の国々のライバルたちが真似しにくい、あるいは真似るのに長い時間のかかるものだからである。したがって筆者はそこから「重厚長大複雑業界」に、勝ちパターンのチャンスがあると考えている。

ソニー不動産からスマートハウスへ

ソニー不動産に話を戻そう。

ソニー不動産が仕掛ける戦略は、至ってシンプルだ。生保と同じように、ソニーは旧態依然とした日本の不動産業界に合理的な経営センスを持ち込み、「顧客の価値」を最大限に追求し、業界にイノベーションを起こそうとしている。

日本で不動産を売買するとき、同じ不動産会社が売り手と買い手を結び付け、双方の代理人となって両方から手数料を取るケースが多い。これを業界では「両手仲介」と呼んでいるが、米国などでは禁止されている双方代理行為である。米国では片方の代理人しか務めることができず、いわゆる「片手仲介」のみである。

日本では両手仲介によって両方から法定手数料（およそ3％）を取れるので、不動産会社はいきおい早く売買をまとめようとする。物件の売り主には「安くしないと売れない」と説得し、買い手には「掘り出し物が出た。即買いです」と迫る。売買が不動産屋の都合で進むので、売り手にはとっては安値で売る不満が残り、買い手には選択の時間が与えられず、消費者の不利益が生じるケースが多い。筆者もマンションを両手仲介で売らざるを得ず、苦い経験をしたのでよくわかる。

ソニー不動産では不動産の売買や賃貸紹介について、片手仲介しか行わないという。顧客満足を追求し、売り手、または買い手の利益を追求する代理人に徹しようというのである。

しかも依頼人が支払う法定手数料は、もともと法律上の上限規定にすぎない。ソニー不動産は法定の範囲内で、かかった手間に応じて手数料を決める。顧客の納得性が高まる上に、他社より手数料が安いケースが多いという。手数料を安くするために、徹底して後方業務の効率化を進める一方で、ソニー生命と同じように、顧客に寄り添った手間のかかるコンサルティングを売りにし、不動産の売却価値を上げるために改装などを含むマーケティング提案に時間をかけるという。

ソニー不動産の西山和良社長は、社内起業に当たって次のように考えたという。

「３つのアプローチで考えた。一つは日本の市場に確かな規模があること。第二にその市場が旧態依然としていて、消費者不利益が存在していること。第三に強みを生かして新しい合理的ルールを持ち込めば、その消費者利益を追求できること」（茂木俊輔著『ソニーはなぜ不動産業を始めたのか？』日経ＢＰ社より）

まさに、ソニー生命の立ち上げと同じ戦略を構想している。

ソニー不動産は２０１８年の株式上場を目指している。市場から資金調達ができたら、新築市場に進出し、住宅の開発に取り組みたいという。グループが持つデザインやテクノロジー、映像機器や蓄電池など、さまざまなリソースを住宅に組み込んで革新したいという。そしていずれスマートシティの開発に取り組み、究極的にはソニー不動産が提供する街や居住空間に、ソニーならではの感動価値を提供する構想を描いている。

ソニーの金融事業はグローバル展開しているわけではない。不動産も当面、日本でのローカル展開である。日本人同士は高品質なサービスを真似るのは造作もないことなので、既存大手は追いかけてくるだろう。しかし生保同様にソニー不動産が日本で顧客基盤を築き、住宅にソニーのデザイン性やハイテクを持ち込むことができたら、「ソニーの家」は世界に雄飛するかもしれない。

なぜかといえば、世界、特にアジアの人々が日本の住宅に惹きつけられ始めているからだ。もちろん課題大国である日本には、乗り越えなければならないさまざまな課題が残されている。その課題に革新的な提案を生み出し、住宅や街に具現化した上でのことであるが。

課題先進国・日本から世界へ提案

グーグルは2014年1月に創業4年の米ベンチャー・ネストを32億ドルで買収した。ネストはiPodの設計者が創業したベンチャーで、家庭内に設置されたサーモスタット端末や煙探知機をクラウドにつなげ、スマホでコントロールしたり、各家庭の行動パターンを学習して自動的に室温設定するなど、エコにつながる事業をしている。

グーグルはネストのシステムを発展させ、サーモスタットと連携した家電製品やサービスを開始したい企業向けに、ソフト提供プログラムを2014年6月発表した。ワールプールはそれを利用した洗濯機や乾燥機をすでに開発している。例えば「家族が外出している」と判断するとゆっくりとした運転に切り替わり、消費電力を抑える機能を持っている。

グーグルはさらに家庭用監視カメラの米ドロップカムを5・6億ドルで買収し、サービスの拡充へと動いている。

またダイムラークライスラーは、ベンツ車とネストの端末を連携させるサービスを始めた。例えば車が家から離れると電気がオフになり、近づくと適温にセットされるという。

実はアップルも似たような展開を計画している。そしてあのテスラも家庭用蓄電池を2015年5月に発売した。テスラも車との組み合わせだけでなく、「家庭内の場所取り」から将来への展開を探ろうとしている。マスクCEOも「テスラは自動車メーカーではなく、エネルギー革新企業である」と強調している。

こうした事例から見えるのはまたぞろ、電機や自動車のデファクト競争のような「日本企業vs.世界ネット大手企業」の戦いの構図である。住の世界での戦いは、さてどちらに分があるのか。

そのカギを握るのはやはり「複雑なハード」と「手間のかかるサービス」、そして「チームワーク」ではないかと考えている。

繰り返しになるが、「手間のかかるサービス」が組み合わされることが、日本企業の勝機をもたらす条件と考えられる。日本の家電製品は世界に冠たる高性能を持っている。ただし世界の人から見れば要らない機能も多い。とはいえ美味しい炊飯器やパン焼き器、空気清浄機能付きの空調システム、野菜が長持ちする冷蔵庫などは、新興国が追いつくには少し時間を稼ぐことができるだろう。欠点は高価なことだ（！）。

日本の住宅は、文化や嗜好といった点は改善の余地があるが、諸外国の住宅を凌駕する高品質を持つ。ただし値段が高い（！）。日本の電力は世界最高品質である。ただしこれも料金が高いのだ（！）。

ドイツでは電力自由化から15年間で実質11％ほど料金が下がったというが、日本では今までの過剰品質を考えると30％ダウンくらいのレベルを目指してほしいものだ。先の三井不動産のスマートシティに3割削減の実例もある。

松下幸之助氏の有名な言葉に、「3％のコストダウンは難しいが、3割はすぐできる」がある。3％なら「電灯を間引く」類の節約レベルの話になるが、30％ならすべてを一から考え直さなければならない。だとすれば意外に簡単だ、と幸之助氏は言った。まして世界の人から見ると、不要な高機能の塊の日本の家電のこと。現在のあり方を根本から考え直して、さらに3割の省エネとコストダウンを目指してもらいたい。LIXILの潮田会長も、日本の住宅価格は3割削減可能だ、と言っていた。

これからは「スマート端末（家電／車）×スマートハウス×スマートシティ×スマートインフラ」の戦いになるはずである。もしそれぞれの製品、家、街、インフラコストが30％エコノミーかつエコロジーになったら、日本の競争力はダントツになるはずである。

そしてもし製品―家―街―インフラの間に、それらをつなぐ「手間のかかるサービス」が加われば、さらに競争力が加わる。グーグルのネストは確かに情報の力で効率化できるかもしれないが、洗濯機や空調が壊れたとき、誰が修理に来てくれるのだろうか。パナソニックのフジサワモデルなら、年配者家庭で電球の球が切れたときですら、交換に来てもらえる。

幸之助氏が言う「30％の革新」をオールジャパンで成し遂げたら、日本は世界に大きく貢献できるだろう。そのときこそ日本発「国丸ごと提案」が世界とWin-Winの関係を築くに違いない。

IT革命は続くよ、どこまでも

現代はＩＴ革命の中にある。車も小売りも住宅もインフラも、ＩＴが時代を革新しつつある。そして医療すらもＩＴが構造的な変化を促している。

「ＩＴ革命の真のインパクトに、実はわれわれはまだ気づいていない」とドラッカーは言う。今はまだＩＴ革命の黎明期にすぎない。社会を大きく変革するインパクトはこれからやってくる、と。ドラッカーは２００５年に亡くなったが、２００２年に出した最後の著作『ネクスト・ソサエティ』（ダイヤモンド社）でそう言っている。

彼は、現在のＩＴ革命の段階は、18世紀に始まった産業革命の初期とよく似ているという。人類史上二番目の革命といわれる産業革命の引き金を引いたのは、１７６９年Ｊ・ワットが発明した蒸気機関といわれている。しかし蒸気機関の発明後60年の間は、時代を変えるほどの変化が起きなかった。いわば空走した期間があった。蒸気機関という新しいパワープラントを、どう利用していいか人々が思いつかなかったからである。しかし１８２９年にスチーブンソンが実用的な蒸気機関車を初めて開発したとき、革命が始まった。大量輸送の鉄道によって人々が移動能力を獲得し、時代が一変したのである。

それまでのヨーロッパでは、隣の町や村はさながら異国だった。移動手段が乏しく、人や物資の行き来も少なく、情報が行き交うこともあまりなかった。しかし鉄道の出現によって、大量の物資や人が広範囲に動き始め、情報も行き交うようになると、隣町は同じ市場圏になり、経済領域が広がった。人々の心理的な距離感が、一気に縮まったのである。

一方で蒸気機関は工場のパワープラントとして浸透し始める。それまでは工場制手工業といって、職人の手による作業が中心だった。しかしそこに強力な動力源が入ると、大量生産が可能になった。

大量生産によって必需品の低価格化が実現し大量販売が可能になった。一方で鉄道によって経済圏が広がると、商業取引の形が激変した。ドラッカーはこの産業革命の第二波の効果によって、郵便や電報が生まれ、知的所有権という概念が確立し、株式公開や工科大学、新聞の誕生につながったといっている。

産業革命の波がアメリカに及ぶと、さらに飛躍的に社会変革が進む。アメリカは広大である。そこに鉄道を通すとなると、今までとは桁違いの投資資金が必要となる。この資金調達を支えて成長したのが商業銀行であり、ニューヨークのウォール街である。

経済圏が広がり、量産量販が可能になると、さまざまな新産業が登場した。しかも従来の個人商店とは規模のまったく異なる組織によって、オペレーションを行う必要が生じた。ここに誕生したのが近代的な株式会社である。大組織は大量のマネジャーたちによって整然と運営される必要が生じた。実はそのマネジャー教育を担って成長したのが、アメリカのビジネススクールだという。

この波はさらに近代公務員制度、家事以外の女性の職業など、今日われわれが日常的に見ている社会のさまざまな制度や仕組みを生んだ。まさに世の中を大革新したのは、産業革命の第二波だったのだ。

ドラッカーは、ＩＴも似た経路をたどっているという。

コンピュータが発明された時期は諸説あるが、１９４０年代初めから中頃にかけてのことである。しかしその後、50年ほど空走する。コンピュータをどう利用したらいいか、人々は大した用途を思いつかなかったからだ。高速の計算機とか、事務合理化の機械、あるいはゲームマシン程度のイメージしか思い浮かばなかったのである。

しかし、１９８０年代後半に国防総省のＡＲＰＡＮＥＴや全米科学財団ネットワークが一般に開放され始め、１９８９年にインターネットとして商用利用が始まると、社会を大変革するインパクトを与え始めた。

現在、われわれはスマートフォンを手にし、鉄道をはるかに超えるバーチャルな空間移動能力を得た。外国にいる友人とスカイプでテレビ電話し、eコマースでDNA検査キットを買って自分の病気に備える時代になっている。

しかしドラッカーは、現状はまだ序の口だと言う。ITの持つ影響力は計り知れない。ITはもっと社会のあり方を変えるはずだ。20〜30年後に、ITを利用して今誰も想像できない生活を送っているに違いない、と。

ドラッカーは最も大きな社会変革のインパクトを持つのは、eコマースだと断じている。資本主義社会では、ヒト・モノ・カネ・情報に関わる商取引のあり方が変わると、それを支える経済や社会、政治の仕組みがそれに寄り添うように変わっていくからである。

そして近未来をドラッカーはこう予測する。

「もはや世界には一つの経済、一つの市場しかない」と。

あとがき

ここまでたどり着いた読者の皆さんに、敬意を表したい。

財務諸表サファリの旅は、どうだったろうか。決して安楽な旅ではなかったと思うが、サファリ（探検旅行）を終えた気分は？

「会計リテラシーが必要だ」とは思っても、財務諸表を読むにはかなりの気合いが要る。しかしたとえビジュアル化した要約版だろうと、とにかく50社近い財務諸表を読み終えるという、このことが重要である。

会計も企業活動を描写し、発信するツールという意味で一つの言語だ。言語の習得には「閾値」といって、あるレベル以上の学習量が必要である。ヒアリングマラソンというプログラムがあるが、語学に必要なヒアリング力を得るには１０００時間の閾値を超える必要がある。会計の場合も財務諸表をある一定量以上読みこなさないと、リテラシーはついてこない。

その意味で、50社近くを曲がりなりにも読破したとしたら、読者の皆さんは「もう財務諸表は読める」と自信を持ってもらっていいと思う。そしてこれからも親しんでいってもらいたい。「会計がわからんで経営ができるか」という稲盛氏の言葉どおり、ビジネスパーソンが経営リテラシーを獲得する必要条件が会計なのだ。

この本は、著者にとっても相当の体力が必要だった。この本に載せた分の数倍の財務諸表を読み、セレクトし、比例縮尺図を作るという作業をこなしながら（院生の助力も得て）、文章を構成した。漏れや重複、勘違いなどがあろうかと思うが、読者の寛容を請うばかりである。

この過酷な仕事を、粘り強く3年越しで待っていてくださったのは、光文社の古谷俊勝さんと三野知里さんである。この方たちの後押しと編集のご苦労がなければ、この本は成り立ちえなかった。感謝、感謝、感謝が筆者の気持ちである。

そしてデートの数が減って不満を溜めたかもしれない（?）連れ合いにも、深謝!!

2015年7月

山根 節

山根節（やまねたかし）

1973年、早稲田大学政治経済学部卒業。'74年、監査法人サンワ事務所（現トーマツ）入社。'82年、慶應義塾大学大学院経営管理研究科修士課程修了後、コンサルティング会社を設立。2001年から慶應義塾大学大学院経営管理研究科教授（現名誉教授）。2014年から早稲田大学大学院教授（ビジネススクール）。商学博士。専門は、会計管理、経営戦略、マネジメント・コントロール。著書に『経営の大局をつかむ会計』（光文社新書）、『MBA エグゼクティブズ』（中央経済社）、『日経で学ぶ経営戦略の考え方』（日本経済新聞社）などがある。

「儲《もう》かる会社《かいしゃ》」の財務諸表《ざいむしょひょう》　48の実例《じつれい》で身《み》につく経営力《けいえいりょく》・会計力《かいけいりょく》

2015年9月20日初版1刷発行
2021年11月25日　5刷発行

著　者 ―― 山根　節
発行者 ―― 田邉浩司
装　幀 ―― アラン・チャン
印刷所 ―― 堀内印刷
製本所 ―― 国宝社
発行所 ―― 株式会社光文社
東京都文京区音羽1-16-6（〒112-8011）
https://www.kobunsha.com/
電　話 ―― 編集部03(5395)8289　書籍販売部03(5395)8116
業務部03(5395)8125
メール ―― sinsyo@kobunsha.com

 ISBN 978-4-334-03881-6

774
ブラックホール・膨張宇宙・重力波
一般相対性理論の100年と展開
真貝寿明

アインシュタイン自身の想像を超えるほど、一般相対性理論が描く世界は奇妙なものだった。現代物理学の最先端の知見は私たちに何をもたらすのか。最新の研究成果を交えて探る。

978-4-334-03877-9

775
痛くない体のつくり方
姿勢、運動、食事、休養
若林理砂

痛みによって、仕事の効率や精度が下がり、果ては発想力まで奪われる！　人気鍼灸師が「ペットボトル温灸」「爪楊枝鍼」など身近にあるものでできる体のメンテナンス法を紹介する。

978-4-334-03878-6

776
ドイツリスク
「夢見る政治」が引き起こす混乱
三好範英

エネルギー転換、ユーロ危機、ロシア・中国という二つの東方世界への接近――この3つのテーマから、ドイツの危うさの正体を突き止め、「ドイツ見習え論」に警鐘を鳴らす。

978-4-334-03879-3

777
誤解だらけの日本美術
デジタル復元が解き明かす「わびさび」
小林泰三

実は真っ赤な阿修羅、きらめいてきた銀閣、ド派手な風神雷神…。最新のデジタル技術で国宝の本当の姿を復元し、当時の環境を理解すれば、日本美術の見方がガラリと変わる！

978-4-334-03880-9

778
「儲かる会社」の財務諸表
48の実例で身につく経営力・会計力
山根節

アップルvs.グーグル、楽天vs.アマゾン、キリンvs.サントリーなど、大企業の戦略の違いをわかりやすく図解しながら、ざっくり、アバウトに財務諸表を読み解くコツを教える。

978-4-334-03881-6